O PODER DOS ANSIOSOS

David H. Rosmarin

O poder dos ansiosos

9 PASSOS PARA USAR A ANSIEDADE A SEU FAVOR

Tradução
Laura Folgueira

Copyright © 2024 by Editora Globo S.A.
Copyright © 2024 by David H. Rosmarin, Ph.D.

Todos os direitos reservados. Nenhuma parte desta edição pode ser utilizada ou reproduzida — em qualquer meio ou forma, seja mecânico ou eletrônico, fotocópia, gravação etc. — nem apropriada ou estocada em sistema de banco de dados sem a expressa autorização da editora.

As informações contidas neste livro foram cuidadosamente pesquisadas pelo autor e pretendem ser uma fonte de informação. Para o tratamento de questões de saúde específicas, consulte um médico. Os nomes e as características de alguns indivíduos foram alterados para proteger suas identidades.

Texto fixado conforme as regras do Acordo Ortográfico da Língua Portuguesa (Decreto Legislativo nº 54, de 1995)

Título original: *Thriving with Anxiety: 9 Tools to Make Your Anxiety Work for You*

Editora responsável: Amanda Orlando
Editor assistente: Rodrigo Ramos
Assistente editorial: Isis Batista
Preparação: Pedro de Siqueira
Revisão: Marcela Isensee e Luisa Tieppo
Diagramação: João Motta Jr.
Capa: Elmo Rosa

1ª edição, 2024

CIP-BRASIL. CATALOGAÇÃO NA PUBLICAÇÃO
SINDICATO NACIONAL DOS EDITORES DE LIVROS, RJ

R734p
    Rosmarin, David H.
        O poder dos ansiosos : 9 passos para usar a ansiedade a seu favor / David H. Rosmarin ; tradução Laura Folgueira. - 1. ed. - Rio de Janeiro : Principium, 2024.
        336 p.; 21 cm.

        Tradução de: Thriving with anxiety: 9 tools to make your anxiety work for you
        ISBN 978-65-88132-58-6

        1. Ansiedade. 2. Autorrealização (Psicologia). 3. Autodomínio. I. Folgueira, Laura. II. Título.

24-92040
        CDD: 158.1
        CDU: 159.947

Gabriela Faray Ferreira Lopes - Bibliotecária - CRB-7/6643

Direitos exclusivos de edição em língua portuguesa para o Brasil adquiridos por Editora Globo S.A.
Rua Marquês de Pombal, 25 — 20230-240 — Rio de Janeiro — RJ
www.globolivros.com.br

Este livro é dedicado aos meus maravilhosos colegas do Centro para Ansiedade e do McLean Hospital da Faculdade de Medicina de Harvard, que ensinam como prosperar apesar da ansiedade.

SUMÁRIO

PREFÁCIO: PARA QUEM É ESTE LIVRO? 9

INTRODUÇÃO: COMO PROSPERAR EM UMA NOVA ERA

DE ANSIEDADE 13

PARTE 1
MELHORANDO NOSSA CONEXÃO COM NÓS MESMOS

1. Conhecendo a nós mesmos 35
2. Aceitando a nós mesmos 65
3. Transcendendo a nós mesmos 97

PARTE 2
MELHORANDO A CONEXÃO COM OS OUTROS

4. Conhecendo os outros 133
5. Aceitando os outros 163
6. Transcendendo com os relacionamentos 191

PARTE 3
MELHORANDO A CONEXÃO ESPIRITUAL

7. Conhecendo nossos limites 223
8. Aceitando nossos limites 247
9. Transcendendo nossos limites 271

AGRADECIMENTOS 297

APÊNDICE — FERRAMENTAS DE ANSIEDADE 301

NOTAS 317

PREFÁCIO
PARA QUEM É ESTE LIVRO?

Minhas experiências nos últimos vinte anos de clínica me mostraram que todo mundo cai em um dos quatro grupos amplamente definidos de saúde emocional e comportamental: desabrochando, murchando, perturbado e gravemente perturbado. Mais precisamente, todo mundo, em algum momento, pode ser alocado em algum desses quatro grupos e, ao longo da vida, ir de um a outro em tempos diferentes.

O primeiro grupo é formado por quem está *desabrochando*. Bem diferente de prosperar, que pode ocorrer a qualquer ponto do contínuo, as pessoas desabrochando estão indo bem na vida em geral. Sentem-se bem consigo mesmas e não estão sobrecarregadas com nenhuma grande dificuldade ou doença física. A maioria dos indivíduos que estão desabrochando ainda precisa de algum apoio para continuar nessa categoria, e isso pode vir de amigos, familiares, coaches, mentores espirituais ou religiosos e, potencialmente, livros de autoajuda (como este).

O segundo grupo não está em sofrimento clínico, mas também não está desabrochando. O melhor termo que ouvi para descrever essas pessoas foi empregado pelo psicólogo Adam Grant, de

Wharton, durante a pandemia de covid-19, nas páginas do *New York Times*: "murchando". Quem está nesta categoria, diz Grant, "se sente meio esquisito [...] sem alegria nem objetivo" e, portanto, tem dificuldade de manter o bom humor no contexto dos estressores da vida. Indivíduos murchando precisam de todos os apoios de que quem está desabrochando pode se beneficiar, mas, em geral, de uma quantidade maior deles. Também se beneficiam de um grupo de apoio, um check-up de saúde mental ou até uma consulta *ad hoc* (uma sessão de vez em quando) com um profissional dessa área para monitorar seus sentimentos e comportamentos, implementando algumas estratégias mais avançadas.

O terceiro e quarto grupos são território clínico. Esses indivíduos precisam procurar profissionais de saúde mental, como eu mesmo, para acompanhamento. O grupo três inclui quem está *perturbado*. São pessoas significativamente afetadas por sintomas de um ou mais transtornos mentais, como ansiedade, depressão, uso de álcool ou drogas e coisas do tipo. Costumam, porém, funcionar bem no dia a dia e se cuidar com um apoio mínimo (por exemplo, terapia semanal; um ou dois medicamentos psiquiátricos básicos). Não são, de forma alguma, superfelizes, mas, no fim das contas, saem da cama, vão trabalhar, tomam banho e escovam os dentes com regularidade razoável, e não apresentam risco importante a si mesmos (como suicídio ou automutilação).

O grupo quatro está *gravemente perturbado*. Esses indivíduos precisam de vigoroso cuidado profissional para funcionar ou ficar seguros. Em geral, necessitam de terapia intensiva várias vezes por semana, medicamentos psiquiátricos avançados sob gestão autônoma e possível cuidado residencial ou internação psiquiátrica. O objetivo desses tratamentos, claro, é ajudar a reabilitar e facilitar a recuperação para os pacientes poderem passar às categorias perturbado, murchando ou até desabrochando. Felizmente, é uma trajetória comum.

Como já comentei, *todos os quatro grupos precisam de orientação, apoio e ajuda na área de bem-estar emocional*. Até quem está desabrochando precisa de apoio para continuar nessa categoria tão desejada. Além do mais, como também mencionei, não só as pessoas podem flutuar entre as categorias ao longo da vida como é isso que normalmente acontece. Já vi muitos pacientes gravemente perturbados — indivíduos que precisavam de internação psiquiátrica — desabrocharem. E também vi muitos indivíduos desabrocharem por anos ou até décadas antes de serem atingidos por uma tragédia, momento no qual passam a uma perturbação ou perturbação grave. Como ensinou o filósofo grego Heráclito, ninguém entra no mesmo rio duas vezes, pois, ainda que seja o mesmo rio, já não somos os mesmos. Em essência, a mudança é a única constante.

O conteúdo deste livro é apropriado para quem está em qualquer um dos quatro grupos. Indivíduos desabrochando muitas vezes têm alguma ansiedade, e pode ser útil aprender a aproveitá-la para ser mais autoconsciente, conectar-se mais com os outros e alcançar mais de seu potencial. Quem está murchando também pode se beneficiar do livro. Muitas vezes, o autojulgamento que vem com "sentir-se meio esquisito" torna difícil viver, e esta obra mostrará como a ansiedade não só é normal como frequentemente um grande sinal de força interior.

Quanto a quem está perturbado ou gravemente perturbado, por um lado, este livro tem muito conteúdo relevante, prático e útil. O leitor passará a ver a ansiedade de outra maneira. A única ressalva é que este livro sozinho provavelmente não dará apoio o bastante para quem está perturbado ou gravemente perturbado; é preciso aliar uma ajuda profissional, como psicoterapia ou farmacoterapia. Afinal, livro nenhum pode substituir o cuidado de saúde mental individualizado e profissional.

Em suma, todos nós podemos nos beneficiar destas estratégias para prosperar com a ansiedade, mas alguns podem precisar também de apoio adicional.

INTRODUÇÃO

COMO PROSPERAR NUMA NOVA ERA DE ANSIEDADE[*]

Há cerca de uma década, depois de mais de dez anos de estudos universitários, eu havia assumido uma posição no corpo docente da Faculdade de Medicina de Harvard — um emprego dos sonhos — quando me apareceu uma oportunidade espantosa. Fui convidado para instalar um centro de estudos da ansiedade em Nova York, mas isso exigiria viajar de trem duas vezes por semana de Boston para Manhattan — um trajeto que, ida e volta, levava oito horas. Ainda assim, a oportunidade era boa demais para ignorar, então, deixei minhas ressalvas de lado. Aluguei um consultório em Midtown Manhattan e montei um cronograma de viagens que incluía passar de um a dois dias lá, ao mesmo tempo em que dava aulas e fazia pesquisas em Boston.

Logo depois, porém, surgiu um problema que eu não havia previsto. Embora tivesse construído uma reputação em Boston, eu era um desconhecido em Nova York. Minha afiliação acadêmica

---

[*] Este livro contém dezenas de histórias de pacientes meus. Todos os nomes e detalhes que possam identificá-los foram mudados para proteger sua privacidade. Além disso, na maioria das vezes, as descrições são combinações de muitos casos que foram simplificados para refletir conceitos e abordagens gerais.

prestigiosa e todos aqueles dispendiosos anos de treinamento pareciam não significar nada. Eu mal conseguia que me encaminhassem pacientes e, de início, tinha apenas um. E esse paciente pagava um valor reduzido, que nem cobria o custo da minha viagem semanal, quanto mais as despesas do consultório. As contas e o estresse se somaram, além de alguns maus hábitos. Eu estava comendo muita comida gordurosa de delivery, meu tempo para fazer exercícios diminuiu e eu não dormia direito por causa do trajeto extenuante. A cada quarta-feira, eu saía de casa em Boston às seis da manhã e voltava depois da meia-noite da quinta. Depois de alguns meses, comecei a sentir o peso desse arranjo.

Esse cenário todo me tirava *muito* da minha zona de conforto. Mas, quando debati a situação com meus mentores e minha esposa, todos disseram que ainda era cedo e eu devia seguir o plano. Ainda assim, estava começando a parecer não só um peso excessivo, mas também um risco enorme. Eu tinha assinado um contrato de aluguel de um ano para a sala, já havia gastado com móveis e montado um site para atrair clientela — mas ninguém vinha. Uma manhã, depois do trajeto Boston-Nova York, eu estava saindo da Penn Station para atender meu único paciente do dia quando recebi dele um e-mail inesperado cancelando a sessão. Fui dominado por uma onda de ansiedade. A isso, seguiu-se rapidamente uma autocrítica por ser hipócrita, e então um pico de pensamentos catastróficos. "Opa!", pensei. "Era para eu estar ajudando as pessoas a superarem a ansiedade delas — e eu mesmo estou ansioso! Como vou ter sucesso? Devo estar a caminho do fracasso!"

Naquele momento, percebi que precisava praticar o que estava pregando. "David, claro que você está ansioso!", disse a mim mesmo, quase falando alto no meio da rua. "Você decidiu assumir um grande desafio e, no momento, a situação é genuinamente estressante. Aliás, se você não estivesse se sentindo ansioso durante um desafio, provavelmente não valeria a pena enfrentá-lo, para começo de conversa! Você está sonhando grande, e é inevitável que enfrente algumas questões espinhosas pelo caminho. Seja humilde e aceite os desafios de cabeça erguida! Não tem problema

14 *David H. Rosmarin*

se não está indo como você quer. Só porque você não tem sucesso de cara, não quer dizer que não vai desabrochar mais para a frente. Largue sua necessidade de controle e não deixe a ansiedade ser um obstáculo. Você tem um objetivo. Você tem um sonho! É algo que você quer fazer, e sua ansiedade não pode detê-lo. Você pode transcendê-la. Sua ansiedade é normal. Você sabe, no fundo, que esses limites não são reais — só percebidos — e que não precisa desistir só porque está difícil."

Quando cheguei ao consultório, eu já me sentia imensamente melhor do que estivera em semanas. Como meu paciente tinha cancelado, tirei esse tempo para refletir sobre o que tinha acabado de acontecer. Em vez de ignorar minha ansiedade ou tentar bloqueá-la, eu a usei para prosperar. O que havia começado quase como um ataque de pânico tinha virado um momento de conexão interna. Minha conversa comigo mesmo tinha mudado de crítica e catastrofismo a aceitação e encorajamento.

Nas semanas que se seguiram, continuei prosperando quando minha ansiedade surgia, não porque meu consultório tivesse decolado — já que ainda estava começando —, mas por causa de algumas mudanças que decidi fazer. Comecei aquela semana encontrando um restaurante melhor e com ambiente tranquilo que servia refeições saudáveis. Na semana seguinte, levei minhas roupas de ginástica na mala e comecei a me exercitar toda quinta de manhã em Nova York. Mais importante, em vez de suportar sozinho todo o estresse da minha vida profissional, eu me conectei com outras pessoas. Falei longamente com minha esposa, meus mentores e alguns amigos sobre minha ansiedade e como eu estava me sentindo. No início, fiquei com vergonha de ser *especialista em ansiedade* e reconhecer que eu mesmo estava sofrendo com ela. Mas me abrir aumentou minha conexão com as pessoas. Também me entreguei à minha ansiedade e aceitei que, embora eu pudesse escolher dar meu melhor, qualquer sucesso que tivesse seria determinado por forças além do meu controle, e eu provavelmente sentiria ansiedade ainda por algum tempo. Reconhecendo que a ansiedade é natural para quem procura conquistas monumentais, comecei a identificar, aceitar e, por fim, transcender meus limites.

Pensando naquele dia, percebo que ele cristalizou toda uma filosofia de lidar com sofrimentos mentais: *podemos prosperar com a ansiedade*. O que eu tinha visto como hipocrisia era, na verdade, um chamado, me dizendo que não é preciso se livrar da ansiedade para ter uma vida feliz e produtiva. Pelo contrário: ter ansiedade pode nos ensinar coisas sobre nós mesmos, aprofundar nossos relacionamentos com os outros e permitir que atravessemos nossas barreiras internas para conquistar nossos maiores sonhos e objetivos na vida. A ansiedade pode ser uma grande benção, se aprendermos a lidar com ela e a usá-la para prosperar.

Acredito que muitas abordagens atuais à ansiedade falhem porque são baseadas inteiramente no modelo médico. Em geral, as pessoas procuram eliminar — ou ao menos reduzir — a ansiedade. Claro, ninguém quer viver sempre ansioso, mas as melhores ferramentas para lidar com isso envolvem aprender a ter autocompaixão, conectar-se com os outros e aumentar nossa capacidade de tolerar adversidade, desconforto e incerteza.

Durante a última década, meu consultório de Nova York cresceu e passou a atender mais de mil pacientes por ano. Nossa equipe de setenta pessoas — e que segue em expansão — agora ocupa quatro escritórios em Nova York e mais dois em Boston. E os dados que coletamos de nossos pacientes e terapeutas confirmam o que eu mesmo aprendi muitos anos atrás: podemos ter uma vida vibrante e produtiva com ansiedade. Aliás, podemos aproveitar o poder da ansiedade para prosperar e desabrochar.

A NOVA "ERA DA ANSIEDADE"

Segundo o National Institute of Mental Health, antes da pandemia de covid-19 em 2020, aproximadamente um em três adultos americanos experimentaram um transtorno de ansiedade em algum ponto da vida (quase um em cinco).

Entre adolescentes, a situação era ainda mais grave: quase um em três adolescentes americanos experimentam um transtorno de ansiedade *a cada ano*.[1] Por mais que essas taxas sejam alarmantes, a preocupação maior é a crescente *gravidade* da ansiedade. Mesmo antes da pandemia, um número substancial de pessoas já sofria com níveis clinicamente significativos de ansiedade que eram genuinamente debilitantes, a ponto de não conseguirem trabalhar.[2] Em muitos casos, a ansiedade pode também ser associada ao que é conhecido no mundo terapêutico como *automutilação não suicida*, que pode incluir cortes, queimaduras e outras formas de se machucar.[3] Nessa mesma linha, a taxa de suicídio total ajustada pela idade nos Estados Unidos aumentou 35,2% de 1999 a 2018.[4] Nem é preciso mencionar que todos esses números hoje estão ainda mais altos. A Organização Mundial da Saúde relata que a ansiedade no mundo todo subiu em 25% desde 2020.[5]

O interessante é que a primeira metade do século xx foi chamada de "era da ansiedade", em parte por causa da crueldade das duas guerras mundiais, dos genocídios e do uso de armas nucleares em populações civis.[6] Porém, falando de modo objetivo, da virada do século xxI até hoje (mesmo antes da pandemia), estamos mais ansiosos do que em qualquer outro momento da história.[7] Aliás, crianças saudáveis "normais" nos Estados Unidos hoje têm níveis mais altos de ansiedade do que pacientes psiquiátricos hospitalizados de meados dos anos 1950![8]

Vamos pausar para fazer uma pergunta básica: por que nossa sociedade é mais ansiosa hoje, sendo que os níveis gerais de segurança, proteção e estabilidade financeira são bem melhores do que eram em meados dos anos 1900? Sim, disparidades sociais e econômicas sérias existem em todos os lugares. Mas hoje o cidadão médio tem bem mais acesso a tecnologia, informação, oportunidades educacionais e cuidados médicos básicos do que cem anos atrás. Então, por que nossa ansiedade atingiu níveis tão altos, sendo que nossos estressores parecem ter diminuído?

Uma resposta é o motivo de eu ter escrito este livro: *transformamos a ansiedade em algo de que se livrar, porque cometemos o erro de temer a ansiedade em si. Precisamos interpretar nossa ansiedade não como algo a superar, mas como algo que pode potencialmente melhorar nossa vida.* Num nível básico, a ansiedade se parece um pouco com um alarme de incêndio. Não é ruim o alarme disparar porque você deixou o fogo ligado depois de cozinhar — é bom! O alarme nos avisa que temos um problema com que lidar e, desde que nos atentemos cedo o suficiente ao som desse alarme e tomemos a atitude certa (nesse caso, desligar o fogo), podemos ficar totalmente bem. Porém, se ficarmos pulando para cima e para baixo e começarmos a nos repreender por deixar o alarme disparar, ou se reagirmos de forma exagerada ao alarme, estamos tornando ruim uma situação potencialmente positiva. Pior ainda, se desconectarmos o alarme porque o barulho constante nos perturba e irrita — bom, é muito provável que acabemos pondo fogo na casa!

MEDO DA ANSIEDADE

Quando Amelia descreve o primeiro surto de ansiedade, diz que parece um furacão que vai aumentando em intensidade. Isso ocorre porque os ventos tempestuosos da ansiedade são seguidos por uma torrente de culpa e vergonha. "Eu me julgo por me sentir ansiosa", ela me conta. "Já estou nervosa com meu trabalho, mas depois fico preocupada com a possibilidade de ter uma doença, de não ser forte o suficiente e de não conseguir lidar com as coisas. Começo a me preocupar com o fato de as pessoas acharem que sou insegura e até louca!"

O simples fato de ver a ansiedade como algo que não deveríamos ter e do qual precisamos nos livrar *só faz aumentar* nossa ansiedade. Para alguns, isso é mais parecido com uma avalanche do que com um furacão, pois o choque inicial sacode as camadas de detrito mental e emocional até que a pessoa tenha medo de ser sufocada.

A ansiedade de Amelia *em relação a estar ansiosa* piora exponencialmente a ansiedade inicial. Embora tenha um emprego estável em uma empresa de relações públicas, Amelia é socialmente ansiosa há muitos anos, desde a época da faculdade. Ela antes lidava com sua ansiedade social bebendo, mas depois desenvolveu um problema com álcool. Reduziu muito o consumo, o que foi benéfico para ela, mas, ao mesmo tempo, deixou de lidar com sua ansiedade. "Agora, sempre que estou em uma situação social, não consigo parar de pensar que todos percebem que estou me sentindo ansiosa", diz ela. "E isso faz com que eu me sinta ainda mais ansiosa." Como resultado, ela se retrai e evita sair muito. Amelia interpreta sua ansiedade como uma indicação de que não é socialmente apta, que não será engraçada, que as pessoas saberão que há algo errado com ela. Isso perpetua um ciclo clássico: é mais provável que ela evite situações sociais, o que, por sua vez, aumenta sua ansiedade, porque ela nunca aprende que é mais sociável do que pensa. Isso faz com que se sinta ainda mais desajeitada com o passar do tempo, o que intensifica sua apreensão social. O que é interessante, em especial, no caso de Amelia, é o quanto ela é sociável. Seu humor é fora de série e, como profissional de marketing, sabe muito bem como conduzir uma conversa. A ansiedade de Amelia não se baseia na realidade! A principal dificuldade é sua percepção de que a ansiedade é um problema.

Jim está aprisionado a um ciclo semelhante. É um homem atlético de cerca de quarenta anos que trabalha como paramédico, mas é propenso a ataques de pânico. Quando isso acontece, seu coração dispara e a garganta se fecha. Embora esses sintomas não sejam perigosos, no momento em que os sente, Jim pensa: "Ah, não, estou tendo um ataque cardíaco!" ou "Ah, não, vou acabar ficando tão ansioso que não vou aguentar!" Essa apreensão faz com que seja liberada adrenalina na corrente sanguínea, aumentando ainda mais os sintomas: a frequência cardíaca sobe, a garganta fica ainda mais apertada e os músculos ficam tão tensos que chega a ser fisicamente doloroso. O ritmo da respiração de Jim também aumenta — porque seu corpo precisa de mais oxigênio para alimentar todas essas mudanças — e sua adrenalina dispara à medida que ele inicia sua reação de luta ou fuga. No entanto, tudo isso ocorre sem nenhuma razão para lutar ou fugir. Na realidade, não há perigo algum. Jim só está respondendo à sua percepção negativa interna de como se sente. *A percepção que Jim tem da ansiedade é sua doença.* Ele vê o pânico como um problema que deve ser evitado para que não tenha consequências negativas. Entretanto, seu medo do medo *em si* é o fator crítico que alimenta e exacerba sua ansiedade ao longo do tempo.

Para alguns, a ansiedade tem uma maneira insidiosa de evoluir para mais de um tipo de manifestação. Janice, uma aspirante a atriz que trabalha como secretária, tem pavor de voar. Mas ela não tem medo apenas de que o avião caia. Em uma de nossas sessões, ela me contou que sua principal preocupação é que fique tão ansiosa quando estiver no ar que sua *cabeça exploda*. Mais precisamente, ela se preocupa com não conseguir lidar com seu medo e sair correndo e gritando pelo corredor. Janice tem a percepção de que não consegue lidar com a ansiedade elevada, mas nada disso é verdade. Na realidade, a ansiedade costuma fazer com que as pessoas ajam e pareçam mais calmas — a reação de luta ou fuga ajuda a nos concentrarmos mais na ameaça percebida, o que torna nossas ações mais intencionais e fluidas. Além disso, a ansiedade consome recursos internos, o que torna mais difícil pular e gritar. No caso de Janice, ela admite que nunca perdeu o controle ao se sentir ansiosa e, quando muito, tende a ficar sentada em silêncio sentindo uma onda de medo. Janice também reconhece que nunca tentou lidar de forma organizada com sua ansiedade de voar. Ela não sabe realmente se sua cabeça vai explodir caso a ansiedade atinja o pico a bordo de um avião. Em vez disso, simplesmente evita voar, a tal ponto que, quando sua prima se casou na Flórida, pegou um trem de Nova York — uma viagem que durou quase dois dias inteiros, em vez de três horas!

Janice procurou ajuda somente quando sua ansiedade cresceu a ponto de ela evitar não somente viagens aéreas, mas todas as situações em que pudesse se sentir ansiosa e ficar presa. Começou a evitar não apenas aviões, mas também metrôs, ônibus e atravessar pontes ou túneis — tudo isso é difícil quando se mora em uma cidade como Nova York. Assim, o mundo de Janice está ficando cada vez menor porque ela tem medo de algo que não é objetivamente perigoso — sua ansiedade — e sem nenhuma prova real de que seus sentimentos poderiam, de fato, prejudicá-la. Ela está convencida de que isso acontecerá, porque está ansiosa com sua ansiedade. Meus vinte anos de trabalho com pacientes mostraram que as pessoas que sofrem de ansiedade em geral se julgam e catastrofizam sua ansiedade. Isso significa que deixam a mente correr solta, imaginando os piores resultados possíveis de uma ação ou acontecimento. O mesmo fenômeno ocorre em outras áreas da saúde mental. Pessoas com depressão costumam evitar situações que as deixam estressadas, por medo de ficarem mais deprimidas. Elas se criticam internamente por se sentirem tão deprimidas, o que, lógico, só piora a situação. Pessoas com dor crônica projetam que desconfortos de leves a moderados piorarão de forma contínua ou levarão à debilitação, como ficar paralisado pelo resto da vida. Também tendem a se irritar com a dor e a ver suas dificuldades como uma fraqueza interna. Em todos esses casos, o medo de um resultado negativo e a autocrítica geram mais angústia e disfunção do que o necessário.

Se você for aprender apenas uma coisa ao fim deste livro, gostaria que fosse o seguinte: *a ansiedade em si* não *é um problema, e não há nada de errado com você por ter ansiedade*. A mera experiência da ansiedade é normal — na verdade, é uma coisa positiva, como veremos mais adiante — e certamente não há nada a temer. Quando percebemos isso, nunca precisamos nos catastrofizar em relação aos sentimentos de ansiedade.

MEDO DA INCERTEZA

Você pode estar se perguntando: por que muitos de nós parecem ter medo da ansiedade hoje em dia? Afinal de contas, se ela não é inerentemente perigosa, apenas incômoda, por que nos causa tanto medo? A explicação mais convincente que consigo encontrar para esse paradoxo é que nossa cultura é obcecada por controle. Hoje, temos previsões para tudo, desde mercados financeiros, eleições e epidemias de gripe até resultados de esportes profissionais e o clima. E, apesar de essas previsões às vezes se provarem notoriamente incorretas — em geral, por uma grande margem —, nós as examinamos da mesma forma que os adivinhos da Roma Antiga faziam com as entranhas de animais sacrificados.

Fazemos isso por um motivo simples: nossa cultura não tolera a incerteza. Preferimos prever o futuro e estar completamente errados a ter de admitir que não temos a menor ideia do que vai acontecer! É por isso que muitos americanos são "pais-helicópteros" — supervisionam todos os aspectos da vida dos filhos para monitorar fracassos e sucessos, não apenas durante a escola primária e a adolescência, mas até a idade adulta.[9] Existe inclusive um novo fenômeno chamado "pais cortadores de grama", que leva isso ao extremo: muitos pais não estão satisfeitos em apenas monitorar e precisam intervir para evitar que os filhos vivenciem até mesmo o mínimo fracasso.[10] Por que outros motivos pais ricos pagariam dezenas de milhares de dólares a um "mediador" que promete a admissão do filho em uma faculdade da Ivy League? Não acreditamos suficientemente em nós mesmos; ficamos aterrorizados quando a vida é incerta, pois isso aumenta a possibilidade de as coisas não darem certo.

Também somos obcecados por segurança e proteção. No contexto da afluência inigualável e sem precedentes de nossa sociedade, nos acostumamos a uma falsa sensação de segurança. As instituições governamentais, financeiras, educativas, de saúde e outras têm controles e balanças para *garantir* estabilidade e bem-estar, mas a verdade é que somos muito mais vulneráveis do que queremos admitir. Como resultado, quando ameaças penetram no véu da falsa segurança, entramos em pânico.

Ironicamente, nesse aspecto, os habitantes do Terceiro Mundo ou de países devastados pela guerra estão em vantagem. Eles nunca esperam segurança ou proteção de suas instituições e, quando a realidade chega, é simplesmente entendida e aceita como parte da vida. Talvez por esse motivo a ansiedade nos Estados Unidos seja maior do que em todas as outras nações do mundo,[11] e as nações mais ricas estejam em situação substancialmente pior do que em países em desenvolvimento.[12] Inclusive, os países de baixa renda (por exemplo, Colômbia, Peru) são aproximadamente metade menos ansiosos que países de renda média (por exemplo, Brasil, México), que são metade menos ansiosos que países de alta renda (por exemplo, Estados Unidos, França).[13]

Na sociedade ocidental, tendemos a medicalizar estados normais de humor. Níveis de estresse que eram considerados normais vinte ou até dez anos atrás hoje são motivo para uma prescrição de Frontal. Esperamos que nossas emoções sejam totalmente equilibradas. Queremos que tudo ocorra sem problemas. Não podemos tolerar a incerteza de que nossa mente e nosso humor não cooperarão. Não conseguimos lidar com o desconforto ou com a ansiedade e a desmotivação. É quase como se quiséssemos estar no piloto automático: nos sentirmos sempre confortáveis, felizes e bem-sucedidos — e, quando nosso conforto é interrompido, não somos capazes de aceitar como nos sentimos. Nossa incapacidade de aceitar as coisas como são faz com que nossas emoções se intensifiquem, em alguns casos até faz desencadear uma espiral que resulta em ansiedade perpetuamente grave.

Não estou dizendo que a busca da equanimidade seja algo ruim. É bom buscar felicidade e conforto, até certo ponto. Mas quanto mais esperamos certeza e segurança *totais* e quanto mais incansavelmente as buscamos, nos apegamos e não conseguimos nos sentir bem sem elas, mais debilitado fica nosso emocional. Devido a essas expectativas elevadas e à ansiedade que é desencadeada quando elas não são atendidas, ironicamente achamos mais difícil — e às vezes impossível — desabrochar.

Acredito que nossa perspectiva social da ansiedade — nossa perspectiva da vida! — tornou a prevalência e a gravidade dos problemas de ansiedade muito piores. Quando eu estava começando minha clínica em Nova York e escolhi chamá-la de *Centro para Ansiedade*, muitos dos meus amigos ficaram perplexos. Eles me perguntaram por que não tinha escolhido um nome como *Centro de Tratamento da Ansiedade* ou *Centro de Alívio da Ansiedade*. Expliquei que minha filosofia de tratamento da ansiedade não ajudava as pessoas a se tornarem menos ansiosas. Eu ensinava a conviver com a ansiedade e a fazer dela sua amiga. Portanto, *Centro para Ansiedade* parecia apropriado, já que o objetivo é aprender a prosperar com a ansiedade — não se livrar dela!

A ansiedade pode contribuir muito quando paramos de fugir dela. Pode aumentar a autoconsciência de nossos pontos fortes e áreas de crescimento. Pode nos lembrar da necessidade de sermos compassivos com nós mesmos — algo que falta muito em nossa sociedade. A ansiedade também pode melhorar nossos relacionamentos. Se a aproveitarmos adequadamente, ela pode nos ajudar a criar um vínculo emocional mais profundo com outras pessoas. Podemos aprender a ser vulneráveis com os outros, compartilhando nosso mundo interior com eles e dando-lhes a oportunidade de cuidar de nós. E, por fim, a ansiedade pode nos ajudar a identificar pontos fortes que nunca percebemos possuir. Podemos aprender a aceitar que, como seres humanos, nosso conhecimento e controle são limitados. Também podemos usar a ansiedade para identificar nossos pontos fortes exclusivos e ultrapassar nossos limites.

A ansiedade pode ser um sinal de inteligência. Um crescente número de pesquisas sugere que indivíduos com transtornos de ansiedade têm QI mais alto do que as pessoas "saudáveis".[14] Além disso, indivíduos ansiosos tendem a ser mais atentos e a se lembrar de detalhes,[15] uma vez que o mesmo neurotransmissor associado à ansiedade — GABA — também está relacionado à memória humana.[16] Minha própria experiência clínica confirma que os pacientes com altos níveis de ansiedade também têm maior capacidade de ter consciência de si mesmos e das necessidades alheias. Além disso, em geral são mais conscientes e têm um senso mais forte de motivação para conseguir grandes feitos.

Algumas das pessoas mais bem-sucedidas da história tinham um nível de ansiedade significativo. Por exemplo, Mark Twain,[17] um dos autores mais brilhantes de sua época, é conhecido por ter sofrido muito com sua saúde mental, inclusive com sintomas de ansiedade, principalmente nos últimos anos de vida. No mundo do entretenimento atual, acontece o mesmo. Dick Cavett,[18] um importante apresentador de talk show, passou por tratamentos de eletrochoque em sua luta contra décadas de ansiedade e depressão. O ator Jim Carrey[19] admitiu ter sofrido desses dois transtornos e tomado Prozac durante anos, embora tenha parado porque não o ajudou. Carrey também diz que não bebe mais nem usa drogas de nenhum tipo, optando por aceitar quem realmente é. "Eu só atuo nos filmes", diz ele. O famoso comediante Howie Mandel[20] é outro que falou abertamente de sua ansiedade, que inclui obsessões e compulsões com germes.

Diversas estrelas pop prolíficas também reconheceram sofrer de ansiedade intensa, ataques de pânico e depressão clínica, desde Selena Gomez[21] e Adele[22] até Lady Gaga[23] e Bruce Springsteen,[24] que revelou ter sofrido dois colapsos emocionais e que, em um deles, deveria ter sido internado. Muitos ficam surpresos ao saber que esses artistas, capazes de projetar tanta energia no palco, também sofrem de ansiedade e depressão.

O renomado psicólogo e professor David H. Barlow, que exerceu um impacto profundo em meu próprio trabalho, tem um apreço enorme pelos benefícios paradoxais da ansiedade. Em um de seus livros mais influentes, colocou a questão da seguinte forma:

Sem ansiedade, pouco seria realizado. A performance de atletas, artistas, executivos, artesãos e estudantes sofreria; a *criatividade* diminuiria; plantações talvez não fossem cultivadas. E todos nós conquistaríamos aquele estado idílico tão procurado em nossa sociedade apressada, jogando a vida fora embaixo da sombra de uma árvore. Seria tão mortal para a espécie quanto a guerra nuclear.[25]

APRENDENDO A PROSPERAR COM A ANSIEDADE

As percepções que tomaram forma enquanto eu caminhava para o meu consultório em Manhattan naquele dia, há uma década, me foram especialmente úteis alguns anos depois, quando eu estava atendendo Ashley, de 26 anos. Tendo se formado na Universidade de Nova York alguns anos antes, Ashley havia arrumado um emprego bem remunerado na área de marketing. Ela morava em Manhattan e estava namorando Kevin, um investidor de 27 anos, por quem se sentia atraída e a quem era apegada. Aparentemente, sua vida parecia ótima, mas, quando ela se sentou em meu consultório, percebi que, apesar do sucesso aparente, estava muito abalada e consumida pela ansiedade.

Ashley contou que, de vez em quando, sentia falta de ar, palpitações cardíacas e tensão muscular. Não conseguia parar de se estressar com o emprego, embora estivesse bem na empresa, e se preocupava constantemente com o aluguel, embora estivesse cheia de dinheiro e à espera de um bônus anual considerável. Também se preocupava com Kevin, não tanto com o relacionamento deles, mas que ele pudesse ficar doente. Ela, ainda, se estressava com a possibilidade de adoecer ou de sofrer um acidente. Preocupava-se, ainda, com ataques terroristas.

Em vez de lidar com sua ansiedade, Ashley tentou ignorá-la e seguir em frente, mas isso parecia não estar dando certo. Quando ligou para o meu consultório, tinha começado a restringir sua alimentação durante o dia — não porque estivesse preocupada com o peso, mas porque não queria fazer pausas no trabalho para comer, pois suas preocupações voltariam à tona. Também estava ficando grudenta demais com Kevin, ligando para ele sem parar quando ele não atendia. Isso fez com que Kevin entrasse em um padrão de afastamento, embora amasse Ashley. Além disso, sempre que percebia sintomas como respiração acelerada ou palpitações, ela pegava o celular e ia direto para o WebMD. Isso só alimentava sua ansiedade, já que Ashley se autodiagnosticava erroneamente com uma série de doenças.

Muitos dos meus colegas de profissão (embora, felizmente, nem todos!) considerariam Ashley neurótica e doente de ansiedade, embora tivesse um alto nível de funcionalidade. Se ela tivesse procurado um deles, sem dúvida teria saído da consulta com uma receita de medicação psiquiátrica e nenhuma habilidade concreta para gerenciar seus sentimentos.

No entanto, ao conversar com ela, tive a sensação esmagadora de que era, fundamentalmente, uma pessoa saudável que poderia aprender a gerenciar melhor a ansiedade, com ou sem remédios. Era claro que estava gastando energia demais tentando reduzir a ansiedade, o que, na verdade, só a alimentava. Ocorreu-me que, se Ashley investisse a mesma energia para compreender a si mesma, ser mais cuidadosa consigo mesma e cultivar seus relacionamentos com outras pessoas (inclusive com Kevin), poderia aprender a desabrochar ao longo da vida — não apesar da ansiedade, mas por causa dela. O fato de Ashley estar preocupada com muitas coisas *não* era um sinal de que estava doente, mas sim de que certos aspectos nela precisavam mudar e que, se ela mudasse, poderia ficar bem — e mesmo melhor do que bem.

Em nosso trabalho conjunto, explorei com Ashley que sua alta ansiedade indicava a necessidade de reduzir seu nível de estresse. Sua mente estava lhe dizendo: "Ashley, você precisa aprender a relaxar!" Sua tendência a trabalhar mais quando estava ansiosa estava piorando as coisas. Eu a incentivei a prestar mais atenção às suas preocupações e seus sentimentos. Ela colocou isso em prática e começou a sair desse período emocionalmente conturbado, indo em direção a uma vida mais equilibrada, bem-sucedida e feliz.

Ashley e eu também identificamos que sua ansiedade às vezes refletia preocupações legítimas. A maioria de suas obsessões com a saúde era superficial, mas em determinado caso ela realmente precisava ir ao médico. Seu colesterol estava altíssimo, e precisava reduzi-lo. Ironicamente, a ansiedade de Ashley em relação à saúde estava dificultando o tratamento desse problema; ela ficava nervosa demais de encarar a realidade de seu colesterol alto. Sugeri que consultasse um cardiologista, que lhe recomendou medicação e uma consulta com uma nutricionista, o que ajudou Ashley a ficar mais saudável.

Também trabalhamos no cuidado que ela dispensava a si mesma. Eu a incentivei a fazer todos os dias um intervalo de almoço sem nenhum aparelho tecnológico, a desligar o telefone e a parar de verificar o e-mail a partir de determinado horário à noite. Ashley começou a tomar um café da manhã nutritivo e a fazer lanches saudáveis a cada três ou quatro horas. Também passou a frequentar aulas de kickboxing duas vezes por semana. Como estava muito motivada, ela priorizou todas essas coisas e até mesmo adicionou alguns rituais de autocuidado.

O resultado desse trabalho foi que o relacionamento de Ashley com Kevin começou a melhorar de maneira perceptível. Ela deixou de ser tão grudenta, o que deu a Kevin espaço para começar a demonstrar mais afeto quando Ashley estava ansiosa. Mais importante ainda, ela se abriu com Kevin quanto à ansiedade que vinha sentindo. Em vez de descarregar sua ansiedade nele, demonstrando insegurança, compartilhou com o namorado seu medo de que ele ficasse doente. De início, Ashley estava muito preocupada em parecer vulnerável porque temia que isso pudesse afastar Kevin, mas, quando se abriu, ele ficou profundamente comovido. Sentiu-se amado e cuidado e, por sua vez, fez com que ela se sentisse amada e cuidada, e os dois ficaram mais próximos — o que garantiu o vínculo entre eles e ajudou Ashley a relaxar muito mais.

Por fim, recomendei que Ashley olhasse seus medos nos olhos e aprendesse a aceitar os limites de seu controle. Enquadrei isso em termos espirituais, incentivando-a a considerar que os seres humanos — no contexto maior do universo — são muito pequenos e têm uma janela de ação pequena. Sugeri que Ashley mantivesse um diário. Pedi que escrevesse as piores coisas que poderiam acontecer com ela e depois lesse para si mesma várias vezes. Pedi que aceitasse seus medos, mas reconhecendo que alguns deles provavelmente não tinham base na realidade. A chave era que Ashley aprendesse a se sentir confortável com estar *desconfortável*. Precisava aumentar a capacidade de lidar com pensamentos preocupantes e situações potencialmente adversas. Cheguei até a recomendar que ela gravasse áudios de seus piores medos e depois os ouvisse no trajeto até o trabalho. Suprimi-los de sua mente — tranquilizando-se com pesquisas no WebMD — nunca funcionaria.

A vida de Ashley mudou. Ela não apenas se sentia menos ansiosa, mas também começou a se desenvolver. Seu relacionamento consigo mesma, com os outros e com sua espiritualidade cresceu a passos largos, e deu para ver o resultado no seu dia a dia. É interessante notar que, no caso de Ashley, tudo ocorreu sem a ajuda de nenhum medicamento.

Embora alguns possam precisar de mais apoio profissional ao longo do caminho, acredito que o que Ashley vivenciou seja possível para qualquer um que sofra com ansiedade. Como já observei, a presença de altos níveis de ansiedade geralmente é um sinal de inteligência, energia e uma capacidade única de desabrochar. A tentativa de bloquear ou eliminar a ansiedade é contraproducente, pois essa abordagem esgota seu suprimento interno de energia. Em vez disso, você pode canalizar essa mesma energia para se sentir confortável com a incerteza e prosperar com sua ansiedade. E isso, por sua vez, o ajudará a se sentir mais preparado para qualquer coisa que surja em seu caminho.

O QUE ESPERAR DESTE LIVRO

As três partes deste livro refletem minha crença de que trabalhar com sua ansiedade pode melhorar a vida em três níveis distintos, mas inter-relacionados: sua conexão consigo mesmo; suas conexões e seus relacionamentos com outras pessoas; e sua conexão com a dimensão espiritual. Cada nível exige um processo de três etapas: primeiro, precisamos *reconhecer e identificar* a questão básica para a qual nossa ansiedade está chamando atenção; em seguida, encontrar maneiras de *aceitar* as coisas como elas são; e, por fim, *transcender* o que inicialmente percebemos como limitações, constatando, por fim, que são recursos e repositórios de força. Tudo isso se resume em *nove* estratégias ou ferramentas interconectadas que o ensinarão não apenas a evitar a armadilha de ver a ansiedade como uma fraqueza, mas também a transformá-la em um de seus maiores pontos fortes. Apresento uma ferramenta em cada capítulo e, quando você se sentir à vontade para usá-las, será capaz de lidar com a adversidade em um grau maior do que muitos pensam ser possível. O leitor que desejar saber mais sobre qualquer uma das ferramentas deste livro pode visitar meu site ou entrar em contato comigo em dhrosmarin. com para obter material extra, tanto textos quanto vídeos.

A ansiedade pode nos ensinar um novo sentido de significado, coragem e fé em nós mesmos. Ela pode nos ensinar a ir além daquilo que vemos como nossos limites e, como resultado, a ter um melhor domínio sobre nós mesmos. Também podemos passar a compreender melhor os sentimentos e as preocupações dos outros. Parte desse processo é aprender a confiar naqueles em quem podemos confiar e renunciar à nossa necessidade de controlar as pessoas, conectando-nos a elas como são — mesmo que nunca sejam perfeitas, mesmo que nunca atendam às nossas expectativas. Por fim, podemos usar a ansiedade para aceitar que, às vezes, as coisas estão fora de nosso controle e ponto-final. Quando fazemos isso, a ironia é que fica mais fácil seguir em frente e alcançar nossas esperanças e sonhos mais íntimos.

Você deve usar cada uma das nove ferramentas deste livro enquanto achar benéfico. Se uma ou mais não funcionarem para você, deixe de lado durante um tempo. Você pode ou não querer voltar a elas mais tarde. Nesse intervalo, concentre-se nos capítulos que considerar mais eficazes. Por esse motivo, recomendo que registre suas respostas às perguntas e a outros elementos de cada ferramenta em um diário, seja em papel ou na tela.

Lembre-se de que um livro como este não pretende ser uma orientação médica, pois não posso cobrir todas as eventualidades envolvidas no quadro ansioso de cada um. Quando procuram tratamento profissional, as pessoas recebem estratégias mais detalhadas e adaptadas às suas necessidades específicas. Em alguns casos, pode ser útil abordar questões e percepções específicas que surgirem durante a leitura deste livro e discuti-las com seu terapeuta, ou procurar terapia se não estiver em tratamento agora.

Nos últimos três capítulos, esclareço como a ansiedade pode melhorar nosso senso de espiritualidade. Meu orientador na pós-graduação, Kenneth I. Pargament, definiu espiritualidade como "a busca pelo sagrado".[26] Ele queria dizer que qualquer forma de buscar aspectos santificados da vida — aqueles que transcendem o mundo material — é inerentemente espiritual, seja ou não de natureza "religiosa". A ansiedade pode ser um catalisador para nosso crescimento espiritual. Pode, por exemplo, nos lembrar de nossas limitações humanas, ajudando-nos, assim, a sermos gratos e humildes. Além disso, ao aceitar os limites de nosso controle, podemos aprender a ter calma mesmo em momentos de desafio e luta. Acima de tudo, a ansiedade pode nos ajudar a manter a esperança e a fé em nós mesmos, à medida que avançamos com firmeza em direção à realização de nossos sonhos e metas de vida. Muitas pessoas podem achar que esse processo tem fundo religioso, mas nem todo mundo concorda com essa ideia. Você não precisa ter uma fé específica para crescer espiritualmente ao trabalhar com a ansiedade.

Nesse sentido, a fé é uma força humana poderosa, mas envolve muito mais do que simplesmente acreditar em um conjunto de doutrinas. Também tem a ver com permanecer firme naquilo que valorizamos quando estamos sob estresse. Com reconhecer nossa capacidade de grandeza — ter fé em nós mesmos — e estabelecer nosso propósito e missão na Terra. A fé está ligada, ainda, a ter a liberdade de viver uma vida valiosa, apesar da ansiedade. Isso implica aprender a aceitar que, às vezes, não podemos controlar muitos aspectos da vida, inclusive como nos sentimos.

Eis uma parábola espiritual que acredito descrever a situação de todos com relação à ansiedade: um viajante está caminhando por uma trilha na floresta quando, de repente, um animal de aparência assustadora salta e parece prestes a atacar. Quando o viajante tenta fugir ou desviar do animal, ele se move para bloquear a trilha e fica mais feroz. Seja qual for o caminho que o viajante queira tomar, o animal o impede e a intensidade de seus rosnados aumenta. O viajante acaba percebendo que o animal só *parece* perigoso. Na realidade, ele não tem a intenção de atacar ou ferir — ele quer que o viajante se torne seu dono e amigo. O viajante começa a dar atenção ao animal, interagindo com ele e até lhe dando comida, e o animal fica feliz e satisfeito. Eles continuam juntos pela floresta. O animal protege o viajante dos perigos ao longo do caminho e o ajuda a cruzar a floresta.

Então, um dia, o animal começa a rosnar para o viajante. Inicialmente alarmado, o viajante percebe que o animal está tentando dizer algo. Ele avança, e o animal rosna bem alto! O viajante recua e o animal fica ainda mais irritado. A tentativa de ir para a esquerda e para a direita gera a mesma reação. O viajante percebe que só há uma opção: cavar o chão. Com uma pá, o viajante começa a cavar a terra, e o animal se acalma. O viajante continua cavando e cavando, e acaba descobrindo um tesouro enterrado.

Quando a ansiedade nos atinge, tendemos a ficar irritados. Por que a fera da ansiedade não sai do nosso caminho? Procuramos distrações ou um jeito de sair do dilema: há alguma bebida ou droga recreativa que eu possa tomar para fazer tudo desaparecer (pelo menos por enquanto)? Posso me ocupar com o trabalho ou lendo e postando obsessivamente nas redes sociais? Essas estratégias tendem apenas a piorar a ansiedade. Entretanto, se aproveitarmos o poder dela, podemos prosperar de maneiras que nunca pensamos ser possíveis.

A mensagem da parábola é clara: não devemos fugir da ansiedade nem recuar e negar que ela existe, mas sim parar e avaliar a situação. O que nossa ansiedade está tentando nos dizer? A resposta é que precisamos nos aprofundar em nós mesmos, embora isso nos deixe desconfortáveis. Precisamos vivenciar a ansiedade para transcendê-la. E, embora não pareça à primeira vista, o que está lá dentro, para onde nossa ansiedade está nos direcionando, é um conjunto de preciosidades. Não riqueza material, mas um senso mais profundo de conexão — com nós mesmos, com os outros e com nossa espiritualidade. Por mais irônico e paradoxal que pareça, podemos prosperar com a ansiedade.

PARTE I

Melhorando nossa conexão com nós mesmos

I

Conhecendo a nós mesmos

A ansiedade pode nos revelar nossos pontos fortes e áreas de crescimento

Ansiedade: a própria palavra causa em muitos de nós aversão e pavor. E é uma pena, pois a ansiedade pode enriquecer nossa vida e nos ajudar a nos adaptar de forma criativa a um mundo em constante mudança. Uma maneira essencial de prosperar com a ansiedade — assunto deste capítulo — é entender que essa fonte de agitação *pode nos ensinar muito sobre nossos pontos fortes e áreas de crescimento*. O estresse e a ansiedade (que são semelhantes, mas diferentes, como veremos) podem nos ajudar a reconhecer quando estamos ficando sem recursos, servindo, assim, como um alerta que nos permite retomar o equilíbrio antes que as coisas piorem. Aqueles que se recalibram em momentos de estresse acabam tendo uma vida mais saudável, mais forte e mais conectada. Além disso, a ansiedade é uma indicação de que temos um reservatório de força interior para enfrentar as adversidades do mundo e, portanto, pode nos ajudar a liderar e ter sucesso. Por outro lado, pouca ansiedade pode ser um catalisador para dificuldades e fracassos.

ANSIEDADE OU ESTRESSE?

Jenn é mãe de três filhos pequenos e trabalha em tempo integral como assistente jurídica em um escritório de advocacia de família. Seu marido também trabalha em tempo integral e seu cargo exige viagens frequentes para longe, o que, às vezes, dificulta cuidar dos filhos. No entanto, Jenn me contou que tudo estava indo bem para ela, apesar da agenda cheia. "Meus filhos são saudáveis e eu gosto de passar tempo com eles", disse em nossa primeira sessão. "Meu marido é maravilhoso. Gosto do meu trabalho, que ajuda pessoas de baixa renda a obter auxílio jurídico e a lidar com situações familiares complexas. Sinto que é um trabalho significativo e importante."

Em seguida, Jenn respirou fundo e um olhar preocupado surgiu em seu rosto. "Mas estou sentindo muita… *ansiedade*", continuou. "Estou sentindo muito pânico, além de dificuldade para respirar e palpitações cardíacas. Estou até tendo mudanças de humor. Às vezes, fico com muita raiva e irritada, e depois tenho medo de não conseguir me controlar, o que me deixa muito ansiosa em relação a *tudo*." Ela fez uma pausa, mas senti que tinha mais a dizer, então, simplesmente assenti.

"Além disso", falou, "estou tendo sensações físicas de ansiedade muito desconfortáveis. Sinto muita tensão muscular. Meu pescoço, principalmente, está dolorido, embora eu também sinta tensão nos ombros e nas costas. Quando acordo, tenho medo de não conseguir atravessar o dia. E muitas vezes me sinto desconfortável por uma hora ou mais antes de dormir porque fico pensando em tudo o que tenho que fazer no dia seguinte. Estou me sentindo muito sobrecarregada e ansiosa e não entendo por quê."

Esperei que ela terminasse, então sorri e respondi: "Jenn, tenho boas e más notícias para você".

"Por favor", pediu ela, "posso ouvir as boas primeiro?"

"A boa notícia é que você *não* está ansiosa", eu disse.

"Quê?", questionou com um olhar incrédulo. "Como assim, não estou ansiosa?"

"O que você está descrevendo", expliquei, "não é ansiedade. A má notícia é que o que você está descrevendo é estresse. Você está tão estressada que se tornou uma pilha de nervos."

"Bom, qual é a diferença entre ansiedade e estresse?"

"Ótima pergunta", eu disse, e comecei a descrever a ansiedade.

Como veremos mais adiante neste capítulo, quando as pessoas têm uma reação de medo desproporcional ao nível real de ameaça, isso é ansiedade.

"Ótimo", disse ela. "Então, o que é estresse?"

"Quando as pessoas têm demandas de vida que vão além dos recursos que têm para atender a essas demandas, isso gera estresse", respondi.

Equilibrar demandas e recursos

Todos temos um número limitado de recursos em vários domínios, como tempo, dinheiro, força emocional e capital social. Todos esses recursos facilitam nossa capacidade de responder às demandas da vida. Quando as demandas que nos são impostas ultrapassam esses recursos, sofremos estresse. Em uma analogia simples: se você estiver a dez minutos de um compromisso que começa em cinco, se sentirá estressado por (pelo menos) cinco minutos. Da mesma forma, se você tem demandas financeiras mensais que excedem sua renda e suas economias, experimentará níveis prolongados de estresse na medida em que estiver com pouco dinheiro.

Muitas vezes, as demandas e os recursos são menos tangíveis do que tempo ou dinheiro. Por exemplo, as demandas emocionais podem se acumular e exceder nossas habilidades emocionais, resultando em estresse significativo. Ter que lidar com uma situação familiar complicada — por exemplo, um pai difícil ou um filho com distúrbio alimentar — pode tornar praticamente impossível suportar outros estressores da vida. Na verdade, para algumas pessoas, até mesmo uma pequena discussão no trabalho pode deixá-las emocionalmente abaladas por vários dias.

Se você não estiver atento ao seu nível de estresse — até que ponto as demandas da sua vida excedem seus recursos —, poderá se sentir completamente esgotado e não perceber sequer o que está acontecendo. Quando isso acontece, o estresse pode gerar mais estresse muito rápido. Na verdade, ele pode causar consequências no mundo real, afetando nosso humor, sensações físicas, produtividade, tomada de decisões e, por fim, nossa felicidade e nosso bem-estar.

Quando expliquei tudo isso a Jenn, ela ainda parecia meio perplexa. "Mas estou tendo palpitações", disse ela. "Isso não é sinal de um ataque de pânico?"

Expliquei que, sim, os sintomas dela eram semelhantes aos do pânico, mas não decorriam da ansiedade. Mostrei a Jenn que sua frequência cardíaca elevada e a respiração contraída *não* estavam sendo causadas por algo que ela não precisava temer, o que significava que ela não estava ansiosa. Pelo contrário, Jenn estava genuinamente sobrecarregada por não ter os recursos para lidar com os estressores de sua vida.

"Seu 'pânico' aumenta e diminui de acordo com o medo que você sente?", perguntei a Jenn. "Por exemplo, você se preocupa com a possibilidade de ter um ataque cardíaco repentino e morrer quando tem sensações de pânico, mesmo que não tenha nenhum problema médico conhecido?"

Jenn reconheceu que, não, ela não se preocupava com coisas desse tipo. Em seguida, perguntei se suas sensações de "pânico" aumentavam ou diminuíam dependendo de quantas demandas lhe eram feitas e de quão pouco recurso ela tinha.

"Sim!", disse. "É exatamente isso que está acontecendo. Que nem outro dia, eu estava no trabalho quando a escola do meu filho ligou e disse que ele estava com febre, pedindo para eu ir buscá-lo. Bom, estávamos com pouco pessoal no trabalho e eu ajudava uma família que tinha acabado de ser despejada a encontrar um lugar para ficar. Meu marido estava fora do estado numa viagem a trabalho, então, comecei a ligar para amigos em quem confiava para pegar meu filho, mas não conseguia falar com ninguém. Depois da terceira ligação não atendida, comecei a hiperventilar!"

Jenn fez uma pausa para respirar fundo, quase como se estivesse com medo de começar a hiperventilar ali mesmo em meu consultório. "Na verdade, foi nesse dia que liguei para você", disse ela. "Eu estava começando a sentir pânico, e foi aí que comecei a pesquisar clínicas de ansiedade na internet."

"Fico feliz que você tenha ligado e vindo", eu disse, "pelo menos para eu poder esclarecer que você *não* está sofrendo de um transtorno de ansiedade. Você está estressada demais, o que está lhe dando um nível moderado de sentimentos semelhantes aos da ansiedade. Mas tem uma diferença entre isso e o transtorno do pânico ou outra forma de ansiedade. Na verdade, não é má notícia saber que você está estressada, porque é relativamente fácil lidar com isso."

Continuei explicando a Jenn que a maneira como o estresse nos faz sentir sobrecarregados segue uma fórmula quase matemática: a quantidade de demanda que é colocada em seu sistema (por exemplo, ter desafios no trabalho, lidar com uma criança doente na escola, tensão emocional) menos a quantidade de recursos que você tem para usar (por exemplo, tempo, família, amigos, calma) é igual ao nível de estresse que você encontrará em determinado momento.

Também expliquei que o estresse tem uma maneira traiçoeira de se multiplicar, a menos que tomemos consciência dele e façamos esforços concretos para gerenciá-lo. Quando as pessoas se sentem estressadas por causa de mudanças na vida, como casamento, divórcio, nascimento de um filho, perda de um ente querido, mudanças no trabalho (uma promoção ou demissão) ou o diagnóstico de um problema de saúde, tendem a se concentrar em tudo, *menos* em administrar seus sentimentos. Nesse sentido, nossa tendência natural é afastar os sentimentos de estresse, porque pensar neles nos faz sentir sobrecarregados. No entanto, como resultado disso, nos tornamos *menos* hábeis em gerenciar nossas demandas, e nosso estresse aumenta com o tempo. Além disso, mudanças de vida geralmente ocorrem ao mesmo tempo — ser demitido do trabalho tende a vir acompanhado de mudanças financeiras, por exemplo. Isso pode tornar mais difícil dormir o suficiente, o que pode causar irritação e levar a brigas, e, assim, esgotar nossos recursos emocionais.

A maioria das pessoas que sofre de estresse diz que os sintomas surgiram "do nada". Na realidade, porém, o estresse raramente chega de repente. Ele costuma se desenvolver aos poucos. Nossas demandas começam a aumentar e nossos recursos se esgotam com o tempo, até que nos sentimos tão desconfortáveis que não conseguimos evitar admitir o estresse. Portanto, estar ciente de níveis baixos de estresse, para evitar que ele aumente, é o melhor remédio, já que nos permite equilibrar nossos recursos e demandas e garantir que os últimos nunca excedam em muito os primeiros.

Há apenas duas soluções para o estresse

Voltando a Jenn, expliquei a ela que, no que diz respeito ao gerenciamento do estresse, há duas, e somente duas, soluções possíveis. Primeira: você pode aumentar seus recursos. Segunda: você pode reduzir as demandas que está enfrentando. O ideal é que você faça as duas coisas. Entretanto, como informei a Jenn, isso é uma boa notícia, já que aumentar os recursos e diminuir as demandas é uma maneira infalível de reduzir o estresse. No caso de Jenn, isso significava que, quando encontrasse mais equilíbrio, poderia ter certeza de que seu "pânico" desapareceria.

Então, eu disse a ela sem rodeios: "Acho que você não precisa de mais nada. Por exemplo, se você dormir mais, reforçar o apoio aos cuidados com os filhos e talvez reduzir suas horas de trabalho ou aprender a dizer não no trabalho um pouco mais, acho que vai sentir uma grande diferença".

Jenn parecia atônita. Não havia lhe ocorrido que as soluções pudessem ser tão simples e básicas.

"Fico feliz que você tenha começado a se sentir desconfortável", acrescentei.

"Por quê?"

"Para usar uma analogia automobilística, é como dirigir um carro com vazamento de óleo. Quanto mais óleo você perder, maior é a probabilidade de o motor emperrar e exigir um conserto muito caro — ou dar perda total. Mas, se você perceber o problema com antecedência, talvez só seja necessário um pequeno reparo para consertar o vazamento. O estresse só é um problema quando não lidamos com ele. É aí que ele pode piorar muito. As pessoas que sofrem de estresse crônico e não agem para melhorar isso têm maior probabilidade de desenvolver depressão e outros problemas de saúde mental — inclusive transtornos de ansiedade. Qualquer um desses problemas pode levar a questões de saúde física, dificuldades nos relacionamentos e outros problemas na vida. Portanto, fico muito feliz que você tenha começado a se sentir desconfortável, porque foi isso que te trouxe ao meu consultório."

"O que você está dizendo", interveio Jenn, enquanto os traços de um sorriso cruzavam seu rosto pela primeira vez, "é que é bom eu estar sentindo essa ansiedade — ou o que eu *achava* que era ansiedade! Nunca tinha percebido a vantagem do pânico. Agora sinto que tenho um plano para seguir em frente. Se eu não tivesse começado a me sentir tão estressada e desconfortável, acho que não teria vindo. Teria simplesmente aguentado e continuado."

O estresse é o canário na mina de carvão

Em muitos casos, os sintomas decorrentes de estresse elevado, semelhantes aos da ansiedade, são o canário na mina de carvão — a primeira indicação de que tem algo errado. Na verdade, sentir-se desconfortável devido ao estresse pode salvar sua vida.

Doenças cardíacas são a principal causa de morte nos Estados Unidos,[1] mas muitas vezes passam despercebidas. A hipertensão arterial pode ser fatal com o passar do tempo,[2] mas também é muitas vezes imperceptível. Da mesma forma, muitos tipos de câncer são tratáveis e não letais, mas somente quando detectados e tratados precocemente, antes que possam se desenvolver e se espalhar.[3] Da mesma forma, quando, devido ao estresse, alguém apresenta sintomas semelhantes aos da ansiedade, o corpo está alertando que algo precisa mudar. Se prestarmos atenção ao desconforto — se permanecermos cientes dele e lidarmos com ele reforçando os recursos e diminuindo as demandas —, poderemos mudar nossa vida e voltar aos trilhos. O segredo é nos manter concentrados no que quer que esteja causando nossos sentimentos, em vez de simplesmente "aguentar", como Jenn disse, e ignorar ou suprimir esses sentimentos.

Por outro lado, as pessoas que ignoram o estresse geralmente têm problemas. Em primeiro lugar, muitas vezes o estresse de longo prazo cobra um preço da saúde física, que pode incluir doenças cardíacas,[4] pressão alta,[5] câncer,[6] doenças autoimunes,[7] síndromes metabólicas,[8] complicações pós-operatórias[9] e morte em geral.[10] Porém, de forma mais imediata, muitos recorrem a soluções ruins quando sofrem de estresse.

Em formas mais brandas, muitas pessoas estressadas não conseguem se afastar da internet e das redes sociais. Reclamar de pessoas ou da política em intermináveis threads do Twitter pode nos dar a ilusão de que estamos tratando de assuntos importantes, quando, na verdade, o objetivo *real* desse comportamento é nos distrairmos de sentimentos desconfortáveis. Em situações mais graves, algumas pessoas podem comer demais e ficar obesas, ou se viciar em álcool ou outras substâncias.

Por esses motivos, às vezes eu gostaria que meus pacientes fossem *mais* ansiosos, já que os sintomas semelhantes aos da ansiedade podem motivá-los a buscar ajuda mais cedo, antes que outros problemas de saúde mental ou física se desenvolvam. Nesse sentido, o desconforto causado pela ansiedade costuma ser um catalisador para conhecermos a nós mesmos e reconhecermos que algo está desequilibrado, o que nos dá a chance de corrigir a situação antes que piore.

Muitos têm a impressão errônea de que se concentrar nas causas do estresse só vai piorar a situação. No entanto, *é o oposto*. Se conseguirmos reunir coragem para lidar com o que realmente está nos incomodando, podemos tomar medidas concretas para lidar com isso. Conforme mencionado, há somente duas estratégias para reduzir o estresse: (1) aumentar seus recursos e (2) reduzir suas demandas. Vamos dar uma olhada no que de concreto podemos fazer.

AUMENTE SEUS RECURSOS

Dormir

Se eu puder dar um conselho a quem luta contra o estresse (ou a ansiedade, ou a depressão, ou praticamente *qualquer* problema de saúde mental), é dormir mais e melhor. Por uma margem razoável, o sono é o fator *mais* importante para uma melhor saúde física e mental.[11] Na verdade, a privação crônica de sono — que tem sido regra desde que Thomas Edison inventou a lâmpada — é um dos principais fatores que explicam a prevalência da ansiedade nos dias de hoje.[12] Isso é particularmente verdadeiro entre adolescentes e jovens adultos, que têm maior probabilidade de usar dispositivos eletrônicos até altas horas da noite.[13]

Quanto tempo de sono é o bastante? De acordo com os Centros de Controle de Doenças (CDC, na sigla em inglês) dos Estados Unidos, o adulto médio com menos de sessenta anos precisa de *sete ou mais* horas de sono por noite. Adolescentes tendem a precisar de *oito ou mais* horas, e os adultos mais velhos, de *sete a oito* horas.[14] Dormir menos do que isso é pedir para ter um problema de saúde mental! Por outro lado, se você estiver se sentindo estressado ou ansioso, tente dormir bem por apenas duas semanas e veja a diferença que faz.

Por que o sono ajuda a reduzir o estresse e a ansiedade? Há razões fisiológicas diretas, incluindo o fato de que o sono ajuda o cérebro e o corpo a descansarem, rejuvenescerem e se recomporem depois de enfrentar os estressores do dia a dia, o que aumenta nossos recursos de forma significativa. Outra explicação, porém, que discutiremos mais na parte 3, é que o sono nos ajuda a aceitar que nem tudo está sob nosso controle. Ao ir para a cama — e parar de trabalhar por até oito das 24 horas de um dia —, reconhecemos que não podemos fazer muito. Essa perspectiva é um recurso cognitivo extremamente útil que podemos utilizar para enfrentar o dia a dia. Quando aceitamos que somos apenas humanos e há limites naturais para o que podemos fazer, tendemos a assumir menos responsabilidades e a pegar mais leve com nós mesmos.

Exercício

A Associação Americana do Coração recomenda que todos os adultos pratiquem pelo menos 150 minutos de exercícios moderados ou vigorosos por semana.[15] Isso significa que precisamos suar durante em média trinta minutos por dia, cinco dias por semana. Surpreendentemente, a Associação Americana de Psiquiatria não tem orientações específicas para exercícios físicos e, talvez por esse motivo, é relativamente incomum que os profissionais de saúde mental recomendem exercícios para quem luta contra a ansiedade ou outras condições.[16] No entanto, os dados disponíveis são muito claros: trinta minutos de exercícios cinco vezes por semana é o *mínimo* para manter uma boa saúde mental.[17]

Por que os exercícios ajudam a reduzir o estresse e a ansiedade? Assim como o sono, eles têm muitos efeitos fisiológicos diretos, como a liberação de endorfinas e o desenvolvimento da capacidade aeróbica e da força física. Tudo isso reforça nossos recursos para lidar com as demandas da vida. Outro aspecto do exercício, que discutiremos mais no capítulo 3, é que nos ajuda a aceitar o desconforto e a persistir nos desafios. Embora muitas pessoas adorem se exercitar, a experiência física do esforço é, em algum nível, ruim. Habituando-nos ao desconforto do exercício e superando-o, ensinamos a nós mesmos a enfrentar as vicissitudes da vida, e essa perspectiva é um recurso essencial para lidar com os desafios diários.

Interação social

Uma terceira estratégia importante para controlar o estresse é se relacionar com as pessoas. Falaremos mais sobre isso na parte 2, mas, em um nível básico, aqui estão algumas recomendações importantes. Em primeiro lugar, recomendo a *todos* os meus pacientes que nunca passem mais de 48 horas sem ter uma conversa cara a cara com alguém de quem gostem. Não me refiro apenas a falar sobre o tempo, mas sim a falar sobre o que lhes passa pela cabeça. Conversas íntimas criam laços emocionais mais fortes, e fazer isso pelo menos a cada dois dias é uma necessidade humana básica. Outro aspecto da interação humana é o toque físico e o afeto. Obviamente, é mais fácil para quem tem um parceiro/parceira ou é casado, mas não é uma necessidade menor para os solteiros. Não é coincidência que nossa saúde mental, como sociedade, tenha ido por água abaixo numa época em que priorizamos a produtividade e o sucesso em detrimento dos relacionamentos!

DIMINUA SUAS DEMANDAS

Reduzir as demandas geralmente é mais difícil do que aumentar nossos recursos. No entanto, há algumas coisas que podem ser feitas.

Detox digital

Os dispositivos eletrônicos não servem mais apenas para o trabalho. Eles se tornaram verdadeiras extensões do nosso corpo, de que dependemos dia e noite. Nós os usamos como relógios, para viajar, fazer compras, nos informar ou dar uma olhada na previsão do tempo e, é claro, para nos comunicarmos. Além dessas tarefas, muitos desenvolveram a necessidade de fazer check-in nas redes sociais não apenas diariamente, mas muitas vezes a cada hora (ou até com mais frequência) e não apenas em uma plataforma, mas em várias. Pesquisas atuais sugerem que o americano médio olha o celular 96 vezes por dia, o que equivale a aproximadamente de dez a doze vezes a cada hora acordado.[18] Quando estamos em filas, escadas rolantes ou elevadores, não conseguimos resistir a passar os olhos pela tela e responder mensagens, como se nossos amigos e contatos profissionais esperassem uma resposta instantânea. O estresse insidioso causado por essas demandas incessantes é difícil de quantificar ou mesmo descrever. No entanto, em nenhum momento o estresse da tecnologia é maior do que na hora de dormir. Em vez de dormir — um recurso essencial para lidar com o estresse —, ficamos presos aos nossos dispositivos.

Devo admitir: às vezes, eu mesmo exagero no uso da tecnologia. É quase impossível evitar! Mas tenho uma vantagem cultural que tem me mantido (de certa forma) são. Arianna Huffington, fundadora do *HuffPost*, plataforma de notícias de enorme sucesso, usava tanto a tecnologia que, em uma noite de 2014, desmaiou de exaustão, caindo de cara no chão da própria cozinha. Ela precisou de uma cirurgia reconstrutiva completa para reparar a maçã do rosto quebrada e os ossos ao redor do olho. Posteriormente, Huffington repensou sua vida e escreveu um artigo fascinante elogiando o antigo e tradicional costume judaico de se abster do trabalho produtivo — incluindo a tecnologia — um dia na semana, no shabat.[19] Como Huffington disse: "Nossa tomada de decisão é prejudicada quando não nos desconectamos para recarregar".

Nesse sentido, sou abençoado como observador do shabat — toda semana, de sexta a sábado à noite, desligo meu telefone e computador, passo o tempo com minha família e me concentro novamente em meus valores espirituais. (É claro que, às vezes, emergências genuínas podem interromper minha observância.) Meus colegas de profissão às vezes me perguntam como posso me dar ao luxo de fazer isso com todos os meus compromissos profissionais. Sinceramente, tenho a perspectiva oposta: não entendo como eles conseguem trabalhar a semana inteira nos dias de hoje sem uma pausa significativa.

Para deixar claro: não estou dizendo para todos respeitarem o shabat. Mas recomendo fortemente que todos façam algumas pausas no uso de telas. Digo a todos os meus pacientes para desligarem os aparelhos eletrônicos pelo menos meia hora antes de ir dormir, além de mais trinta minutos ao longo do dia (por exemplo, ao se exercitar ou durante as refeições), e uma pausa estendida de uma noite por semana (por exemplo, de duas a três horas ao sair com um parceiro ou amigos). Mais uma recomendação no que diz respeito à tecnologia: por favor, não durma ao lado do celular! Deixe-o a pelo menos três metros da cama, de preferência em outro cômodo. Essa prática simples pode reduzir a latência do sono (o tempo que leva para dormirmos), despertares noturnos e outros distúrbios do sono.[20]

Diga não!

O apresentador de televisão Larry King escreveu em um de seus livros que frequentemente criava conflitos em sua agenda porque nunca conseguia *dizer não* a quem o convidava para participar de um programa. Certa vez, concordou em aparecer em três cidades diferentes no mesmo dia, mais ou menos no mesmo horário. À medida que o dia se aproximava, ele ficava cada vez mais estressado e desconfortável, mas ignorava os sentimentos e dizia a si mesmo que daria um jeito; no entanto, não conseguia encontrar uma saída para o dilema, e seu corpo sofreu as consequências — ele teve um ataque cardíaco e quase morreu.[21] Muitos de nós caímos em uma armadilha mental e emocional semelhante, embora menos dramática, mas os resultados são essencialmente os mesmos. A incapacidade de *dizer não* cria uma pressão desnecessária em nossa vida que pode ter consequências significativas.

No entanto, de forma paradoxal, tendemos a *dizer não* às folgas do trabalho, mesmo quando temos direito a elas. Entre os trabalhadores de países desenvolvidos, não só os dos Estados Unidos, recebem relativamente poucos dias de férias em comparação com outros países, como também não tiram boa parte desses dias.[22] De acordo com a *Harvard Business Review*, desde 1996, as férias tiradas pelos trabalhadores americanos diminuíram de cerca de 21 dias para dezesseis em 2016,[23] e continuam a cair. Além disso, a maioria dos funcionários que tira férias leva o trabalho junto, embora essa prática seja conhecida por mitigar os principais benefícios de tirar férias.[24] Por outro lado, pesquisas mostram que os trabalhadores que tiram mais férias têm maior probabilidade de ser mais bem-sucedidos em seus empregos e de receber um aumento ou bônus.[25]

Aceite suas limitações

Além de *dizer não* aos outros, às vezes precisamos *dizer não* a nós mesmos, deixando de assumir mais obrigações do que somos razoavelmente capazes de cumprir. Para nosso grande prejuízo, nossa sociedade tende a valorizar mais a produtividade do que os relacionamentos. Valorizamos mais a realização e a produtividade — em especial, a financeira — do que a conexão com as pessoas e a construção de relacionamentos amorosos. Discutiremos como a ansiedade pode ajudar a *enriquecer* nossos relacionamentos interpessoais na parte 2, mas nenhuma dessas estratégias pode ser implementada se estivermos ocupados ou estressados demais para priorizar a conexão humana. Para tornar as coisas mais complexas, as causas familiares, cívicas, comunitárias e de voluntariado podem, muitas vezes, ser fontes de estresse e tensão se estivermos excessivamente concentrados no que precisamos *fazer*, em vez de focarmos em nos conectar com outras pessoas.

A psicologia por trás desse fenômeno de excesso de trabalho é bem simples: é difícil para nós, como seres humanos, aceitar nossas limitações e a falta de controle. Isso será abordado na parte 3, mas basta dizer que, por enquanto, precisamos estar bem cientes de que temos recursos limitados e demandas que não podemos evitar. Somente você sabe de quantos projetos pode cuidar ao mesmo tempo e quantas horas pode trabalhar em determinada semana ou mês antes de se esgotar. Ir *um pouco* além desses limites é bom — para expandir nossos horizontes e aumentar nossa força. Mas ir muito além dos limites nunca é uma boa ideia.

A BÊNÇÃO DA ANSIEDADE

Se seguir essas diretrizes — que compartilho com quase todos os meus pacientes —, você reduzirá seus níveis de estresse e terá uma vida mais relaxada e saudável. É claro que é impossível eliminar totalmente o estresse. A realidade da vida é que, às vezes, ficamos sobrecarregados. Em geral, isso não é um problema — experimentar um esgotamento de recursos e/ou demandas excessivas *de vez em quando* pode aumentar nossa tolerância ao estresse, ajudar-nos a identificar maneiras de sermos mais eficientes e até mesmo nos levar a identificar novos recursos que não sabíamos ter desde o começo. Além disso, se o estresse nos levar a implementar mesmo que apenas algumas das estratégias que discuti até agora, o teremos transformado em uma grande bênção, que nos ensina sobre nossos pontos fortes e áreas de crescimento.

Mas e a ansiedade? Também pode ser uma bênção? Para responder a essa pergunta, primeiro precisamos definir a ansiedade e compará-la com o medo. Quando meus clientes me perguntam "O que é ansiedade?", digo a eles que *ansiedade* é a experiência do medo na ausência de uma ameaça material. Portanto, a ansiedade é causada por uma falha neural do circuito do medo. Em outras palavras, *a ansiedade envolve a experiência do medo em reação à percepção errônea de que as coisas são perigosas, quando, na verdade, não são.* Permita-me explicar.

Quando você se depara com uma ameaça imediata à sua segurança — como um tigre-dente-de-sabre (embora hoje seja mais provável um caminhão em alta velocidade vindo em sua direção) —, seu cérebro registra a ameaça e ativa o circuito do medo. Isso, por sua vez, aciona as glândulas suprarrenais para secretar adrenalina (também conhecida como epinefrina) na corrente sanguínea. Esse potente composto hormonal cria instantaneamente uma série de alterações fisiológicas no corpo, todas com o objetivo de ajudar a nos proteger da ameaça percebida. As alterações — também conhecidas como "reação de luta ou fuga" — incluem:

- as pupilas se dilatam para expandir o campo de visão e aumentar a percepção;
- o sistema digestivo fica mais lento para desviar energia aos músculos e sistemas vitais;
- o sangue é desviado das extremidades para o tronco para ajudar os órgãos a funcionarem de forma ideal;
- as fibras musculares ficam tensas para preparar você para a ação;
- a frequência cardíaca aumenta para irrigar melhor os músculos (o que permite que eles reajam com mais força e rapidez); e
- a frequência respiratória aumenta para suprir a maior necessidade de oxigênio.

Todas essas facetas da reação de medo — que são involuntárias e ocorrem automaticamente — ajudam você a perceber o perigo e a reagir a ele entrando em ação. Portanto, *o medo é uma coisa boa* — uma coisa muito boa! As pessoas que não têm medo suficiente tendem a não sobreviver. Inclusive, logo após o nascimento, os recém-nascidos são testados para o chamado reflexo de Moro, mais comumente conhecido como "resposta de susto". Em alguns hospitais, apertam uma pequena buzina próxima ao ouvido do bebê e, em outros, o pescoço e a cabeça do bebê são levantados alguns centímetros da mesa e, em seguida, baixados repentinamente, para verificar se a resposta de sobressalto está presente. Os recém-nascidos que não apresentam o reflexo de Moro são imediatamente encaminhados para um neurologista pediátrico, pois a falta dessa reação defensiva tende a ser um sinal de lesão, infecção ou doença precoce, como a paralisia cerebral.

Toda semana, centenas de pessoas procuram tratamento nos consultórios do Centro para Ansiedade reclamando de sintomas físicos de ansiedade. Elas relatam ter palpitações cardíacas, respiração superficial ou dificuldade de recuperar o fôlego, tensão muscular, mal-estar estomacal, dormência e formigamento nas extremidades, tontura ou visão embaçada. Todos esses sintomas ocorrem porque são subprodutos da reação normal ao medo.

- As palpitações no peito ocorrem porque o coração está fazendo mais sangue circular.

- A dificuldade de respirar ou a necessidade de recuperar o fôlego ocorrem porque o corpo está tentando trazer mais oxigênio, e os músculos pulmonares precisam trabalhar mais para que isso aconteça.

- A tensão muscular ocorre porque o corpo está mobilizando os músculos — especialmente no pescoço e nas costas — para se defenderem de uma ameaça.

- O distúrbio estomacal é interessante — ocorre porque o corpo para de fazer digestão a fim de desviar suas energias para se manter são e salvo.

- A dormência e o formigamento nas mãos e nos pés ocorrem porque o sangue é desviado para o tronco a fim de conservar energia e minimizar a perda de sangue no caso de um ataque (bem-sucedido).

- Quanto à tontura e à visão embaçada, elas ocorrem devido à dilatação da pupila — como medida de proteção, os olhos permitem a entrada de mais luz e aumentam seu campo de visão, embora isso resulte em foco prejudicado.

Com relação à tontura, se você pensar bem, faz muito sentido. Afinal, se um caminhão estiver vindo em sua direção, não importa se você consegue ler a placa do veículo (foco), mas você *definitivamente* precisa saber se ele está à sua direita ou esquerda (campo de visão).

O melhor cenário possível para um ser humano é ter uma reação de medo robusta. Ao longo da vida, se passarmos por situações genuinamente ameaçadoras, isso ajuda a nos manter seguros. Mesmo que nunca precisemos usá-lo, o medo é uma ferramenta essencial para nosso bem-estar físico e sobrevivência. É a maneira de nosso corpo otimizar nossa segurança quando estamos em perigo. O medo é um presente de Deus. Guarde-o e seja grato!

Entretanto, medo não é o mesmo que ansiedade. Em contraste com o medo, a ansiedade envolve a experiência de uma reação de luta ou fuga *na ausência* de um motivo real para o medo. Quando as glândulas suprarrenais são acionadas pelo cérebro na ausência de uma ameaça real — quando nossa mente acha que as coisas são perigosas, embora, na verdade, não sejam —, estamos experimentando ansiedade, não medo. Se você estiver tendo o conjunto de experiências fisiológicas e psicológicas que acabei de descrever, mas *sem* aquele caminhão vindo em sua direção — isso é *ansiedade*. Devo enfatizar que, embora o medo ocorra em nossa cultura, na maioria das vezes o que vivenciamos hoje, no mundo ocidental desenvolvido, é ansiedade — porque, mesmo quando os recursos são escassos ou faltam, em geral estamos fisicamente seguros ou, pelo menos, não corremos risco iminente de morte.

É importante observar que, em alguns casos, pode ser difícil estabelecer uma linha clara entre o medo e a ansiedade. Por exemplo, a *ansiedade em relação à saúde* envolve preocupação excessiva com assuntos que, em determinadas circunstâncias, podem ser perigosos. Para piorar a situação, isso às vezes pode mudar com o tempo. Por exemplo, no começo da pandemia, suspeitava-se que a covid-19 fosse transmitida pelo toque, e não era uma prática incomum desinfetar superfícies (ou até mesmo frutas e legumes!). No entanto, com o tempo, ficou evidente que o contágio do vírus era facilitado principalmente, se não exclusivamente, por partículas transportadas pelo ar trocadas durante um contato próximo com indivíduos infectados (por exemplo, em conversas sem máscara).

Em todos os casos, no entanto, o medo envolve uma reação emocional saudável que nos impele a tomar precauções razoáveis com base nas informações que temos em mãos quanto ao que é necessário para nos proteger. A ansiedade, por outro lado, envolve qualquer coisa além do razoável para evitar uma ameaça real e tangível.

Então, como a ansiedade é uma bênção? Por sua própria definição, a ansiedade é desnecessária e baseada em um erro. O que de bom pode resultar de um erro?

Falsos-positivos versus *falsos-negativos*

O excesso de ansiedade pode ser muito incômodo e até debilitante. No entanto, ser excessivamente ansioso é bem melhor do que achar que as coisas *não são* perigosas quando, na verdade, são. Nesse sentido, a ansiedade é um ponto forte, pois significa que nosso sistema de alerta interno está funcionando. Pode ser inconveniente ter um alarme de incêndio hipersensível que dispara por qualquer fumacinha, mas é preferível a ter um que só dispara depois que toda a casa pegou fogo. Se eu pudesse escolher, preferiria de longe ser ansioso e excessivamente reativo a ter um nível muito baixo de neuroticismo e não reagir à altura de uma ameaça em potencial.

Em outras palavras, a ansiedade é essencialmente uma reação de medo "falso-positivo". No mundo da medicina, um falso-positivo é o resultado de um teste que indica a presença de uma condição, como uma doença, quando ela não está presente. Por outro lado, um "falso-negativo" indica a ausência de uma condição quando ela está de fato presente. Se estivermos falando de algo sério, como câncer ou doença cardíaca, deve ficar claro que, embora um falso-positivo possa causar certa angústia desnecessária até que seja corrigido, um falso-negativo é muito pior, porque é perigosíssimo pensar que você está bem quando, de fato, não está. Se você não tiver câncer de pulmão e receber um resultado falso-positivo, ficará algumas semanas tenso até que o diagnóstico seja corrigido, mas você não morrerá de câncer de pulmão. Por outro lado, se você receber um falso-negativo, garantindo que não tem câncer de pulmão, a doença continuará a se desenvolver sem ser detectada, até que seja tarde demais.

Quando se trata de ansiedade, a presença de sintomas fisiológicos, como respiração acelerada ou palpitações, pode fazer com que você pense que está tendo um ataque cardíaco. Depois de correr para o pronto-socorro mais próximo, você pode ficar aliviado ao descobrir que está tendo apenas um ataque de pânico. Claramente, é melhor do que não perceber que está tendo um ataque cardíaco até desmaiar e morrer! Essa última hipótese não é ficção. De acordo com a Harvard Health Publishing, cerca de metade dos ataques cardíacos são confundidos com doenças menos graves.[26] Conhecidos como "infarto silencioso", os sintomas do infarto do miocárdio podem ser tão leves e breves que muitas vezes são confundidos com indigestão.

Sim, seria melhor ser 100% preciso o tempo todo e nunca ter falsos-positivos ou falsos-negativos. E sim, ir ao pronto-socorro sem precisar não é nada agradável. Entretanto, entre essas duas opções — confundir um ataque de pânico com um ataque cardíaco ou confundir um ataque cardíaco com azia —, qual você preferiria?

Força sobre-humana

Aprendemos que a ansiedade envolve a mesma reação do medo, embora sem um perigo real. Portanto, a ansiedade — assim como o medo — envolve uma mobilização de força sobre-humana. Um dos primeiros pacientes com "transtorno de pânico" que tratei foi um homem de trinta e poucos anos chamado John. Ele disse que sempre tinha fortes ataques de pânico quando estava dirigindo. Esses ataques eram tão virulentos que ele tinha medo de bater o carro e, por isso, dirigia o menos possível.

Em nossa primeira sessão, John relatou um ataque que tivera recentemente enquanto estava em uma estrada com várias pistas a 105 ou 110 quilômetros por hora. Era inverno no Canadá e havia muita neve na rodovia, e mais neve acumulada no acostamento. Ele estava dirigindo na faixa mais à esquerda e começou a entrar em pânico. "Tenho de sair da estrada!", pensou, porque havia muita neve no acostamento esquerdo e ele estava com medo de bater. O acostamento da direita havia sido arado e parecia estar livre, mas para chegar lá ele teria de atravessar três pistas — todas com tráfego intenso — em uma velocidade relativamente alta. Girando a cabeça de um retrovisor para o outro, John atravessou cada uma das três faixas no que lhe pareceu uma eternidade, mas que, na realidade, foram apenas alguns segundos. Enfim, chegando à faixa da direita, ele entrou no acostamento e parou o carro. Ainda respirava pesado e seu coração estava acelerado, mas pelo menos conseguiu abrir a janela e respirar um pouco de ar fresco.

Como esse foi um dos primeiros casos de transtorno do pânico com que me deparei, procurei meu supervisor para explicar a situação de John e perguntar como eu deveria lidar com ela. Meu supervisor me disse que é comum que pessoas com transtorno do pânico tenham medo de dirigir. "Mas", disse ele, "deixe-me fazer algumas perguntas. Quando você tirou sua carteira de motorista, perguntaram se usava lentes corretivas?"

"Claro", respondi.

"E perguntaram se você tinha algum problema neurológico, como epilepsia ou Parkinson?"

Lembrei que sim.

"Certo", disse ele. "Perguntaram se você tinha transtorno do pânico?"

"Não, tenho certeza de que não me perguntaram isso."

"Não perguntaram", disse ele com confiança. "Eu sei porque não há nenhum departamento de trânsito no mundo que pergunte sobre transtorno do pânico. Sabe por quê?"

"Não", respondi, curioso para saber onde aquilo ia dar.

"Porque o pânico não é perigoso para os motoristas", ele respondeu. "E vou provar isso para você. Dirijo esta clínica de ansiedade há dez anos e já atendemos mais de 75 mil pacientes; adivinhe quantos pacientes com pânico que atendi nesse período bateram o carro?"

Eu não sabia, mas estava começando a entender o que ele queria dizer. "Zero?", arrisquei.

"Exato", confirmou ele. "Zero. Na verdade, as pessoas dirigem *melhor* quando estão em pânico. Com o seu sistema de luta ou fuga acionado, você consegue dirigir com o que equivale a uma atenção sobre-humana. E seu paciente teve essa mesma experiência com o mesmo resultado: ele entrou e saiu do trânsito a mais de 100 quilômetros por hora na neve, e se saiu muito bem!"

Percebi que, quando John estava tendo um ataque de pânico que desencadeava sua reação de luta ou fuga, a adrenalina que se infiltrava em sua corrente sanguínea não o tornava mais errático; na verdade, *fazia dele um motorista melhor*. Quando expliquei isso a John, ele conseguiu se acalmar. Isso aconteceu porque a percepção dele de que seu pânico era perigoso estava, ironicamente, deixando-o mais ansioso.

Notavelmente, de acordo com a *National Law Review*, a causa mais comum de acidentes automobilísticos é a desatenção do motorista[27] — seja ela causada por distrações (como usar o celular), cansaço excessivo ou embriaguez. No entanto, quando você está tendo um ataque de pânico, nenhuma dessas preocupações é relevante, pois você está em estado de alerta máximo, mesmo que não pareça. Se eu tivesse a opção de estar em um carro com alguém em pânico ou não, com certeza preferiria a primeira opção.

Da mesma forma, os atletas geralmente relatam que ficam nervosos e até sentem náuseas antes de competirem. Glenn Hall foi, sem dúvida, o melhor goleiro que já jogou no time de hóquei Chicago Blackhawks — ele era conhecido pelos fãs como "Sr. Goleiro". E vomitar era uma parte vital de seu ritual pré-jogo. Ao comentar sobre sua carreira de dezenove anos na NHL, ele contou: "Eu vomitava antes de quase todos os jogos porque jogava melhor quando vomitava, e ficava hiperativo". Curiosamente, Hall sabia que a ansiedade não era algo a se temer e, inclusive, era um sinal de que podia ser uma pedra no sapato dos adversários. "Foi muito natural. Eu me esforcei para isso. Lembrei a mim mesmo que estava representando minha família e que seria imperdoável não jogar o melhor que podia."[28]

Vários de meus pacientes que se apresentam em público, como atores e músicos, me disseram que, se não sentirem frio na barriga ou um certo medo do palco antes de entrarem em cena, podem ter um desempenho abaixo do esperado. Como disse um deles: "Prefiro estar ansioso a letárgico no palco".

Ansiedade e liderança

Essas formas comuns de nervosismo antes de se apresentar também têm sua contrapartida para aqueles que ocupam cargos de liderança. Um certo nível de ansiedade pode preparar as pessoas para a liderança, já que estar à frente de um grupo de pessoas exige prever como as coisas podem dar errado e levar em conta vários resultados, tanto bons quanto ruins. Como líder, é preciso avaliar as chances de determinada abordagem ser bem-sucedida ou não, pensar em que medida cada resultado é possível e desenvolver estratégias para situações diversas. Seja em um projeto criativo, comercial ou científico, é preciso estar preparado não apenas para o que pode dar certo, mas também para o que pode dar errado para você e as outras pessoas envolvidas.

Ser capaz de prever quando e como as coisas podem dar errado e levar em conta várias possibilidades e resultados é essencial para administrar uma organização ou liderar pessoas, em qualquer situação, desde a aplicação da lei até o planejamento de um show beneficente. Ninguém gosta de um líder que não é confiável, que deixa a bola cair e não vê os problemas com antecedência. Para isso, a ansiedade pode ajudar os líderes a serem mais cautelosos em suas decisões, solucionar melhor os problemas e ter menos probabilidade de tomar decisões precipitadas.

A ansiedade também nos motiva a reagir a muitas situações desafiadoras com mais rapidez, força e determinação. Às vezes, isso causa problemas, é claro, mas, nos meus anos de clínica, descobri que as pessoas ansiosas geralmente têm muita paixão, energia e vantagens para oferecer ao mundo, uma vez que aprendem a se aproveitar de sua angústia. Assim como o medo, a ansiedade pode reduzir nosso tempo de reação, melhorar nosso desempenho e até mesmo aumentar nossa percepção e cognição.

Para ser claro: o excesso de ansiedade *pode* atrapalhar seu julgamento e ser contraproducente. Mas, em níveis baixos ou até médios, a ansiedade pode aumentar seu senso de responsabilidade, sua capacidade de reação e consciência, sua antecipação de problemas e sua capacidade de gerar um plano B. Esse nível de consciência pode, em última análise, poupar estresse, dinheiro e tempo. É claro que, se a sua ansiedade o levar a pensar demais, elaborando também um plano C ou um plano D (e certamente planos E e F!), isso geralmente não é bom. Entretanto, se suas opções são ter pouca ou muita ansiedade, prefiro ter muita a qualquer momento. Mais uma vez, é melhor ver as coisas como perigosas quando não são do que não vê-las como perigosas quando são.

Você pode estar se perguntando: "Se a ansiedade é uma coisa tão boa, por que ela nos deixa tão desconfortáveis?" Pense da seguinte forma: você está sentado no carro, na entrada da garagem, preparando-se para ir ao mercado ou trabalhar, e percebe que o motor está acelerado. A maioria dos motores fica ocioso com cerca de seiscentas a oitocentas rotações por minuto, mas pode girar ainda mais durante o aquecimento, o que é normal. Mas, se o motor ainda estiver acelerando muito enquanto está ocioso, mesmo depois de aquecido, pode haver um problema. Um motor ocioso com rotações altas desperdiça combustível, desgasta mais e pode até ser perigoso. Isso não significa que seu carro está com defeito, apenas que você precisa consertar o motor. Da mesma forma, a ansiedade não é uma indicação de que você está quebrado; ela significa que as coisas estão indo bem, mas você está "esquentando muito" e precisa fazer alguns ajustes.

Novamente, porém, é melhor ter um carro que esquente muito do que um que não funciona.

OS RISCOS DE POUCA ANSIEDADE

A melhor maneira de explicar a distinção entre muita ansiedade e pouca ansiedade é comparando o caso de dois pacientes que eu estava atendendo mais ou menos na mesma época, cujas origens eram tão semelhantes que quase poderiam ser irmãos. Inclusive, o primeiro nome deles começava com a mesma letra, o que ajudou a conectá-los em minha mente. Esses dois jovens de vinte e poucos anos vinham de famílias de classe média alta dos arredores de Nova York, ambos estavam matriculados em faculdades locais de artes liberais e pensando em se formar em direito. Entretanto, as semelhanças terminavam aí. Em termos de diagnóstico, eles eram opostos.

Adam estava lutando contra o que geralmente é chamado de *síndrome de Peter Pan*. Seu comportamento era típico de muitos jovens de vinte e poucos anos, de origem familiar confortável, que não se sentem muito pressionados a se esforçar e têm um desempenho abaixo do esperado. Como resultado, são atormentados pela tristeza e se acham empacados na vida.

No início, Adam parecia autoconfiante e até indiferente, mas suas notas não eram muito boas, apesar de seu desejo de seguir a carreira de advogado. Também não tinha começado a estudar para o vestibular para a faculdade de direito, que determinaria se conseguiria entrar em uma universidade de renome. Ele fumava maconha regularmente, dormia até tarde com frequência e recentemente abandonara um curso que considerava exigente demais. Adam agia como se não tivesse nenhum problema e, quando o questionei, disse que as coisas "se resolveriam". Ele havia me procurado apenas porque os pais estavam preocupados com ele, embora, em sua opinião, fosse puro exagero.

Adam se comportava como se tivesse o resto da vida garantido — embora não tivesse tanto dinheiro de família assim. Nós nos encontramos algumas vezes, mas ele nunca pareceu inclinado a mudar de perspectiva. Para fazer Adam se mexer, ele precisava se sentir desconfortável, mas ele estava em um estado permanente de conforto e, por fim, parou de ir às consultas. Quando voltei a ter notícias dele, quase um ano depois, não havia sido aceito em nenhuma universidade, corria o risco de ser reprovado no último ano do ensino médio e não tinha nenhuma perspectiva de emprego remunerado. Seus pais estavam desesperados e seu uso de drogas estava completamente fora de controle. Mas ele continuava otimista com relação ao futuro. Como resultado, não havia mesmo nada que eu pudesse fazer. Cheguei a lhe dizer: "Queria que você fosse mais ansioso!".

Artie, por outro lado, era uma pilha de nervos. Embora suas notas fosse impressionantes e ele passasse os dias e as noites estudando, estava extremamente em pânico. Passava tanto tempo estudando que sua vida social era mínima e parecia não aproveitar toda a diversão oferecida pelos anos universitários, como seria esperado de alguém com seus recursos financeiros. Ele foi de terno e gravata à nossa primeira sessão porque queria causar uma boa impressão — ao contrário de Adam, que chegou vinte minutos atrasado com uma camiseta rasgada da banda de rock Phish e um cheiro de quem não tomava banho havia alguns dias.

Clinicamente, era *muito* mais fácil trabalhar com Artie do que com Adam. Ele não via o dinheiro de sua família como um motivo para relaxar; ao contrário, sentia-se excessivamente impelido a garantir um futuro. Não descansava o suficiente sobre os louros — ficava estressado e tenso demais, em detrimento de seu bem-estar. Entretanto, olhando para o quadro geral, minha impressão de Artie era de que ele estava bem e, essencialmente, só precisava aprender a relaxar. Pedi que diminuísse um pouco seu nível de estresse, dando um tempo nos estudos e indo a festas para conviver mais com as pessoas nos fins de semana. Em uma sessão, até levantei um pouco a voz e disse: "Artie, você precisa relaxar!". Até o incentivei a começar a ouvir Phish e ir a um show. No fundo, eu esperava que ele encontrasse Adam lá e que talvez um pouco da sua ansiedade e motivação passassem para ele. Infelizmente, isso nunca aconteceu. Além disso, ao contrário de Adam, Artie me ouvia e, quando conseguiu relaxar, isso não acabou com sua motivação nem atrapalhou sua produtividade — pelo contrário, ele conseguiu dar ainda mais duro e ser mais eficiente.

60   *David H. Rosmarin*

FERRAMENTA 1: É ESTRESSE OU ANSIEDADE (OU OS DOIS)?

Se reconhecermos nossa ansiedade e aprendermos a trabalhar com ela em vez de negá-la ou combatê-la, ela acabará nos ajudando. Mas, primeiro, precisamos aprender a distinguir a ansiedade do estresse. Para isso, é necessário dedicar algum tempo a nos concentrar no que está acontecendo dentro de nós.

PASSO 1

Para usar essa ferramenta, primeiro, escolha um momento em que você esteja livre de distrações por pelo menos cinco a dez minutos, de preferência sozinho. Sente-se em uma cadeira confortável ou em uma escrivaninha. E desligue o celular!

PASSO 2

Agora, relembre os momentos mais recentes em que se sentiu "superansioso" (estresse, medo ou ansiedade) — se estiver se sentindo assim agora, concentre-se no momento presente — e pergunte a si mesmo se está passando por um estresse significativo. Por exemplo:

- Você sente que não tem tempo durante o dia para fazer as coisas que precisa fazer?
- Você se sente sobrecarregado pelo trabalho, pelos estudos ou por outras responsabilidades?
- Você tem pouco tempo, dinheiro ou outros recursos preciosos?
- Você ou alguém que você ama está enfrentando um problema de saúde que está pesando emocionalmente?
- Sua ansiedade se torna mais intensa quando suas demandas excedem seus recursos?

Se respondeu sim a uma ou mais dessas perguntas, você está sentindo pelo menos algum grau de estresse significativo.

Lembre-se de que é possível sentir estresse e ansiedade ao mesmo tempo, portanto, o fato de estar estressado não exclui automaticamente a possibilidade de também estar com ansiedade. Mas é importante reconhecer cada sentimento para não confundir estresse básico com ansiedade.

PASSO 3

Se estiver sofrendo de estresse, há *apenas* duas soluções: (1) aumentar seus recursos ou (2) diminuir suas demandas (ou as duas coisas).

Aumente seus recursos com o seguinte:

- Melhore a qualidade de seu sono. Tente dormir pelo menos de sete a nove horas por noite nas próximas duas semanas.

- Mexa-se! O exercício físico é fundamental para manter a força. Tente fazer trinta minutos de exercícios cardiovasculares vigorosos pelo menos cinco vezes por semana durante as próximas duas semanas.

- Fale sobre seus sentimentos com um amigo (ou um terapeuta) regularmente nas próximas duas semanas.

Diminua suas demandas com estas estratégias:

- Dê um tempo de aparelhos eletrônicos: todos os dias por trinta minutos, mais uma pausa mais longa a cada semana, além de não olhar para nenhuma tela meia hora antes de dormir todas as noites. Só isso já mudará sua vida!

- Diga não aos outros quando estiver estressado demais.

- Aceite suas limitações, reconhecendo que você é humano e que não há problema nisso.

PASSO 4

Agora, relembre os momentos em que se sentiu "ansioso" (estresse, medo ou ansiedade) e pergunte a si mesmo se está sentindo uma ansiedade significativa. Lembre-se de que a ansiedade envolve uma reação de medo quando não há nada realmente perigoso por perto. Por exemplo:

- Você se preocupa com a possibilidade de morrer repentinamente quando tem sensações de pânico, mesmo sem sintomas médicos?
- Você se preocupa excessivamente com o que os outros pensam de você, mesmo que não tenham dito nada crítico?
- Você se preocupa mais do que o necessário com acontecimentos cotidianos, como o bem-estar, a saúde e as finanças da sua família?
- Você se preocupa mais do que deveria com a possibilidade de ficar doente?
- Sente medo de entrar em contato com aranhas, cães, cobras ou outros animais comuns?

Se você respondeu sim a uma ou mais dessas perguntas, parabéns, você tem ansiedade! Novamente, saiba que é possível sentir estresse e ansiedade ao mesmo tempo.

PASSO 5

Este livro está repleto de estratégias para lidar com a ansiedade, mas, nesta primeira ferramenta, estamos nos concentrando em apenas uma: reconhecer o medo e a ansiedade como bênçãos. Reserve alguns minutos para refletir e reconhecer que, só porque você está ansioso, não significa que haja algo errado! Pelo contrário, a ansiedade é um indício de que sua reação de medo — que é fundamental para a sobrevivência humana — está intacta. Sim, talvez você precise aprender a se acalmar e diminuir um pouco o nível de ansiedade, mas é melhor ter muita ansiedade do que pouca.

Pense em como sua ansiedade:

- ajuda você a enxergar quando as coisas podem dar errado;
- ajuda você a executar e realizar coisas; e
- prepara você para funções de liderança.

2

ACEITANDO A NÓS MESMOS

A ansiedade pode levar a mais autocompaixão

Para entender a natureza da ansiedade e por que ela pode jogar a nosso favor, precisamos entender como e por que a ansiedade fica fora de controle. Como expliquei no capítulo 1, muitas pessoas confundem *estresse*, que envolve um esgotamento de recursos (por exemplo, finanças, saúde, relacionamentos, tempo), com *ansiedade*, que envolve uma falha no sistema de luta ou fuga. Qualquer uma dessas situações pode gerar mais ansiedade e levar a um ciclo no qual perdemos o controle de nossas emoções. Às vezes, o estresse pode fazer a ansiedade correr solta e, outras vezes, a ansiedade se multiplica e se torna pior. Em outros casos, algo tão simples quanto uma indigestão ou um problema respiratório pode levar a uma ansiedade significativa. Se um dia a qualidade do ar estiver baixa e você tiver um pouco de dificuldade de respirar, ou se houver uma mudança de temperatura no sistema de ventilação do seu escritório e, de repente, ele ficar quente demais, isso também pode ser um gatilho para a ansiedade. Em todos esses casos, precisamos entender *como* e *por que* ficamos ansiosos. Este capítulo vai mostrar passo a passo o que chamo de "espiral da ansiedade" e, com isso em mãos, podemos começar a reverter o ciclo e a prosperar com a ansiedade.

A ESPIRAL DA ANSIEDADE

Vamos começar com uma pergunta crucial: o que você pensa sobre *si mesmo* quando sente ansiedade? Muitos de meus pacientes nem sequer sabem que, no momento em que começam a experimentar os sintomas físicos da reação de luta ou fuga, começam a pensar o *pior* sobre sua ansiedade. Mas, quando conseguimos chegar ao cerne da questão, praticamente todos os meus pacientes compartilham que sua primeira reação ao disparo do sistema de luta ou fuga é uma reação catastrófica à ansiedade. *Os próprios sentimentos se tornam algo que eles temem.* Pior ainda, muitas vezes eles se julgam, se culpam, se criticam ou se avaliam negativamente por terem o que consideram uma fraqueza.

Às vezes, pensam o pior. "Devo estar morrendo!", imaginam, ou "Estou enlouquecendo e não consigo lidar com isso", mesmo que tenham experimentado os mesmos sintomas no passado, e nada tenha acontecido. Naturalmente, esses pensamentos catastróficos pioram a ansiedade.

Nesse ponto, sua autoavaliação normalmente piora. "O que há de errado comigo?", pensam. "Por que eu?", perguntam. "Não vejo mais ninguém reagindo assim", dizem, enquanto se comparam com outras pessoas. "Eu sou o fraco da sala", dizem para si mesmos quando a autocrítica começa a borbulhar.

Há uma *pequena* gota de fundamento nessas percepções. Como expliquei no capítulo 1, a ansiedade envolve um erro de ignição do sistema de luta ou fuga. É um tipo de falso-positivo — uma experiência desnecessária e desagradável de medo na ausência de uma ameaça real. Em outras palavras: o sistema de luta ou fuga é uma maravilha da engenharia psicofisiológica e, quando ficamos ansiosos, estamos basicamente fazendo mau uso dele ao ver no mundo mais perigo do que ele realmente tem.

Entretanto, a ansiedade não é motivo de medo por si só. Meu consultório já atendeu mais de 10 mil pacientes e nunca tivemos um paciente que morresse de ansiedade! Ninguém se machucou por causa de seus sintomas ou "enlouqueceu" devido à experiência aguda da ansiedade. Sim, as pessoas podem desenvolver problemas comportamentais no contexto da ansiedade, inclusive uso indevido de álcool ou outras substâncias, automutilação e podem cometer suicídio. E sim, o estresse e a ansiedade crônicos podem aumentar o risco de vários problemas de saúde, conforme discutimos no capítulo 1. Mas vamos deixar bem claro que a ansiedade em si não é perigosa. Além disso, se você quiser que sua ansiedade diminua, a última coisa que deseja é inundar seu sistema com mais adrenalina. Portanto, ter pensamentos catastróficos ou de autojulgamento sob o efeito da reação de medo só piora a situação.

Na realidade, não há motivo para se criticar por causa da ansiedade. Não faz sentido algum julgar-se por sentir isso. Como seres humanos falíveis, de vez em quando interpretamos mal as situações e acionamos acidentalmente nossa magnífica reação de luta ou fuga. Nesses momentos, sentimos não apenas medo, mas também ansiedade. Eu diria até que, se o sistema de luta ou fuga de alguém não estiver experimentando falhas, provavelmente tem algo errado! Essa pessoa talvez não esteja ciente ou alerta o suficiente para os perigos reais.

Em um encontro recente, um dos meus amigos falou casualmente sobre sua experiência de comprar na Costco. "Eu sempre fico meio perdido e começo a me sentir tenso e nervoso depois de alguns minutos em uma loja desse tamanho", disse. Fiquei surpreso porque ele é uma pessoa bem equilibrada, com um comportamento particularmente calmo; por que a Costco o deixaria ansioso? Naquele momento, ele compartilhou seu segredo e disse: "Mas eu penso comigo mesmo que é uma experiência normal. Quem não se sente desconfortável na Costco? E isso me acalma. Depois de alguns minutos na loja, estou pronto". Ao refletir sobre a história dele, percebi que é *exatamente* por isso que meu amigo é tão calmo! A ansiedade é um gatilho para ele tanto quanto para qualquer um. Mas sua ansiedade não aumenta, porque em seu interior ele a valida e se compadece de si. Isso evita que catastrofize e sinta vergonha e, como resultado, consegue até aproveitar a experiência.

A ansiedade não acontece de forma inexplicável e repentina, embora possa parecer. Em vez disso, representa uma série sutil de etapas interligadas. Chamo esse processo de "espiral da ansiedade" porque, embora as experiências iniciais de estresse, medo ou até baixos níveis de ansiedade sejam esperadas e não nos levem necessariamente a problemas, o que acontece depois pode ser, sim, um problema gigantesco. A maneira como reagimos internamente à experiência de estresse, medo ou ansiedade é o que leva a uma ansiedade substancialmente maior (a espiral da ansiedade). Entretanto, se seguirmos as orientações deste capítulo, o desconforto inicial simplesmente diminuirá com o tempo, sem nenhum drama ou preocupação significativa. Nesse último caso, podemos começar a prosperar com a ansiedade.

Quando você reage de forma negativa ao estresse, à ansiedade ou ao medo, a própria experiência desses sentimentos se torna algo que o deixa com medo, chateado, preocupado e ansioso. A catastrofização da ansiedade faz mais adrenalina circular na corrente sanguínea, agravando os sintomas físicos. Pior do que a catastrofização, porém, é que muitas pessoas pensam que há algo de errado com elas por terem ansiedade, e é *aí* que as coisas podem se tornar realmente problemáticas. Porque, da próxima vez que sentirem ansiedade, elas terão de lidar não só com isso, o que por si só já é estressante, mas também com seu próprio autojulgamento, o que piora uma situação ruim.

De acordo com Aaron Beck, pai da terapia cognitiva, uma determinada situação, por si só, nunca leva a uma emoção negativa.[1] As situações não são responsáveis pelo surgimento direto de nossos sentimentos. Em vez disso, há uma parada no caminho chamada *cognição*, que envolve nossos pensamentos. Qualquer situação precisa ser *interpretada* de uma certa maneira para que uma determinada emoção se desenvolva; é sempre um processo de duas etapas.

Digamos que você esteja dando ré na entrada da garagem e bata em algo com som metálico. Você pisa no freio e sua primeira reação é de *medo*: "Meu Deus, espero não ter batido em alguém!". Então você sai do carro e, ao ver a bicicleta de uma criança, diz: "Eu sou um idiota! Por que não vi isso?". Você imediatamente começa a se sentir *triste*. Mas, aí, você vê que seu para-choque está amassado e começa a ficar *com raiva* de quem deixou a bicicleta ali. "O filho do vizinho vive largando a bicicleta em qualquer canto!" Ou, se você não vir nenhum dano no carro ou na bicicleta, talvez respire fundo de alívio e acabe se sentindo *grato* por não ter machucado ninguém e não ter havido nenhum dano.

Cada uma dessas experiências é uma experiência emocional diferente: a primeira é o medo; a segunda é o autojulgamento, que pode levar rapidamente à depressão; a terceira é a raiva; e a quarta é a gratidão. Todas elas são experiências emocionais legítimas no contexto da ação, e o fator que determina qual delas experimentamos é *o que estamos pensando sobre a situação*.

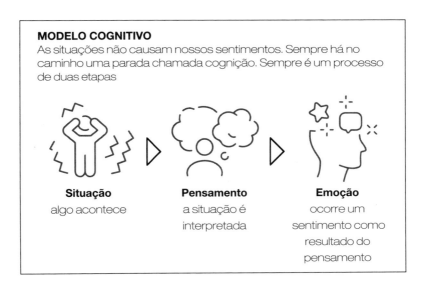

MODELO COGNITIVO
As situações não causam nossos sentimentos. Sempre há no caminho uma parada chamada cognição. Sempre é um processo de duas etapas

Situação
algo acontece

Pensamento
a situação é interpretada

Emoção
ocorre um sentimento como resultado do pensamento

Nesse sentido, se um acontecimento desencadear sensações físicas associadas à reação de luta ou fuga, mas sua mente pensante perceber que não há nada a temer, *você não desenvolverá uma ansiedade significativa*. Por outro lado, se interpretarmos a experiência inicial de ansiedade como algo perigoso ou uma fraqueza de algum tipo, essa interpretação amplificará a experiência de ansiedade. Quando isso ocorre, entramos na espiral da ansiedade, que envolve iterações rápidas e muitas vezes inconscientes de sensações de ansiedade e pensamentos negativos. Quanto mais ansiosos nos sentimos, mais interpretamos nossa ansiedade como aflição, decepção, preocupação e coisas do gênero. E quanto mais preocupados ficamos, mais nossos sintomas de ansiedade aumentam no momento.

Muitas vezes, as pessoas relatam que sua ansiedade é completamente imprevisível, mas, na realidade, quase nunca isso é verdade. De fato, eu diria que *nunca* é — o curso da ansiedade é bem previsível. Quando você desacelera o processo, pode reconhecer um ciclo claro de desenvolvimento entre a experiência inicial de angústia, a interpretação negativa dessa angústia e a piora subsequente dos sintomas de ansiedade.

Pensamento catastrófico, autojulgamento e a espiral da ansiedade

Julian, um homem de vinte e poucos anos, veio me procurar reclamando de transtorno do pânico. Seus sintomas começaram de forma bastante inocente. Ele tinha um pouco de dificuldade para respirar porque morava em Los Angeles e, durante um tempo, a qualidade do ar ficou especialmente ruim. No entanto, a mãe de Julian tinha uma doença pulmonar obstrutiva crônica (DPOC) significativa e, quando criança, ele a via lutar para recuperar o fôlego todos os dias. Também se lembrava muito claramente da bronquite crônica e das frequentes consultas médicas. Portanto, quando Julian teve dificuldade para respirar um dia, isso desencadeou um ataque de pânico total. Em vez de atribuir o problema respiratório à poluição do ar, ele entrou em uma espiral de ansiedade. Seu primeiro pensamento foi: "Ai, meu Deus, vou morrer! Vou acabar que nem minha mãe, doente a vida inteira". Na mesma hora, e inconscientemente, Julian mergulhou em uma respiração incômoda, em memórias negativas e no pânico absoluto. Esse pânico, por sua vez, restringiu ainda mais sua respiração, e sua interpretação da respiração ficou ainda mais sombria.

Julian desenvolveu uma grave ansiedade em relação à saúde. Ele procurou todos os especialistas em DPOC do Sul da Califórnia. Fez tudo quanto é teste e procedimento e começou a passar horas no computador navegando pelo WebMD. A cada vez, ele detectava um novo sintoma e ficava mais obcecado. Sempre que sentia a respiração contraída, ele imediatamente tirava conclusões aterrorizantes, e suas palpitações cardíacas aumentavam. A partir daí, ele começava a notar catarro na garganta, que, segundo ele, provinha dos pulmões, e sua ansiedade aumentava ainda mais. É claro que nenhum médico foi capaz de lhe dizer o que estava acontecendo porque não viam nenhum sinal de DPOC. Ele até fez um teste cutâneo de PPD (sigla em inglês para derivado de proteína purificada), usado para diagnosticar a infecção silenciosa ou latente da tuberculose. Por fim, desistiu da medicina ocidental e procurou um naturopata, que recomendou suplementos e tinturas, desde equinácea até óleo de CBD. Finalmente, vários anos depois, durante o check-up anual, seu clínico geral descobriu o que estava acontecendo.

"Tenho uma notícia para você", disse o médico. "Isso não é um problema respiratório. Acho que você desenvolveu um transtorno de ansiedade. Você precisa consultar um terapeuta."

Naquele momento, Julian ligou para minha clínica e decidiu vir a Nova York por duas semanas para trabalhar intensamente comigo e com minha equipe. Levamos apenas alguns minutos para determinar que ele estava de fato muito ansioso! Então, nós o ensinamos sobre a espiral da ansiedade e como ele havia ficado preso nela. Ele estudou rápido e, depois de apenas duas sessões, as coisas começaram a se encaixar. Ele se deu conta de que seus pulmões estavam bem e que, na verdade, tinha um problema de ansiedade. Mas, no terceiro dia, ele não apareceu. Um dos membros da minha equipe foi até o local onde Julian estava hospedado para ver como ele estava — e ele atendeu a porta ainda de pijama. Julian disse que estava tão chateado consigo mesmo que literalmente não conseguia sair da cama.

"Acabei de desperdiçar três anos da minha vida", disse. Estava falando de seu suposto problema pulmonar. "Estou me sentindo o maior fracassado."

Convencemos Julian a voltar ao consultório e explicamos que ele estava sofrendo com esse problema havia três anos e que, obviamente, seria necessário mais do que apenas alguns dias para tratá-lo. Também o pusemos a par da frequência dos transtornos de ansiedade. Depois de nos certificarmos de que ele estava bem, pedimos que viesse no dia seguinte para continuar o tratamento, e ele concordou. Quando chegou, nos concentramos na autocompaixão e em evitar o autojulgamento.

Para começar, recomendamos as três formas de lidar com o estresse que abordei no capítulo 1: dormir mais, fazer mais exercícios e sair com amigos. Essas estratégias essenciais proporcionaram a Julian a base sólida de que todos nós precisamos (independentemente de nos sentirmos estressados e ansiosos ou não).

Além disso, enfatizamos a importância de Julian *não* ser sugado para as próximas etapas da espiral da ansiedade: interpretar erroneamente o desconforto respiratório como um sinal de doença pulmonar crônica, castigar-se por ter ansiedade e criticar-se por "desperdiçar" três anos correndo atrás do próprio rabo. Ressaltamos que, em primeiro lugar, no contexto de uma vida normal, três anos não é tanto tempo assim — especialmente se, ao final deles, você estiver percorrendo um caminho mais enriquecedor. E Julian tinha pouco mais de vinte anos! Nesse sentido, explicamos para Julian que, se pudesse seguir um bom caminho em sua relativa juventude, seria mais resiliente e forte para enfrentar o futuro e lidar com as preocupações com a saúde mental. Aliás, muitos pacientes com ansiedade que enfrentam o problema acabam tendo uma vida mais forte do que teriam se nunca tivessem experimentado a ansiedade.

Acima de tudo, porém, Julian precisava aprender a ter compaixão por si mesmo. Nós o alertamos sobre os perigos de não tomar nenhuma atitude construtiva. "Se você continuar a se rebaixar", lembramos a ele, "a ansiedade vai ser a menor de suas preocupações. Você pode acabar ficando deprimido." Da mesma forma, para as pessoas ansiosas, um pouco de autocuidado ajuda muito. É importante olhar para a dica que a ansiedade está te dando, estar atento às suas necessidades físicas e psicológicas e praticar a autocompaixão e o cuidado. Em vez de se forçar a não pensar na ansiedade, como muitos de nós tendemos a fazer, pratique a autocompaixão. Afinal de contas, se o seu cachorro estivesse ofegante durante uma caminhada, você não o deixaria descansar e tomar um pouco de água? Trate-se com pelo menos tanta compaixão quanto trataria seu cão!

Os estágios da espiral da ansiedade

As pessoas costumam dizer que tiveram um ataque de ansiedade "do nada", mas, quando você desacelera o processo, ele normalmente segue um caminho previsível. O pensamento catastrófico e o autojulgamento são as forças mais influentes na perpetuação e exacerbação da ansiedade ao longo do tempo. Quando nos sentimos ansiosos, tendemos a interpretar nossos sentimentos como uma indicação de que somos, de alguma forma, fracos.

Para resumir, é assim que a espiral da ansiedade se desenvolve:

- **Gatilho.** O estresse, o medo ou até mesmo um acontecimento aleatório inicia a espiral ao acionar o sistema nervoso simpático e sua reação de luta ou fuga. Vimos com Jenn, no capítulo 1, como o estresse pode ser um gatilho mesmo quando não estamos cientes dele. Para Julian, o gatilho foi um dia em que a qualidade do ar estava especialmente ruim e lhe causou dificuldade para respirar. Para outros, podem ser sintomas que vêm depois da raiva ou do sexo. O gatilho é muito menos importante do que a forma como reagimos a ele.

- **Pensamento catastrófico.** À medida que a tensão aumenta, nossa mente entra em ação e pensamos o pior sobre nossa ansiedade. Podemos achar que ela está colocando nossa vida em risco (lembra-se de John dirigindo na estrada coberta de neve no Canadá?). Podemos até ver nossos sintomas de ansiedade como algo perigoso, como aconteceu com Julian. Esses pensamentos aumentam a presença de adrenalina em nosso organismo, o que piora a ansiedade.

- **Autojulgamento.** Como sentimos um aumento nas reações fisiológicas, tendemos a nos julgar severamente por sentirmos ansiedade. Isso pode acontecer de forma inconsciente. Nós nos julgamos fracos, débeis e incapazes. Podemos imaginar que os outros conseguem *ver* o que estamos *sentindo* (embora geralmente não consigam) e ficamos envergonhados do que sentimos.

- **Espiral completa.** Nossas interpretações negativas da experiência inicial de ansiedade aumentam os sintomas físicos até o ponto em que nossa reação de luta ou fuga continua a ser acionada. Experimentamos a força total das reações fisiológicas, que fornecem mais lenha para o fogo do autojulgamento queimar, e o aumento da apreensão causado por nossas interpretações negativas eleva ainda mais os sintomas de ansiedade.

Indo ao cerne de sua ansiedade

Há alguns anos, Samantha me ligou da Europa para pedir ajuda com sintomas de ansiedade que, às vezes, a levavam a tomar decisões impulsivas. Ela imediatamente se autodepreciava quando se sentia ansiosa, e seu impulso impensado mais frequente quando isso ocorria era o de se envolver romanticamente com alguém. A empolgação de suas aventuras românticas aliviava a ansiedade por algum tempo, mas, assim que a ansiedade passava, Samantha quase sempre se dava conta de que a atração romântica não era amor de verdade, e se recriminava mentalmente ainda mais. Em seguida, piorava a situação enviando mensagens às amigas mais próximas para relatar o que tinha feito e se repreendendo por repetir seu comportamento autodestrutivo. As amigas a apoiavam o máximo que podiam, mas a frequência e a intensidade dos ciclos destrutivos de Samantha eram mais do que elas podiam suportar, e estavam perdendo a paciência com ela. Samantha estava evitando sua ansiedade por meio de interações sociais — românticas e com os amigos —, o que não estava funcionando. Na verdade, esses padrões estavam piorando muito sua ansiedade.

Estávamos trabalhando juntos havia alguns meses, e Samantha percebeu que se envolver com homens — e, posteriormente, desabafar com as amigas — havia se tornado uma forma de lidar com qualquer sentimento ansioso de inadequação que surgisse. (Ela nem tinha consciência desses padrões antes da terapia.) Entendeu que estava dizendo a si mesma que, se não conseguia ter sorte com suas emoções, poderia pelo menos ter sorte no amor. É claro que esse plano nunca funcionou, e seus ciclos a fizeram sentir-se profundamente envergonhada. Após essa percepção terapêutica, ela a princípio se tornou mais forte. Comprometeu-se a trabalhar em si mesma e a ganhar força aceitando sua ansiedade, em vez de recorrer a relacionamentos problemáticos.

Entretanto, como todo mundo, Samantha passou por momentos difíceis e teve dificuldades para manter-se firme. No caso dela, foram apenas algumas semanas até que escorregasse. Uma coisa levou à outra, e ela voltou a ter um caso quando se sentiu ansiosa. Então, como era previsível, enviou uma mensagem às amigas, que a repreenderam, e Samantha começou a cair em um estado de autodepreciação e desespero. Nesse momento, porém, escolheu um caminho diferente: me procurou para pedir ajuda. Reconheci a importância desse passo e lembrei a Samantha que ela já havia passado por isso antes e que o antídoto para a conversa interna e o comportamento negativo era reconhecer a espiral de ansiedade e praticar a autoaceitação e a autocompaixão.

Samantha decidiu passar um dia praticando o autocuidado; ela se levou para almoçar, resolveu algumas coisas na rua e saiu das redes sociais, onde vinha postando obsessivamente sobre coisas que não eram de fato importantes para ela, como uma forma de enterrar as verdadeiras preocupações em relação a seu comportamento. No dia seguinte, quando perguntei se ela ainda se sentia mal com sua "bagunça", ela respondeu: "Pensei sobre isso e percebi que *estou feliz por ter feito uma bagunça*. Tudo isso aconteceu para que eu tivesse a oportunidade de me aceitar. Da próxima vez que me sentir ansiosa com um possível deslize no trabalho, vou fazer algo bom para mim mesma em vez de buscar algum tipo de diversão romântica". Ela também ligou para a amiga para pedir desculpas por ter desabafado com ela, explicou a percepção que teve e pediu que, no futuro, a lembrasse de cuidar de si mesma caso voltasse a se culpar.

UMA ESPIRAL POSITIVA

A espiral da ansiedade começa com sintomas benignos e é seguida por catastrofização, culpa e autocrítica, o que piora a ansiedade. No entanto, há uma alternativa: quando tivermos sintomas de ansiedade, podemos optar por aceitá-los e sermos gentis com nós mesmos. Se fizermos isso, não apenas ficaremos menos ansiosos, mas também desenvolveremos um relacionamento mais próximo conosco e começaremos a prosperar como indivíduos.

Eu diria que essa última abordagem é uma "espiral positiva". Não nascemos destinados a ser ansiosos. Podemos nos libertar da espiral da ansiedade. E, fazendo isso, a ansiedade pode melhorar nossa vida. Quero deixar claro: talvez não possamos escolher se sentiremos o medo chegando ou se teremos pequenos surtos de ansiedade de vez em quando. Mas *definitivamente* podemos escolher entre catastrofizar e nos culpar (levando à espiral da ansiedade) ou aceitar e ser gentis conosco, o que efetivamente transforma a ansiedade em uma aliada.

Quando as pessoas entram na espiral positiva, elas se sentem poderosas por causa da ansiedade, em vez de derrotadas por ela. *Pegam os sinais iniciais da ansiedade e os transformam em pontos fortes*. Não permitem que a ansiedade as domine. Trabalhando com centenas de pacientes, descobri que para entrar nessa espiral positiva basta dar-se conta de que você pode superar a situação e de que a ansiedade não é uma pedra no seu caminho. Você tem o poder de escolha para se posicionar acima da ansiedade e não ser sugado pela espiral; uma vez que escolhe o caminho alternativo e o pratica, as coisas ficam bem mais fáceis.

A espiral positiva é assim:

- **Gatilho.** As sensações físicas aqui são as mesmas da espiral da ansiedade, pois não é possível controlar a experiência inicial de estresse, medo ou qualquer outro acontecimento que ponha em marcha o sistema de luta ou fuga. Mas, para entrar na espiral positiva, é preciso reconhecer que, no momento em que o sistema de luta ou fuga é ativado pela adrenalina, o sistema de "descanso e digestão" *também* é acionado pela acetilcolina (como será explicado na próxima seção).

- **Aceite sua ansiedade.** Em vez de catastrofizar, aceite que está se sentindo ansioso e pense que os sentimentos de ansiedade acabarão diminuindo. Lembre que a ansiedade aguda não é perigosa e *não pode* fazer você "enlouquecer"; é só um desconforto e não há motivo para preocupação. Além disso, não lute contra o desconforto, o que só piora as coisas. Em vez disso, tente deixar a ansiedade tomar conta de você e simplesmente vá vendo como se sente, sem tentar fazê-la desaparecer, até que ela se dissipe naturalmente por conta própria.

- **Autocompaixão.** Em vez de se julgar por se sentir ansioso, aceite-se e pratique a autocompaixão. Lembre que é natural que sua adrenalina seja acionada de vez em quando e que é bom saber que seu sistema de luta ou fuga está funcionando. *Nada disso significa que você está quebrado, é fraco ou inferior a qualquer outra pessoa.* Nesse sentido, seja gentil consigo mesmo e dê-se o que precisa quando se sentir ansioso. Apoie-se com compaixão, aceitando e tolerando o desconforto da ansiedade.

- **Redução da ansiedade.** Quando você aceita sua ansiedade e pratica a autocompaixão, é só questão de tempo até que a ansiedade diminua. Geralmente, leva apenas alguns minutos, embora possa demorar mais, dependendo da natureza e da intensidade do gatilho e da extensão da prática da aceitação e da autocompaixão. Com o tempo, você pode desenvolver um relacionamento mais forte e mais conectado consigo mesmo — um relacionamento que lhe permite prosperar mais do que se você nunca tivesse sido ansioso!

O sistema de descanso e digestão

Isaac Newton afirmou que para toda ação há uma reação igual e oposta. Embora Newton estivesse se referindo ao mundo das forças físicas — e ele equacionou essa afirmação em sua terceira lei de movimento —, o mesmo pode ser dito sobre a ansiedade. Aprendemos no capítulo 1 que o sistema de luta ou fuga é uma reação natural e saudável que envolve a liberação de adrenalina na corrente sanguínea, o que nos mantém seguros em momentos de perigo. Quando esse sistema é acionado pela percepção de uma ameaça, as sensações físicas associadas à ansiedade são geradas. Desde que a reação de luta ou fuga não seja acionada continuamente, os sintomas de ansiedade diminuirão por conta própria à medida que o nível de adrenalina diminuir.

Felizmente, os seres humanos foram criados com um *segundo* sistema para neutralizar diretamente os efeitos da nossa reação de luta ou fuga. Esse sistema é conhecido como sistema de repouso e digestão e é acionado principalmente pelo neurotransmissor acetilcolina.[2] Nesse sentido, a acetilcolina e a adrenalina são opostas; a adrenalina inibe imediatamente a acetilcolina e suprime temporariamente seus efeitos em todo o corpo nos momentos seguintes à secreção adrenal. No entanto, logo após a liberação da adrenalina na corrente sanguínea, a produção de acetilcolina *aumenta* e seus níveis se *elevam* no sistema nervoso em um período subsequente de 30 a 120 minutos.[3] Embora possa parecer paradoxal, não é; o sistema de descanso e digestão é acionado automaticamente após o surto do sistema de luta ou fuga para ajudar o corpo a se acalmar.

Esses dois efeitos — *luta ou fuga, descanso e digestão* — são geralmente chamados de sistemas nervosos *simpático* (luta ou fuga) e *parassimpático* (descanso e digestão). O sistema nervoso *simpático* secreta adrenalina para nos colocar imediatamente em movimento e nos manter seguros quando nos sentimos ameaçados. O sistema nervoso *parassimpático* sintetiza acetilcolina, que ajuda a resfriar de forma gradual nossos sistemas nos minutos e horas seguintes à experiência de uma ameaça percebida.

Quando o sistema de descanso e digestão é ativado, o corpo passa por uma série de mudanças fisiológicas importantes. Se você comparar esses efeitos com os do sistema de luta ou fuga no capítulo 1, verá que eles são exatamente opostos:

- As pupilas se contraem para reduzir seu campo de visão e aumentar a percepção de detalhes.
- O sistema digestivo é reativado.
- Os vasos sanguíneos dilatam, devolvendo o fluxo normal a seus membros.
- As fibras musculares relaxam.
- O batimento cardíaco volta ao ritmo normal quando o corpo está em descanso.
- A frequência respiratória também retorna ao ritmo normal.

Você talvez esteja se perguntando por que a reação de luta ou fuga acontece na hora, mas a de descanso e digestão leva tempo. Fisiologicamente, o motivo é que a adrenalina é tanto neurotransmissor quanto hormônio, então, age no cérebro, mas também vai direto para a corrente sanguínea, onde é distribuída pelo corpo todo em um piscar de olhos, com efeitos imediatos. Por contraste, a acetilcolina é um neurotransmissor, mas não um hormônio, então, para desengatilhar mudanças fisiológicas, precisa passar pelo sistema nervoso via junções neuromusculares sem entrar na corrente sanguínea. Mas tem outra razão, ainda mais importante, para o sistema de descanso e digestão ter uma ação mais lenta que o de luta ou fuga: se o sistema nervoso parassimpático fosse tão rápido quanto o simpático, as pessoas nunca teriam reação de luta ou fuga, já que seus efeitos seriam imediatamente neutralizados. Se fosse assim, nosso sistema de luta ou fuga nunca nos protegeria durante momentos de ameaça, quando precisamos reagir sem demora.

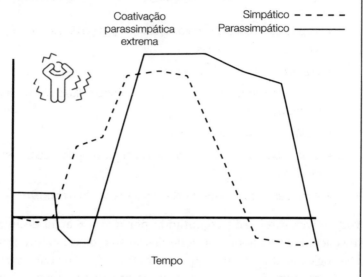

Ansiedade e reações simpáticas (luta ou fuga) e parassimpáticas (descanso e digestão)
Quando temos o gatilho de uma ameaça percebida, a reação simpática (luta ou fuga) libera adrenalina e experimentamos sintomas de ansiedade. Pouco depois, a reação parassimpática (descanso e digestão) libera acetilcolina, que gradualmente nos trará de volta a um estado de calma.

PAYNE, PETER; LEVINE, PETER & CRANE-GODREAU, MARDI. "Corrigendum: Somatic Experiencing: Using Interoception and Proprioception as Core Elements of Trauma Therapy". Frontiers In Psychology, v. 6, 2015, p. 93. Disponível em: 10.3389/fpsyg.2015.00093. Esta imagem foi recriada e modificada sob a licença Creative Commons 4.0 International, https://creativecommons.org/licenses/by/4.0/.

Essas informações (*psicoeducação*, como se chama na terapia) têm implicações enormes em como as pessoas deveriam pensar sobre sua ansiedade. O primeiro passo para ativar a espiral positiva envolve reconhecer que, nos momentos que se seguem à nossa experiência de ansiedade, o corpo *já* começou a gerar compostos neuroquímicos para neutralizar os efeitos do sistema de luta ou fuga e gerar uma reação de descanso e digestão. Se você não acionar continuamente o sistema de luta ou fuga, a resposta simpática *vai* se dissipar e a parassimpática *vai* assumir o controle e desacelerar as coisas. Com o tempo, você *vai* relaxar. Se simplesmente deixar as coisas seguirem seu curso, a adrenalina parará de fluir e a acetilcolina fará seu trabalho para acalmá-lo.

Se estiver com altos níveis de ansiedade, o simples fato de pensar nisso diminuirá a tensão e a apreensão. Como posso ter tanta certeza de que isso funcionará? Porque, se você reconhecer que a ansiedade é uma reação natural, que não é perigosa e que seu corpo tem uma reação natural de descanso e digestão, o que pode haver para causar um medo catastrófico?

Pense nisto: por que os ataques de pânico não duram para sempre? Você *tem* um sistema integrado para lidar com isso e impedir o superaquecimento do motor do corpo! Só precisa esperar que esse sistema entre em ação.

ACEITE SUA ANSIEDADE

Reconhecer que o corpo foi criado para experimentar, suportar e diminuir naturalmente nosso nível de ansiedade é um primeiro passo fundamental para entrar na espiral positiva. Mas o próximo passo é ainda mais importante. Uma das chaves essenciais para lidar com a ansiedade — para interromper e reverter a espiral da ansiedade — é simplesmente *aceitar sua ansiedade*, em vez de suprimi-la.

A aceitação da ansiedade implica em permitir que ela o domine, sem lutar ou tentar diminuí-la de forma alguma. Por outro lado, a supressão envolve esforços para reduzir, parar ou até esconder a experiência da ansiedade. A supressão da ansiedade pode incluir afastar pensamentos, sentimentos e sensações angustiantes; distrair-se com qualquer outra coisa que não o que o faz sentir-se ansioso; e evitar situações em que você acha que pode apresentar sintomas de ansiedade. A supressão é uma resposta comum à ansiedade. Afinal de contas, é desconfortável, portanto, faz sentido que as pessoas tentem evitar a ansiedade o máximo que podem. Entretanto, a supressão tende a piorar a ansiedade.

Em um estudo de referência no Centro de Ansiedade e Transtornos Relacionados da Universidade de Boston,[4] os pesquisadores examinaram o que acontece quando indivíduos com transtornos de ansiedade aceitam ou suprimem emoções negativas. Eles mostraram a indivíduos ansiosos um vídeo bem curto, mas extremamente angustiante, com imagens brutalmente violentas, enquanto lhes perguntavam sobre seu nível de ansiedade e mediam sua reatividade fisiológica (frequência cardíaca) antes, durante e depois do experimento.

Antes de assistir ao vídeo, os participantes foram distribuídos aleatoriamente em uma das duas condições. Na primeira condição, os participantes foram instruídos a *aceitar* suas emoções: "Lutar contra as emoções naturais pode intensificar e prolongar sua angústia. Permita-se aceitar suas emoções sem tentar se livrar delas". Na segunda condição, os participantes foram instruídos a *reprimir* seus sentimentos: "Você não deveria ter de suportar mais desconforto e angústia do que o necessário. Tente controlar suas emoções negativas".

Você consegue adivinhar o que aconteceu? Ambos os grupos relataram níveis iguais de angústia ao assistirem ao vídeo, já que ele era realmente horrível. Entretanto, os participantes do grupo de aceitação demonstraram menos ansiedade depois de assistir ao vídeo do que os do outro grupo. Além disso, os participantes do grupo de supressão apresentaram um *aumento* na frequência cardíaca enquanto assistiam ao vídeo, ao passo que os participantes do grupo de aceitação apresentaram uma *diminuição* na frequência cardíaca em relação à linha de base antes do vídeo. Em outras palavras, apesar de ambos os grupos terem sido igualmente estressados pelo que assistiram, a supressão foi associada a maior ansiedade e maior reatividade fisiológica. Por outro lado, *aqueles que praticaram a aceitação estavam objetivamente menos estressados a nível fisiológico do que antes de sentirem ansiedade.*

Esse é apenas um exemplo das centenas de pesquisas que demonstraram o poder da aceitação para lidar com a ansiedade. Uma das abordagens psicoterapêuticas mais promissoras atualmente para lidar com a ansiedade e outras preocupações é a terapia de aceitação e compromisso, também conhecida pelo acrônimo em inglês ACT.[5] No centro dessa maravilhosa abordagem de tratamento está a noção de que, ao aceitar nossos sentimentos, em vez de lutar contra eles, a vida se torna imediatamente mais fácil. Uma famosa metáfora da ACT (entre os terapeutas) cristaliza esse conceito:

Imagine que você caiu em um grande buraco no chão. Você não consegue sair e não há rotas de fuga. Sente-se preso e angustiado. No entanto, procura no buraco e encontra uma bolsa de ferramentas que contém uma pá. Imediatamente você pega a bolsa, tira a pá e começa a cavar. Cava cada vez mais rápido, tentando freneticamente sair do buraco. Depois de vários minutos, você está cansado, suado, coberto de terra e mais fundo no buraco do que estava antes de começar a cavar. Você faz uma pausa, mas rapidamente fica cansado e angustiado com sua situação, então, pega a pá e volta a cavar. Aumenta o ritmo e a intensidade da escavação. Mas isso só o deixa mais cansado, suado, sujo e ainda mais preso no buraco. Por fim, você percebe que a pá só está piorando as coisas e que só há uma opção: aceitar que está preso em um buraco e aproveitá-lo ao máximo. Depois de fazer isso, você não se sente mais preso e angustiado e, com o tempo, até começa a gostar dali, pois tem muito tempo para ficar pensando.

O paradoxo e a ironia da aceitação é que, quando paramos de lutar contra as emoções negativas, elas diminuem e, muitas vezes, desaparecem completamente. Quando se trata de ansiedade, a fisiologia por trás é clara: lutando contra a ansiedade, nosso sistema de luta ou fuga volta a ser acionado, o que perpetua e exacerba nossos sentimentos de ansiedade. Por outro lado, quando paramos de resistir a ela — quando simplesmente nos deixamos levar e nos permitimos ficar ansiosos —, a adrenalina desaparece e permitimos que a acetilcolina banhe nossos sistemas neurais, de modo que desfrutemos dos maravilhosos efeitos da reação de descanso e digestão.

Uma experiência pessoal de aceitação da ansiedade

Dei mais de duzentas palestras na última década, para multidões que chegavam a quinhentas pessoas, desde sessões acadêmicas estressantes na Faculdade de Medicina de Harvard, Dartmouth e Columbia até palestras informais para pequenos grupos em organizações comunitárias. Há alguns anos, fui convidado para falar a um grupo de meninas do ensino médio com idades entre catorze e dezessete anos. Devo admitir que não me preparei como deveria. Dado o público, não levei as coisas tão a sério quanto em uma conferência acadêmica. Devido à minha indiferença, assim que fui apresentado e me levantei para falar, fiquei surpreso ao me pegar suando frio. Quando me dirigi ao púlpito, minhas mãos estavam úmidas e minha boca, seca. Até me senti tremer um pouco e, quando comecei a falar, ouvi um pequeno tremor em minha voz. Olhei para um mar de rostos sorridentes e convidativos de adolescentes e disse a mim mesmo: "Meu Deus, você tem medo de falar para alunas do ensino médio! Sério? É o público mais fácil que você já teve!"

Isso me pegou completamente de surpresa, mas felizmente eu sabia o que fazer. Superei minha reação instintiva de entrar em pânico e me julgar e, em vez disso, pude me ouvir dizer mentalmente: "Ok, é hora de praticar o que você prega. Aceite o fato e deixe-o passar. Não lute contra".

Percebi que havia um copo de água na minha frente e decidi deliberadamente *não* beber! Eu sabia que pausar meu discurso para beber, desviar o olhar, arrumar a gravata ou qualquer outra distração com a qual eu poderia ter me ocupado só pioraria a situação. Portanto, segui falando — continuei lendo o que tinha preparado e sorrindo até a ansiedade se dissipar por si só. Todo esse processo levou, talvez, dois minutos no máximo. Depois que me senti relaxado, peguei o copo e tomei um gole para agradecer ao meu corpo pelo que ele havia realizado.

No caminho para casa naquela noite, eu estava tentando entender o que havia acontecido. "Por que, David", pensei, "você consegue falar em um *grand round* na frente de seus colegas acadêmicos, até mesmo de um círculo de neurologistas, que, como grupo, são brilhantes, sem nenhum problema, mas ficou ansioso ao falar para alunas do ensino médio?" Percebi que estou não só mais preparado, mas também um pouco mais animado antes de dar uma palestra para acadêmicos eminentes e, portanto, se me sinto um pouco desconfortável, interpreto imediatamente como nervosismo, coisa que eu esperaria ter. Mas, quando me senti desconfortável na frente daquele grupo de adolescentes, eu não esperava estar nervoso, e *foi isso* que me assustou. O motivo pelo qual minha ansiedade aumentou tão rápido é que, inconscientemente, comecei a catastrofizar. A maneira de sair do ciclo foi usar um processo mental consciente para interromper o curso e, em menos de um minuto, a reação nervosa desapareceu.

A verdade é que, embora eu aconselhe inúmeros pacientes a ver a ansiedade como uma ferramenta, sou totalmente capaz de ter um surto surpreendente de ansiedade! A única coisa que me salvou foi o fato de eu não ter reagido de forma exagerada nem me criticado. De alguma forma, me lembrei de seguir meu próprio conselho.

Aceite a si mesmo

Por mais importante que seja aceitar a ansiedade, é ainda mais valioso aceitar a si mesmo como você é e não se culpar por ter ansiedade. Vamos ser realistas: ninguém é perfeito. Todo mundo tem algo que precisa mudar e melhorar. Qual é o sentido da vida se você não tiver algo em que trabalhar? Na verdade, as pessoas que se acham perfeitas estão com sérios problemas! Ou elas não estão cientes de seus problemas, ou *estão* cientes, mas não querem admiti-los ou lidar com eles. Nem sei o que é pior. No entanto, posso dizer que os casos mais difíceis que já vi são das pessoas mais ricas, mais bem-sucedidas e mais bonitas. Quando sua vida é "perfeita", você corre um sério risco de ter problemas de saúde emocional e comportamental porque, quando inevitavelmente vê que *não é* perfeito, é difícil aceitar. Nesse ponto, a única direção é para baixo.

A *família perfeita*

Madison parecia ter tudo. Ainda era adolescente quando a atendi pela primeira vez e vinha de uma família excepcionalmente rica que possuía um luxuoso apartamento de vários andares com vista para o Central Park. Os pais faziam parte da diretoria de várias instituições de Nova York e da Nova Inglaterra — era uma família poderosa. Madison era bonita, e cada um de seus irmãos era mais atraente e bem-sucedido que o outro. Pode-se dizer que sua família era o mais próximo que se pode chegar de uma realeza americana. Ela também era a paciente mais suicida que eu já havia conhecido.

Madison tinha uma aversão tão profunda a si mesma que não conseguia aceitar nem mesmo um mínimo elogio ou comentário positivo. O triste segredo por trás da baixa autoestima de Madison é que ela havia sido abusada sexualmente por um irmão durante muitos anos e se considerava perdida para sempre e uma vergonha para sua família. Não ajudou o fato de que, quando ela, enfim, criou coragem para revelar aos pais o que havia acontecido, eles lhe disseram para não contar a ninguém, pois isso traria vergonha à reputação da família. Além da dor, ela agora tinha de reprimir o trauma e a raiva que sentia da pessoa que havia abusado dela. Como foi instruída a enterrar seus sentimentos, suas emoções negativas aumentaram de forma drástica; ela não conseguia controlar os flashbacks diários de seu abuso, que a aterrorizavam, causavam nervosismo e levavam a uma reação de hipervigilância. O pior de tudo, porém, foi que chegou ao ponto de se odiar por não conseguir controlar o que sentia.

O autojulgamento de Madison aumentou progressivamente com o tempo. Quando a hipervigilância dificultava seu sono, ela se criticava por não conseguir dormir. Depois, quando se sentia maluca durante o dia por causa da noite mal dormida, ela se repreendia ainda mais e, às vezes, até recorria à automutilação. Ocasionalmente, quando estava sentada em sua carteira na sala de aula, ela se contorcia repentina e involuntariamente e os membros começavam a se retorcer por causa da desregulação emocional, das noites mal dormidas e da raiva internalizada, e ela detestava seu corpo por causa disso. A pressão para parecer normal quando ela estava se sentindo emocional e fisicamente no limite apenas alimentava ainda mais sua ansiedade.

Devido ao seu histórico familiar, Madison tinha expectativas muito altas em relação a si mesma; achava que devia ser capaz de lidar com qualquer coisa, mas a única maneira que tinha de controlar todos os seus sintomas era suprimindo suas emoções. Era apenas uma questão de tempo até ela não conseguir mais fazer isso e passar a ter ideações suicidas. Os pais a encontraram apagada no chão do banheiro após ela ter ingerido dois frascos de comprimidos que deviam ter sido letais. Depois de ficar entubada por duas semanas, ela foi levada ao hospital, onde comecei a atendê-la. Naquele momento, os pais não tiveram escolha a não ser reconhecer — publicamente — que havia algo errado.

Ainda assim, Madison tinha (e ainda tem) um *longo* caminho pela frente para aceitar a si mesma.

Autocompaixão

Identificamos que a espiral positiva diz respeito a pensar de forma diferente sobre a ansiedade, reconhecendo que ela não é perigosa e que, como seres humanos, temos recursos internos e mecanismos fisiológicos para gerenciar nossos sentimentos de ansiedade. Também discutimos que aceitar a ansiedade, em vez de suprimi-la, é a melhor abordagem e, além disso, que aceitar a nós mesmos e nossas limitações e lutas é fundamental para o desenvolvimento emocional saudável. Para deixar claro: é importante usar as ideias deste capítulo para pensar sobre a ansiedade e sobre você mesmo de forma diferente. Mas, sem uma mudança de comportamento, é improvável que você corrija as atitudes negativas voltadas para si mesmo e adote uma estrutura mais positiva. Para fazer uma mudança, precisamos *aplicar* a autocompaixão regularmente, até mesmo todos os dias.

Autocompaixão pressupõe *ser gentil* consigo mesmo, mesmo achando que não merece. Isso exige que demonstremos compreensão e aceitação de nós mesmos especificamente quando sofremos, falhamos ou nos sentimos inadequados. *Além de ter pensamentos e sentimentos menos críticos em relação a nós mesmos, precisamos praticar a autocompaixão.* Os efeitos dessa abordagem sobre a ansiedade estão bem documentados na literatura psicológica. As pessoas que praticam autocompaixão são mais resilientes em momentos de estresse, menos propensas a se sentirem isoladas e substancialmente menos vulneráveis a problemas de saúde mental, inclusive depressão e, é claro, ansiedade.[6] Há inclusive um número crescente de dados que sugerem que a autocompaixão está associada a uma melhor saúde física.[7]

Como eu disse, um dos segredos para transformar sua ansiedade em uma ferramenta é aprender a praticar a autocompaixão.

Isso envolve aumentar o autocuidado, mas também ser gentil consigo mesmo em vez de se achar a única pessoa no mundo que tem dificuldade com determinado problema. Se você está enfrentando dificuldades, isso só significa que você é um ser humano. Todos nós passamos por conflitos, muitas vezes por longos períodos. Temos problemas com nossa carreira, nossos relacionamentos românticos e outros aspectos da vida. Seja qual for a questão com a qual se sinta estressado agora, pergunte-se: *quantas das outras 8 bilhões de pessoas neste planeta provavelmente estão enfrentando a mesma coisa neste momento?* Olhando para o contexto mais amplo da humanidade, nossas preocupações parecem muito comuns e dignas de validação e apoio.

O maior desafio da autocompaixão é ser gentil consigo mesmo, especialmente quando você acha que não merece. Certa noite, eu estava em um jantar em que um colega meu da área de saúde mental fez uma palestra durante a refeição. Estava tudo indo bem, mas, em determinado momento, ele mencionou informações sobre um paciente seu de tal forma que ficou claro para alguns de nós de quem estava falando. Ele se conteve e tentou se recuperar, mas muitos que o ouviam já estavam cientes do que havia acontecido. Mesmo assim, terminou seu discurso e as pessoas o aplaudiram — educadamente. Quando ele se sentou, porém, vi que estava abatido.

Tinham acabado de servir a sobremesa, então, peguei minha tigela de sorvete e fui até onde ele estava sentado. Dei-lhe um tapinha nas costas e disse: "Todos nós já dissemos coisas das quais nos arrependemos às vezes — eu com certeza sim. Mesmo assim, você fez um trabalho fantástico. Agora vamos curtir nosso sorvete". Ele me olhou como se eu fosse louco. Mas comecei a tomar meu sorvete e o cutuquei para que se juntasse a mim. Com certa relutância, ele o fez. E, quando terminamos, estava com um sorriso irônico no rosto.

"Achei que eu fosse engasgar com o sorvete", ele me contou uns dias depois, "porque não achei que merecesse. Eu queria ir embora mais cedo, voltar para casa e me permitir um surto de autoaversão, mas agora me sinto um pouco melhor com a coisa toda."

Muitas pessoas têm dificuldades com a autocompaixão porque temem que ela leve à complacência. Elas argumentam, ou temem, que dar muita margem de manobra a nós mesmos quando pisamos na bola reforce o "mau comportamento" e nos leve ao caminho errado. Entretanto, é mais provável que ocorra o contrário. Em nível social, percebemos esse fato com facilidade. O governo dos Estados Unidos doa mais de 50 bilhões de dólares em ajuda internacional para atender às necessidades econômicas e militares em todo o mundo. Também há políticas sociais, como a No Child Left Behind [Nenhuma criança deixada para trás], que garante educação básica a todos, independentemente de seus recursos financeiros. Isso é feito não apenas porque é um valor americano, mas porque é estratégico. Investir, tanto no exterior quanto em casa, nas pessoas com dificuldades, ajuda a estimular o crescimento e a aumentar as oportunidades para todos.

Entretanto, muitas vezes não praticamos a compaixão por nós mesmos tanto quanto praticamos pelos outros. Quando se trata de nós mesmos, somos rápidos em dizer: "Se eu não ganhei isso sozinho, não mereço e, portanto, não vou me dar". Mas, pensando bem, se você se sente mal consigo mesmo, essa é justamente a melhor oportunidade de ser compassivo. Em certo sentido, é a *única* oportunidade de praticar a autocompaixão. Afinal de contas, se cuidar e se recompensar só quando você merece — por causa de suas realizações ou vitórias — não é autocompaixão.

QUANTA AUTOCOMPAIXÃO VOCÊ TEM?

Há um famoso ditado da área de administração que diz: se não dá para medir, não dá para mudar. Nesse sentido, é muito bom que a crescente ciência da autocompaixão tenha testemunhado o desenvolvimento de ferramentas de avaliação psicométrica para quantificar a autocompaixão nas pessoas. A ferramenta mais conhecida é a Escala de Autocompaixão.[8] Um trecho da escala está a seguir. Como guia aproximado, as pontuações médias de cada item estão em torno de 3, portanto, pontuações de 1 ou 2 indicam autocompaixão "baixa", enquanto 4 ou 5 indicam autocompaixão "alta".

Independentemente do seu grau de autocompaixão atual, você pode ser mais autocompassivo praticando exercícios com regularidade. Eis algumas opções:

Faça uma pausa quando você não a merecer. O fato de você merecer ou não uma pausa é irrelevante. Se precisar de uma pausa, faça uma — *simplesmente porque você é humano e precisa dela.* Fazer isso ajudará a aumentar a autoaceitação e é um passo em direção à espiral positiva.

Faça um favor a você mesmo. Relacione coisas de que você precisa, ou mesmo apenas coisas de que gosta, e faça uma por dia — *especialmente* nos dias em que você errar ou achar que não merece.

Tolere a si mesmo com amor e paciência. Reserve um minuto para este exercício. Nos primeiros trinta segundos, pense em uma ocasião em que você fez alguma besteira ou disse algo de que se arrepende. Conjure isso em sua mente e pense bem sobre o que exatamente você fez de errado. Em seguida, nos próximos trinta segundos, diga algo gentil para si mesmo — de preferência em voz alta, mas pelo menos mentalmente. Seja encorajador e amável, falando como falaria com um amigo que cometeu o mesmo erro. Seja equilibrado e justo, mas também gentil.

Como costumo agir em relação a mim mesmo em momentos difíceis

Leia cada afirmação com atenção antes de responder. Indique com que frequência você se comporta da maneira mencionada

	Quase sempre 5	4	3	2	Quase nunca 1
1. Tento ser compreensivo e paciente com os aspectos de minha personalidade que não me agradam.					
2. Quando algo doloroso acontece, tento ter uma visão equilibrada da situação.					
3. Tento ver minhas falhas como parte da condição humana.					
4. Quando estou passando por um momento muito difícil, dou a mim mesmo o carinho e a compreensão de que preciso.					
5. Quando algo me perturba, tento manter minhas emoções em equilíbrio.					
6. Quando me sinto inadequado de alguma forma, tento me lembrar de que a maioria das pessoas tem esses sentimentos.					

Olha a boca!

As palavras e frases que escolhemos quando estamos sozinhos, seja mental ou verbalmente, são reveladoras. Elas também fazem uma enorme diferença. Ter autocompaixão não significa que não vamos nos responsabilizar. Mas sim que precisamos ser gentis, atenciosos, amorosos e generosos, mesmo quando temos dificuldades e fracassamos.

Em nossa sociedade, temos a tendência de nos amaldiçoar como se fôssemos mesmo maus, desagradáveis, estúpidos ou todos os três. Ainda que não usemos xingamentos, nossos pensamentos ou linguagem em geral são maldosos. Se nosso chefe, cônjuge ou colega de trabalho usasse esse tipo de linguagem, ficaríamos profundamente ofendidos e, provavelmente, irritados e magoados. No entanto, sempre faltamos com educação com nós mesmos.

A maioria das pessoas faz autocrítica por bons motivos. Elas estão tentando melhorar a si mesmas e se manter honestas e responsáveis. Entretanto, o autojulgamento é uma ferramenta ineficaz para corrigir a ansiedade. Na verdade, o autojulgamento é exatamente o que nos leva à espiral da ansiedade após a experiência inicial de estresse ou medo. Julgar-se por sentir-se ansioso é como bater em alguém caído para que se levante.

Preciso deixar claro: *a conversa interna negativa tende a fazer com que a ansiedade saia do controle.* Ao lidar com a ansiedade, precisamos nos tornar mais conscientes da maneira como pensamos e falamos com nós mesmos. É fundamental desacelerar a espiral da ansiedade e tornar-se mais consciente de como interpretamos e entendemos nossos gatilhos. Devemos evitar a autodepreciação, pois a linguagem maldosa faz com que nos sintamos ainda pior em relação a nós mesmos. A reclamação constante pode perpetuar e exacerbar a ansiedade por toda a vida.

Como podemos nos responsabilizar e, ao mesmo tempo, ter autocompaixão? A primeira coisa a fazer é esperar alguns dias depois de cometer um erro, para ter tempo de se acalmar. Não tente se criticar no calor do momento. Defina um lembrete em seu telefone ou anote em seu calendário para ter uma conversa consigo mesmo sobre o ocorrido nas 48 horas seguintes.

Em seguida, quando estiver pronto, tenha essa conversa. Saia para caminhar por meia ou até uma hora. Dê a si mesmo tempo para pensar sobre o que aconteceu e ter um diálogo interno sobre o assunto. Se você estivesse responsabilizando outra pessoa, dedicaria tempo a explicar suas preocupações e ouvir a perspectiva dela. Faça o mesmo com você.

Por fim, durante a caminhada, inicie a conversa restringindo-se aos fatos. Descreva simplesmente o que aconteceu. Nada de negativismo, comentários julgadores ou críticas. Nada mais do que apenas descrever o que aconteceu.

A partir desse ponto, a conversa pode tomar vários rumos. Em primeiro lugar, você pode tentar descobrir por que o erro aconteceu. Pode tentar determinar o que precisa ser mudado no futuro. Mas seja gentil consigo mesmo a todo custo. Sua saúde mental depende disso.

FERRAMENTA 2: A ESPIRAL POSITIVA

A ansiedade fica fora de controle quando entramos na espiral negativa da ansiedade e a experiência inicial de um surto de adrenalina leva a pensamentos catastróficos, autojulgamento e piora do estado ansioso. Por outro lado, podemos utilizar a oportunidade da resposta inicial de luta ou fuga (seja ela desencadeada por uma ameaça real ou percebida) para entrar em uma espiral positiva, que gera aceitação de nossa ansiedade e autocompaixão. Quando adotamos essa abordagem, aproveitamos o poder da ansiedade para aumentar nossa autoaceitação, transformando-a em um ponto forte capaz de nos ajudar a prosperar. Aqui estão algumas etapas concretas a serem seguidas quando você começar a se sentir ansioso, a fim de entrar na espiral positiva.

PASSO 1

Lembre-se de que sua reação de *luta ou fuga* (sistema nervoso simpático) tem uma reação igual e oposta chamada de reação de *descanso e digestão* (sistema nervoso parassimpático). Com o tempo, sua ansiedade diminui à medida que a adrenalina diminui e a acetilcolina percorre o sistema nervoso.

PASSO 2

Não lute contra sua ansiedade! Não a suprima, não a reduza nem tente diminuí-la de forma alguma. Simplesmente aceite-a e *deixe-a passar*. Deixe a ansiedade tomar conta de você. Permita-se sentir a ansiedade sem resistência. Simplesmente observe os sentimentos, mesmo que sejam desconfortáveis, e espere que eles passem. (Sim, eles acabarão passando.) Transforme a ansiedade em uma força, aceitando o desconforto em sua vida.

PASSO 3

Aceite a si mesmo. Não se julgue por se sentir ansioso. A ansiedade é uma reação normal que todos nós temos. Além disso, todas as pessoas que sofrem de ansiedade têm um motivo para estarem ansiosas — que pode ser algo do passado, um fator de estresse atual ou outra coisa. Não se julgue com severidade nem se autocritique. Para prosperar com a ansiedade, aprenda a aceitar melhor quem você é.

PASSO 4

Pratique a autocompaixão. Fazer isso não significa que você se tornará complacente ou preguiçoso. Pelo contrário, quando estiver com dificuldades, ofereça a si mesmo uma pausa e uma ajuda — como faria com um amigo passando por um momento difícil. Lembre-se de que praticar a autocompaixão significa ser gentil consigo mesmo, especialmente quando você acha que não merece! Aproveite a oportunidade para se tornar uma pessoa mais compassiva.

3

Transcendendo a nós mesmos

*A ansiedade pode nos fazer ir além
do que achamos ser nossos limites e
desenvolver forças internas*

Até agora, abordamos como a ansiedade pode nos ajudar a nos conhecermos melhor. O estresse, por exemplo, é a maneira de o corpo nos dizer que precisamos de equilíbrio. Também aprendemos que a ansiedade pode nos ajudar a obter autoaceitação e autocompaixão em níveis que talvez não alcançássemos se nunca ficássemos ansiosos. Agora sabemos como evitar ficar presos na espiral da ansiedade, aceitando a ansiedade, não caindo no pensamento catastrófico ou na autocrítica e praticando a autocompaixão. Entretanto, se só seguir as estratégias dos capítulos 1 e 2, é improvável que você prospere com a ansiedade — na verdade, é provável que continue a ter dificuldades. Digo isso porque, até agora, neste livro, ainda não enfrentamos nossa ansiedade, por isso ela ainda pode ter poder sobre nós.

Em muitos aspectos, lidar com a ansiedade é muito parecido com lidar com um valentão da escola que manda você lhe entregar o dinheiro do lanche para não apanhar. Até que você enfrente o valentão, continuará passando fome. Ao dizer, "Não me importa o que você vai fazer comigo; não vou te dar meu dinheiro", você pode ter alguns momentos assustadores, mas, no fim, o valentão procurará um alvo mais fácil. Da mesma forma, quando enfrentamos nossas ansiedades e as encaramos de frente — quando confrontamos nossos medos mais profundos e sombrios —, reconhecemos que temos imensos reservatórios internos de força para superar nossos demônios. Quando exploramos esses reservatórios, transcendemos a ansiedade, o que resulta em mais coragem, autoconfiança, força para enfrentar adversidades e a felicidade que resulta de triunfar sobre nossos medos em vez de evitá-los.

TERAPIA DE EXPOSIÇÃO

Nos primeiros anos de meus estudos e consultório, tive a sorte de passar quatro meses como bolsista visitante no Centro de Ansiedade e Transtornos Relacionados do professor David H. Barlow, na Universidade de Boston. O método de Barlow para tratar a ansiedade baseia-se em uma variante da terapia cognitivo--comportamental chamada *terapia de exposição* e, embora eu não tenha passado muito tempo trabalhando com Barlow individualmente, o que presenciei lá foi uma experiência verdadeiramente transformadora.

Percebi que a terapia de exposição ajuda de forma potente as pessoas a lidar com a ansiedade. Em alguns casos, ela por si só pode não ser suficiente para superar todas as formas de ansiedade, mas acho esse um aspecto necessário e valioso do tratamento da ansiedade — algo a que nos referimos em minha profissão como *terapia de primeira linha*, ou seja, o tratamento inicial mais recomendado para muitas formas de ansiedade.

Quando minha bolsa de estudos de visitante terminou, eu queria continuar a aprender sobre a terapia de exposição, então, fui estudar com um dos alunos de Barlow, o professor Martin Antony, e passei um ano e meio em sua Clínica de Tratamento e Pesquisa da Ansiedade em Hamilton, na província de Ontário, Canadá. Antony, autor de vários livros importantes sobre as aplicações da terapia de exposição a vários aspectos e tipos de ansiedade, tornou-se meu supervisor clínico, e o que aprendi com ele e seus colegas ampliou enormemente minha compreensão da terapia de exposição.

A lógica da terapia de exposição parecia evidente para mim. Para superar as ansiedades mais profundas, inclusive ataques de pânico, fobias específicas (como medo de avião, elevadores, aranhas) ou situações sociais, precisamos desenvolver nossa coragem enfrentando essas situações até que elas não provoquem mais uma resposta de ansiedade. Em um de seus muitos livros, Antony escreve:

> *A experiência provavelmente lhe ensinou que enfrentar situações temidas faz com que você se sinta desconfortável, e evitar ou fugir de situações temidas leva a uma sensação de alívio. Entretanto, evitar as situações, objetos e sentimentos que o deixam ansioso também quase garante que seu medo continue a incomodá-lo no longo prazo. [...] Na realidade, permanecer em uma situação apesar do medo que ela desperta geralmente leva a uma redução do medo. Pode levar mais tempo para o medo diminuir quando você permanece na situação, mas os benefícios a longo prazo serão maiores. Ao permanecer até que o medo diminua, você aprenderá que pode estar bem no meio da situação e se sentir relativamente confortável.*[1]

Isso capta a essência do que me atraiu para a terapia de exposição — enfrentar nossos medos em vez de evitá-los fortalece nossa capacidade de nos sentirmos confortáveis com a própria angústia e incerteza que consideramos tão desconcertantes. *A terapia de exposição funciona aumentando gradualmente a tolerância da pessoa ao enfrentamento da ansiedade.* Naturalmente, você começa com pequenos passos e vai aumentando até chegar a passos médios e, depois, maiores. Se você tem medo de dirigir, pode começar simplesmente dando partida em um carro dentro de um estacionamento vazio. Com o tempo, passa a fazer manobras básicas em ruas mais vazias, depois em avenidas com pouco tráfego, depois na hora do rush, depois em uma estrada vazia, depois em uma movimentada e, por fim, dirigindo no trânsito durante mau tempo.

Como sabemos quais situações causam *mais* e *menos* medo em um paciente? É simples: perguntamos a eles. Especificamente, os pacientes são ensinados a classificar sua ansiedade em uma escala de 0 a 10, sendo 0 completamente calmo e 10 o mais ansioso que já estiveram. Dessa forma, eu sei que, se eles estiverem em uma escala de 1 a 3, sua ansiedade é relativamente baixa; se estiverem em uma escala de 4 a 6, eles têm uma ansiedade média; e de 7 a 9 é alta. Como regra geral, a terapia de exposição é mais eficaz quando os pacientes estão na faixa de 7 a 9 durante as sessões. Sim, é para causar desconforto! Mas, apesar desse aumento momentâneo de ansiedade, nenhum de meus pacientes jamais se arrependeu da experiência.

Preciso deixar claro que uma diretriz para os clínicos que fazem terapia de exposição é nunca pedir a um paciente que faça algo objetivamente perigoso. Inclusive, em minhas clínicas, nossa política é que os médicos nunca devem pedir aos pacientes que façam algo que eles mesmos não fariam. Apesar disso, geralmente surgem duas perguntas quando falo às pessoas sobre a terapia de exposição. A primeira é: não seria mais simples ensinar os pacientes ansiosos a relaxar por meio da meditação mindfulness e da respiração profunda? E, talvez mais importante, não é cruel fazer alguém passar por toda essa dor psíquica em primeiro lugar, como retraumatizar uma vítima de abuso na infância pedindo-lhe para revivê-lo?

Ser cruel para ser gentil

Apesar de alguns resultados impressionantes — quatro décadas de pesquisa demonstram que a terapia de exposição tem efeitos importantes e duradouros sobre os transtornos de ansiedade[2] —, esse método de tratamento ainda não entrou por completo na corrente principal da psicoterapia. Um dos principais motivos foi mencionado em um artigo do *New York Times* de vinte anos atrás sobre o trabalho de Barlow. Intitulado "The Cruelest Cure" [A cura mais cruel], o artigo resumiu a controvérsia da seguinte forma: "Seu tratamento promete ser o melhor e mais rápido caminho para a psicoterapia, mas enquanto muitos clínicos elogiam seus resultados bem documentados, outros têm uma visão mais sombria do que um clínico chama de 'tortura, pura e simples'".[3]

Considero essa última observação injusta e imprecisa. Enfrentar seus medos não é agradável. Mas, para mim, não há maior bondade que um médico possa oferecer a um paciente do que acreditar na capacidade dele. Eu diria até que deixar de incentivar os pacientes a enfrentar seus medos equivale a infantilizá-los — dizer que eles não conseguem lidar com as coisas. A terapia de exposição permite que os pacientes com ansiedade desvinculem o medo do contexto que o causa por meio de determinadas atividades e situações. A mensagem final do tratamento é clara: *podemos enfrentar nossos medos e tolerar os sentimentos de ansiedade*. Os pacientes que concluem a terapia de exposição não apenas aprendem a projetar resultados mais positivos, mas também se sentem mais confortáveis com a ansiedade e o medo.[4]

A questão de saber se seria mais simples e mais gentil ensinar os pacientes a relaxar quando a ansiedade os faz se sentir tão desconfortáveis é um debate antigo entre os pesquisadores da terapia cognitivo-comportamental. O professor Joseph Wolpe, uma figura importante no campo (e mentor de Barlow), desenvolveu uma maneira de ajudar os pacientes a se acalmarem por meio de uma série de técnicas de relaxamento muscular, que foram utilizadas durante a terapia de exposição — em outras palavras, enquanto os pacientes enfrentavam seus medos. No entanto, neste ponto da história, vários estudos demonstraram que as técnicas

O PODER DOS ANSIOSOS   101

de relaxamento — quer envolvam imagens relaxantes, mantras ou meditação — não só têm eficácia limitada como também podem, na verdade, atenuar os efeitos da terapia de exposição.

Em uma pesquisa de referência sobre o assunto, 77 pacientes com transtorno do pânico foram randomizados para receber terapia de exposição com ou sem relaxamento. O relaxamento produziu resultados piores.[5] Da mesma forma, um artigo de revisão recente que analisou os números de 72 estudos com 4.064 pacientes ansiosos revelou que a terapia de exposição foi a abordagem clínica mais eficaz, e o relaxamento muscular, associado a uma eficácia significativamente *menor* do tratamento.[6]

Com base em minha própria experiência clínica, acredito que o relaxamento seja contraproducente quando usado no tratamento da ansiedade. *A maioria das pessoas consegue lidar com a ansiedade muito melhor do que pensa!* Mas você não perceberá isso até que enfrente seus medos e aprenda essa lição com todo o seu ser. Talvez a melhor maneira de defender a terapia de exposição seja explicar, da forma mais simples que consigo, como o cérebro processa e armazena pensamentos e acontecimentos causadores de ansiedade.

A *neurobiologia da terapia de exposição*

O que acabou me convencendo da eficácia do processo de Barlow foi compreender sua base neurobiológica. O cérebro humano é composto por várias áreas, incluindo o *córtex pré-frontal*, que lida com o pensamento abstrato e o planejamento básico, e o *mesencéfalo*, que contém a amígdala e o hipocampo. A amígdala é uma pequena estrutura em forma de amêndoa que entra em ação quando a reação de luta ou fuga é acionada. Próximo a ela está o hipocampo, um par de estruturas enroladas cujo nome vem da palavra grega para "cavalo-marinho", com o qual se assemelha muito. Entre outras tarefas, o hipocampo codifica nossas memórias de curto prazo em memórias de longo prazo, uma etapa crucial para determinar nossas associações mentais e emocionais.

Quando uma emoção ou acontecimento perturbador aciona a amígdala, o hipocampo se junta a ela e codifica profundamente a memória da experiência desencadeadora. Essa combinação é o motivo de muitas pessoas se lembrarem exatamente de onde estavam na manhã de 11 de setembro de 2001, quando as Torres Gêmeas desabaram. A intensidade das emoções sentidas naquele momento gravou os detalhes daquela manhã no cérebro, ativando o hipocampo. Por outro lado, a maioria das pessoas não se lembra de onde estava em 10 ou 12 de setembro daquele ano; esses momentos não foram tão entranhados porque não havia emoções envolvidas. Processos semelhantes ocorrem quando passamos por acontecimentos positivos, como o primeiro beijo, uma grande vitória esportiva ou uma realização acadêmica significativa. O grau em que a amígdala e o hipocampo são acionados determinará a profundidade com que as memórias são codificadas.

Nesse sentido, tecnicamente, as fobias não vêm simplesmente de experiências *ruins*. Mas de *emoções fortes* no momento da experiência. Por exemplo, se você associa voar em um avião a um voo especialmente aterrorizante que fez ou até mesmo a um acidente de avião sobre o qual leu, isso indica que você teve uma reação emocional forte quando esses pensamentos — agora memórias — foram codificados. No entanto, você também pode desenvolver medo de voar se ler uma história sobre um acidente de avião quando estiver em um estado eufórico.

É interessante notar que esse processo pode ser provocado até pela ficção. Depois que *Tubarão*, filme de Steven Spielberg, foi lançado em 1975, houve um súbito aumento do medo de tubarões, pelos quais o público até então demonstrava pouco interesse, quanto menos pavor. O filme "gerou uma reação de excitação e terror sem precedentes no público",[7] escreve a historiadora Beryl Francis. "A ideia de tubarões violentos ficou enraizada na psique dos banhistas de todo o mundo, criando um medo que a mídia explorou." Ainda hoje, "a percepção de que os tubarões são 'máquinas assassinas e perseguidoras' permanece na psique do público".[8] De fato, um estudo publicado em 2015 constatou que 51% dos americanos

O PODER DOS ANSIOSOS 103

expressaram ter "absoluto terror" de tubarões, e 38% disseram que têm medo de nadar no oceano por causa deles, embora a cada ano sejam registrados menos de cem ataques de tubarão no mundo todo.[9]

Ao longo de muitos anos de trabalho com a terapia de exposição, percebi que o que torna esse processo tão poderoso é que estamos usando o próprio poder da nossa reação de medo *contra ele mesmo*. Ao enfrentar os medos, o paciente experimenta uma onda de emoções intensas — a amígdala e o hipocampo são ativados (por assim dizer). Isso permite que o córtex codifique uma nova memória que não envolva a reação de medo. *A capacidade da terapia de exposição de provocar uma forte reação emocional é exatamente o que a torna tão eficaz.* Isso pode explicar por que o relaxamento atenua os efeitos do tratamento de exposição; quando diminuímos a intensidade de nossa reação emocional durante a exposição, a amígdala e o hipocampo não são tão envolvidos, e as novas memórias de superação do medo não são gravadas tão fundo no cérebro.

Devo acrescentar que a professora Edna Foa, outra pioneira da terapia de exposição que trabalhou com Barlow, identificou a progressão neurobiológica que descrevi, que ela chama de "processamento emocional". Foa descreve isso como "o processo pelo qual informações precisas são incorporadas à estrutura do medo e modificam os elementos patológicos da estrutura".[10]

Nessa linha, outra regra geral da terapia de exposição é que a força emocional do acontecimento determinará em grande parte o grau de cristalização de sua memória. Ao ativar propositadamente a reação de medo para aumentar o envolvimento emocional, você está aprendendo a se defender contra futuras ameaças cognitivas. *Quando você ativa a reação de medo em vez de fugir, ele se torna um catalisador de mudança e crescimento.* Por esse motivo, não considero a mudança resultante da terapia de exposição uma "cura"; você não está curando uma doença ou enfermidade. É muito *melhor*. Você está transformando isso em uma força — e em um presente. Não estou necessariamente dizendo que as pessoas que se submetem à terapia de exposição nunca mais sentirão medo, mas *sim* que quem enfrenta seus medos está transcendendo a ansiedade, transformando-a numa força para lidar com a ameaça do medo no futuro. Isso o tornará mais apto a lidar com o medo quando ele aparecer.

Superando a fobia num único dia

Uma paciente minha chamada Darlene cresceu em uma casa que, sem o conhecimento de sua família, abrigava um ninho de aranhas. Quando ela ainda era criança, o irmão foi picado várias vezes e ficou doente. Uma vez, ele teve que ir para o hospital. Testemunhar esse acontecimento foi aterrorizante e deixou gravado na memória de Darlene um profundo medo de aranhas. Só falar sobre essa conexão no consultório de um terapeuta não foi suficiente para que ela eliminasse o sentimento de terror que surgia ao ver a menor das aranhas. Apesar de ter consciência de seu medo, o mundo dela foi ficando cada vez menor com o passar do tempo. Quando Darlene chegou ao meu consultório, sua fobia havia chegado ao ponto de ela sacudir as roupas de cama à noite para ter certeza de que não tinha nenhuma aranha escondida ali. Ela não conseguia dormir se visse sequer uma pequena sombra que se assemelhasse a uma aranha (ou algo parecido). E não é preciso dizer que nunca iria para uma floresta por medo de que uma aranha caísse de uma árvore em cima dela.

Começamos relativamente cedo pela manhã, fazendo com que Darlene olhasse fotos de aranhas em meu escritório. Ela estremeceu e fechou os olhos no início, mas eu a incentivei a olhar bem. No decorrer de algumas horas, sua ansiedade diminuiu o bastante para irmos a uma exposição sobre aranhas no Museu Americano de História Natural. A exposição era definitivamente uma experiência imersiva — havia fotos ampliadas (em tamanho humano!) de aranhas, teias, ninhos e muito mais. Espécimes vivos e exóticos estavam dentro de caixas de vidro. Darlene ficou pálida. Em determinado ponto, ela congelou completamente e, em vários momentos, precisou se sentar e recuperar o fôlego. Eu quase via seu hipocampo "disparando" dentro do mesencéfalo, gravando em sua mente novas lembranças de que ela não estava de fato em perigo. Levou de três a quatro horas, mas, por fim, Darlene se sentiu relativamente confortável. Ela conseguiu andar pela exposição e, em algumas ocasiões, eu até a "peguei" olhando com curiosidade para as aranhas em vez de fazer uma careta.

Fizemos uma pausa para um merecido almoço tardio e, então, chegou a hora de aumentar a aposta. Eu a apresentei ao meu amigo Mike, o "domador de aranhas" (sim, esse profissional existe), que trouxe uma variedade de aranhas vivas — incluindo várias tarântulas — para o meu consultório. Mike explicou que as tarântulas raramente mordem, é só uma autodefesa, por exemplo, se ficarem presas viradas de costas. Darlene e eu concordamos em não tentar provocar essa reação e começamos a observar e, por fim, a manusear as aranhas. Começamos com uma do tamanho de uma unha do polegar e chegamos a uma grande e peluda com cerca de quinze centímetros de diâmetro. O ponto alto do dia foi o fim: Darlene posou para uma foto com uma tarântula peluda pousada no ombro. Em apenas um dia, ela superou sua fobia e ainda hoje, vários anos depois, este problema não voltou.

Como funciona a terapia de exposição? Bem, como Darlene lhe dirá, não é um mar de rosas. Várias vezes durante o dia, ela sentiu que vomitaria — lembro que em determinado momento a ouvi ter uma ânsia. Ela também relatou que seu nível de ansiedade durante o tratamento de exposição em meu consultório foi ainda maior do que o que sentiu quando o irmão quase morreu! Esse é, na verdade, um fator clínico importante: para codificar um novo conjunto de pensamentos sobre aranhas em seu córtex, Darlene precisou ativar a amígdala e o hipocampo na mesma medida (ou mais) de quando codificou suas memórias originais de medo. Nesse sentido, quanto mais o mesencéfalo "aquecer" por meio da experiência de emoções intensas durante a terapia de exposição, mais prontamente a nova memória será gravada em seu cérebro. Como afirmei antes, essa abordagem transforma a ansiedade de distúrbio em ferramenta — quanto mais a pessoa sente ansiedade durante a terapia de exposição, mais fortes tendem a ser seus efeitos!

Outros medos

Fobias específicas são únicas no sentido de que são muito discretas, o que explica por que podem ser superadas tão rapidamente. A maioria dos outros tipos de ansiedade e preocupações relacionadas a isso, como ansiedade social, transtorno do pânico, transtorno obsessivo-compulsivo e transtorno de ansiedade generalizada, precisam de mais tempo. Mas os mesmos princípios se aplicam à ansiedade em todas as suas formas.

Assim como a exposição à fonte de uma fobia pode efetivamente acabar com sua servidão ao terror interno, aplicar esses princípios para lidar com outros tipos de ansiedade permite que você ressignifique o que está gerando sua forma particular de ansiedade. Basicamente da mesma forma, você pode se defender contra seus gatilhos de modo que suas reações de estresse fiquem cada vez menos intensas. O objetivo da terapia de exposição é chegar ao ponto em que você diz a si mesmo, efetivamente: "Não estou nem aí que me sinto ansioso! Vou fazer do mesmo jeito. Mesmo que minha ansiedade me deixe desconfortável, não vou permitir que meu medo me impeça. Eu sou um soldado e vou continuar marchando pelo pântano!"

Dado que a ansiedade tem muitas formas, há maneiras diferentes de fazer terapia de exposição. Eis os quatro tipos primários:

Tipo de exposição	Exemplos de métodos de tratamentos
Exposição *in vivo* (na vida real)	acompanhar um paciente num avião; trazer uma aranha ou cobra para uma sessão
Exposição imaginária	pensar sobre uma situação perturbadora com muitos detalhes; recontar um acontecimento traumático em voz alta
Exposição interoceptiva	contrair intencionalmente a respiração; correr no lugar; aumentar a temperatura da sala
Exposição via realidade virtual	usar dispositivos digitais (ver a seguir)

O tipo de exposição mais adequado para determinado paciente depende da natureza de sua ansiedade ou fobia específica.

Em alguns casos, uma combinação de vários tipos de exposição pode ser útil.

Uma limitação da exposição *in vivo* é que algumas das ações sugeridas podem ser impraticáveis ou até mesmo perigosas. E se eu não tiver recursos para fazer várias viagens de avião e pagar para o meu terapeuta ir comigo? E se eu morar no interior, longe de qualquer prédio alto? E, é claro, não podemos colocar os veteranos de guerra de volta no front para enfrentar seus demônios.

É nesse ponto que o desenvolvimento da realidade virtual (RV) provou ser uma dádiva. Nos últimos anos, a comunidade científica tem aceitado cada vez mais a terapia de exposição à realidade virtual (VRET, na sigla em inglês). Ao mesmo tempo, os equipamentos de RV se democratizaram e são relativamente baratos. Hoje, há vários kits de VRET que vêm pré-programados com cenários clínicos para lidar com o transtorno de estresse pós-traumático decorrente da experiência de combate, bem como com outras situações desafiadoras.

Anos atrás, na clínica de Antony, usei essa abordagem com pacientes que tinham fobia de avião. Usando um gadget de imersão total que permitia uma visão de 360 graus e até mesmo olhar para fora pelas janelas, os pacientes sentiam que estavam em um jato. Também usamos grandes *subwoofers* que reproduziam com verossimilhança os sons estrondosos dos motores das aeronaves e as sensações de turbulência. Usando um computador com monitor, eu conseguia programar todos os tipos de situações assustadoras — um raio, o som de um trovão — enquanto me comunicava com o paciente por meio de um fone de ouvido. Esse campo é muito mais aceito atualmente, mas, naquela época (2012), Antony escreveu:

> A RV para ansiedade social não está amplamente disponível como um tratamento de autoajuda. Entretanto, centros em todo o mundo oferecem tratamentos de RV administrados por terapeutas de RV experientes. [...] À medida que a RV se popularizar, esperamos ver inovações no uso dessa tecnolo-

gia para tratar a ansiedade social e outros problemas relacionados à ansiedade.[11]

EVITAÇÃO: A ESTRATÉGIA QUE NUNCA FUNCIONA

O oposto da exposição (enfrentar os medos) é a evitação, semelhante ao aspecto de "fuga" da reação de luta ou fuga. A evitação assume muitas formas. Aprendi em minha prática clínica que os seres humanos são surpreendentemente criativos em evitar sentimentos desconfortáveis, especialmente quando esses sentimentos escondem medos com os quais decidimos não lidar porque não se encaixam na imagem que temos de nós. E a ansiedade é particularmente incômoda. Há literalmente milhares de maneiras de evitar nossas ansiedades, muitas das quais desconhecemos.

O modelo cognitivo-comportamental da ansiedade

O principal problema com a evitação em todas as suas formas é que ela mantém o vínculo entre nosso pensamento e nossas ansiedades. Como aprendemos com Aaron Beck no capítulo 2, nossos sentimentos são causados por um processo de duas etapas: algo acontece e depois *pensamos* sobre o que aconteceu. A segunda etapa (não a primeira!) determina como nos sentimos.

Como mudar como você *pensa*? Bem, um jeito particularmente eficaz é mudar a forma como você age. *A maneira como nos comportamos muda a maneira como pensamos, o que, por sua vez, influencia a maneira como nos sentimos.* Isso pode parecer contraintuitivo; as pessoas geralmente presumem que a maneira como pensam ou se sentem afeta suas ações. Mas o inverso também é verdadeiro. Quando você faz algo positivo, é provável que isso afete a forma como você se sente em relação às coisas em um sentido positivo, e é mais provável que você repita essa ação positiva. *Em resumo, suas emoções refletem seus comportamentos.*

Às vezes, as ações que mudam a maneira como você se sente podem ser relativamente pequenas. Em um estudo clássico de

O PODER DOS ANSIOSOS   109

psicologia social, por exemplo, dois grupos de indivíduos assistiram a desenhos animados e avaliaram o quanto os acharam engraçados. O grupo de controle apenas assistiu aos desenhos animados, enquanto o segundo grupo foi instruído a segurar uma caneta com os dentes, fazendo com que seu rosto involuntariamente assumisse a forma de um sorriso durante os desenhos. Esse grupo achou os desenhos mais engraçados do que o grupo de controle, só porque seu rosto estava efetivamente sorrindo.[12]

Para traduzir isso para a vida cotidiana, se você for a uma reunião profissional e olhar para o chão por medo de fazer contato visual, é menos provável que seja chamado a compartilhar suas opiniões. Isso pode fazer com que você se sinta menos ansioso no momento, mas, se continuar a praticar essa forma de evitação, *sempre* se sentirá ansioso porque nunca aprenderá a ser corajoso no trabalho. As ações de evitação mantêm intacto o vínculo entre medo e ansiedade. Por outro lado, se você se sentar ereto e olhar as pessoas nos olhos para exalar uma sensação de confiança externa — mesmo que se sinta inseguro por dentro —, *mudará* seu pensamento e terá mais oportunidades de crescimento profissional, o que aumentará ainda mais sua confiança.

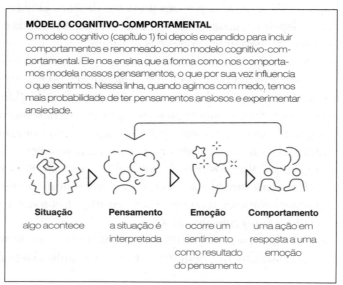

E qual é o problema?

Você talvez questione: "E se eu evitar certas coisas que me deixam ansioso só porque não gosto delas? É um problema tão grande assim?"

O problema da evitação é que, se você "fugir" continuamente daquilo que o deixa desconfortável ou ansioso, nunca obterá o necessário para mudar seu pensamento e, portanto, suas emoções ansiosas permanecerão presas a essa situação. Lembra John, o motorista ansioso do capítulo 1? Quando expliquei a ele que até mesmo um ataque de pânico grave o tornava um motorista mais atento e seguro, ele decidiu se esforçar e dirigir. Foi um desafio no início, mas, com o tempo, ele melhorou e superou seus medos.

Da mesma forma, quando as pessoas com ansiedade social e timidez decidem falar mais alto, usar roupas ousadas e puxar conversa, elas normalmente se dão conta de que, quase sempre, ninguém mais percebe sua ansiedade. De fato, as pessoas com ansiedade social tendem a obter mais respeito dos outros quando superam parte de sua ansiedade — como falam menos, suas palavras são mais valorizadas. Mas evitar situações reforça os medos subjacentes e não permite que esses conceitos penetrem.

Precisamos entender que, na maioria dos casos, pensar em assuntos e experiências relacionados à ansiedade não é algo exato, portanto, nossa ansiedade é deslocada. A grande maioria das coisas que evocam ansiedade provavelmente nunca se materializará. As pessoas com medo de avião dizem que têm medo de morrer em um acidente. No entanto, o risco anual de morrer em um acidente de avião para o americano médio é de cerca de *um em 11 milhões*, enquanto o risco anual de morrer em um acidente de carro é de apenas um em 5 mil.[13] Portanto, se você tem medo de avião, não é porque olhou para uma tabela de mortalidade. A evitação reforça essas falsas crenças de ansiedade e as torna parte de sua personalidade. Por outro lado, enfrentar nossos medos e nos aventurarmos além de nossa zona de conforto nos permite reprogramar os pensamentos e, por fim, superar nossos medos.

Nunca é demais repetir que a principal desvantagem da evitação é que *ela mantém intacto o vínculo entre seu pensamento e seu medo*. E, a menos que você enfrente seu medo, não conseguirá perceber que as consequências que teme *são altamente improváveis*. No entanto, não basta apenas entender isso intelectualmente. A fim de gerar a força necessária para romper esse vínculo, o processo precisa penetrar no centro de sua mente por meio de suas entranhas, o que exige encarar a ansiedade de frente.

A evitação assume três formas principais: comportamental, cognitiva e farmacológica. Vamos discuti-las.

EVITAÇÃO COMPORTAMENTAL

A evitação comportamental engloba ações evidentes e observáveis que usamos para evitar que a ansiedade ocorra ou para interrompê-la assim que ela se manifesta de forma desconfortável. Se você tem medo de falar em público, por exemplo, pode desistir de uma aula quando descobrir que, durante ela, terá de dar uma palestra. No caso de Darlene, como vimos, ela evitava não apenas o contato direto com aranhas, mas também situações em que *poderia* deparar com um aracnídeo.

As pessoas que têm gatilho de ansiedade financeira podem evitar fazer uma planilha de orçamento, ler o extrato do cartão de crédito ou até mesmo pagar contas. Muita gente com transtorno do pânico evita determinados lugares ou atividades, que podem incluir exercícios ou até mesmo sexo, porque essas ações podem elevar a pressão arterial e criar sensações de pânico. Uma pessoa com ansiedade social talvez evite levantar a mão na sala de aula, chamar alguém para sair ou até mesmo tirar uma foto para as redes sociais, pois isso pode chamar a atenção para ela. Ela pode não sair para comprar roupas porque não quer pedir ajuda ao vendedor. Da mesma forma, as pessoas que sofrem de transtorno obsessivo-compulsivo (TOC) geralmente têm medo de contaminação e, por isso, podem deixar de usar o transporte público, onde é provável que fiquem bem próximas de outras pessoas, ou até mesmo deixar de tocar no próprio celular. E, se acabarem usando o transporte público, às vezes se descontaminam depois. (Um de meus pacientes ficava só de cueca antes de entrar em casa depois de se aventurar ao ar livre.)

Todas essas evitações são ruins porque, além de perpetuarem a ansiedade inicial, *elas pioram as coisas*. Paradoxalmente, quanto mais alguém evita situações sociais, maior é a probabilidade de perder contato com as mudanças de costumes e, portanto, incapacitar-se para navegar nas águas sociais. Quanto mais uma pessoa evita lidar com suas finanças, *mais* provável é que a vida a obrigue a prestar ainda mais atenção a elas quando seu cartão de crédito for recusado ou a eletricidade, cortada. Se você tem medo de ir ao dentista porque se sente extremamente desconfortável com procedimentos odontológicos, pode acabar precisando de procedimentos ainda mais desconfortáveis — em vez de fazer uma obturação, de repente você descobre que precisa de um canal!

Mark era um programador de trinta anos de uma startup digital que tinha medo de se posicionar no trabalho e, como resultado, era pouco valorizado. Isso era particularmente doloroso para Mark porque ele sempre tinha ótimas ideias de como melhorar a empresa, mas nunca as abordava em reuniões. Estava ciente de que outras pessoas em seu escritório diziam idiotices o tempo todo e faziam sugestões imprudentes que não davam certo. Frustrado, Mark compartilhou suas ideias com alguns colegas de trabalho com os quais se sentia à vontade para conversar e ficou duplamente desanimado quando eles acabaram expressando essas ideias em reuniões e recebendo crédito — e promoções — por elas. Ele ficou chateado e deprimido, e percebeu que precisava tratar a situação na terapia. Quando chegou para o tratamento, estava tremendo de medo porque sabia que tinha de tomar decisões sobre como lidar com seu medo.

À medida que trabalhávamos juntos, Mark começou lentamente a se impor mais em seu escritório. Em vez de fazer confidências a um amigo, procurou seu supervisor e expôs uma de suas novas ideias. Embora tenha achado difícil criar coragem, ele ficou satisfeito quando o supervisor lhe deu um tapinha nas costas e disse que era uma ótima ideia. Esse cenário se repetiu várias vezes em um período de alguns meses, e Mark percebeu que já havia evoluído muito.

Abrir mão do controle

Um amigo de longa data tinha um medo excessivo de altura e pediu minha opinião profissional. Expliquei que a melhor maneira de vencer seu medo era enfrentá-lo. Sugeri que fosse ao topo do prédio mais alto ao qual pudesse ter acesso legalmente e olhasse pela amurada do terraço. "Você é louco", disse ele. "Não vou fazer isso de jeito nenhum! Eu posso perder o controle da minha bexiga ou dos meus intestinos. Não sei o que vai acontecer. Posso até pular!"

Eu sabia que ele não pularia porque queria bastante viver. Também achei muito improvável que fizesse as necessidades na calça, algo que não acontecia desde que era criança. "Há apenas um método confiável, que é deixar esse medo de lado", insisti. "Pare de lutar contra ele, solte-se e deixe que ele o domine. Aceite que você não controla seus sentimentos o tempo todo, e tudo bem. Deixe-se levar pelo pânico e siga em frente."

Meu amigo rejeitou totalmente meu conselho.

Cerca de um ano depois, no entanto, recebi um e-mail dele dizendo que, enquanto estava de férias na região de San Francisco, sentiu-se atraído pela ponte Golden Gate. Ao chegar lá, lembrou-se de nossa conversa e, sem pensar muito, decidiu atravessar toda a ponte a pé olhando por cima do corrimão. Ele contou que tremeu o tempo todo. Todas as objeções que havia levantado ameaçavam cair sobre ele: perder o controle das funções intestinais e da bexiga, o medo de se jogar impulsivamente na baía. Ele disse que era a coisa mais aterrorizante que já havia feito, embora nada disso tenha acontecido de fato. Mas, ao final da caminhada pela ponte, ele se sentiu muito feliz por ter enfrentado sua ansiedade. "Estou muito contente por ter ficado ansioso, porque agora aprendi que *posso* superar minha própria ansiedade", disse. "*Não preciso estar no controle!*"

Transcendendo a ansiedade com a terapia de exposição

Rebecca, uma mulher de 22 anos com TOC, era obcecada pelo medo de ter um aneurisma cerebral e morrer sem mais nem menos. Embora não tivesse nenhuma prova de que realmente *tivesse* um aneurisma, ela estava tomada por esse medo. Tentava obsessivamente manter seu nível de estresse baixo, pois acreditava que até mesmo uma gota de ansiedade faria com que sua pressão arterial aumentasse, o aneurisma explodisse e ela morresse. Com o passar do tempo, suas evitações aumentaram cada vez mais, a ponto de ela parar de namorar porque tinha medo de que os homens pensassem que ela era maluca se compartilhasse seu medo. Até deixou de sair de casa, exceto para ir à escola onde trabalhava. Um dia, estava lendo uma reportagem de revista sobre uma pessoa que teve um aneurisma e morreu. Depois disso, não conseguiu nem ir ao trabalho por alguns dias. Foi aí que decidiu buscar tratamento.

Começamos incentivando Rebecca a praticar a autocompaixão de muitas das maneiras descritas no capítulo 2. Também a levei a um neurologista e ela fez uma ressonância magnética; se descobrimos algo sobre seu cérebro, foi que ela *não* tinha um aneurisma. Estava em perfeita saúde, exceto por suas obsessões. Com o aval médico, eu disse a Rebecca que, em seguida, leríamos reportagens e assistiríamos a vídeos sobre pessoas que morreram de aneurisma. Sua resposta foi simples: "Claro que não! Não vou fazer isso de jeito nenhum!".

"A decisão é sua", eu disse. "Mas, nesse caso, acho que você será atormentada por esse medo pelo resto da vida." Rebecca ainda preferiu tentar as outras estratégias por mais algumas semanas, mas, ao ver que sua ansiedade não ia embora, decidiu dar uma chance à terapia de exposição.

Começamos fazendo com que ela criasse uma hierarquia do que mais temia, iniciando pelo medo da própria palavra *aneurisma*, passando por ficar exaltada e ter um pico de pressão arterial (o que ela temia que desencadeasse um aneurisma que exigisse cirurgia), até chegar ao seu pior medo: ficar sozinha sem telefone nem identidade, sem que seus pais soubessem, e correr o "risco" de morrer indigente e acabar num necrotério público.

Depois que reunimos sua hierarquia, começamos devagar. Primeiro, fizemos com que ela dissesse a palavra *aneurisma*, embora, no início, ela mal conseguisse dizê-la sem se assustar. Ao longo de trinta minutos, conseguimos que ela dissesse a palavra repetidamente, com uma quantidade razoável de ansiedade, mas ainda em um nível que ela conseguia controlar. Ela praticou a aceitação e a tolerância da ansiedade *sem se culpar* — simplesmente vivenciando a ansiedade e se acostumando com ela. A partir daí, progrediu muito bem.

Em poucas semanas, estávamos discutindo aneurismas em detalhes e até olhamos ilustrações de aneurismas. Em seguida, lemos histórias sobre pessoas que morreram de aneurisma, inclusive jovens, o que abalou bastante Rebecca por causa de sua idade. Em vários momentos, ela começava a tremer e a desviar o olhar da tela, mas eu pedia que continuasse assistindo comigo.

Na semana seguinte, subimos mais um degrau e assistimos a vídeos de cirurgia cerebral para corrigir um aneurisma. Rebecca disse que era a coisa mais difícil que ela já havia feito, mas em noventa minutos conseguiu se acalmar e continuar assistindo sem deixar que a ansiedade a dominasse. Naquele momento, passamos a focar outros aspectos de sua evitação. Para sua sessão de "formatura", pedimos a Rebecca que fizesse check-in em um hotel sem usar cartão de crédito, que deixasse o celular em casa e que corresse no mesmo lugar por dez minutos — tudo isso sem que sua família soubesse se ela tinha tido um aneurisma e morrido.

Quando passamos por toda a hierarquia de medos, Rebecca não só ficou menos ansiosa e menos debilitada pela ansiedade como *também se tornou mais forte, mais capaz e mais confiante do que nunca*. Expliquei a ela que qualquer um pode ter um aneurisma a qualquer momento, embora fosse improvável que isso acontecesse com ela, já que havia sido examinada com muito mais profundidade do que a maioria das pessoas normalmente seria. "Todos nós temos que conviver com algum nível de incerteza", eu disse a ela. "A única coisa que podemos fazer é aceitar isso e seguir com nossa vida."

Rebecca levou sua nova relação com a ansiedade para a vida amorosa, que melhorou muito. Mantivemos contato por e-mail durante os dois anos seguintes, quando ela conheceu alguém e se casou. Após o casamento, perdemos contato, mas três anos depois recebi um e-mail dizendo que ela estava tendo um surto de ansiedade e gostaria de conversar novamente.

"Tenho boas e más notícias", contou Rebecca por telefone. "Estou grávida. Mas a má notícia é que, nos ultrassons, eles viram algo no cérebro do bebê." Não era um aneurisma, mas, por causa disso, após o nascimento, os médicos teriam que realizar algum tipo de cirurgia para corrigir o problema.

"Você não parece tão ansiosa quanto eu estaria nessa situação", comentei. "Eu diria que você nem está ansiosa — está com medo, e isso é de se esperar."

"Estou fazendo tudo o que você me ensinou", disse Rebecca. "Estou reconhecendo que tenho de enfrentar a incerteza."

"Você está indo muito bem!", respondi. "Aliás, acho que você pode ter uma ou duas coisas para *me* ensinar sobre ansiedade!"

Quando o bebê nasceu, os médicos realizaram uma cirurgia crítica; o bebê sobreviveu e estava bem quando nos falamos pela última vez. Acima de tudo, porém, fiquei impressionado com a maneira de Rebecca lidar com toda a situação. Nós dois percebemos que, se ela não tivesse reconhecido que tinha uma ansiedade incapacitante e aprendido a administrá-la enfrentando seus medos, nunca teria lidado com esse novo obstáculo da vida tão bem quanto lidou.

EVITAÇÃO COGNITIVA: SE DESLIGANDO

A melhor maneira de descrever a evitação cognitiva é assim: estar *fisicamente presente, mas mentalmente ausente*. Em essência, é um jogo dos três copos que você joga consigo mesmo, escondendo seus próprios sentimentos de sua consciência, da mesma forma que um vigarista usa a distração para esconder uma moeda, movendo três copos ao redor.

Conheci Anne, uma mulher de trinta e poucos anos que tinha medo de altura — especificamente de pegar elevadores em prédios altos. Anne havia aceitado um cargo de contadora em uma grande

O PODER DOS ANSIOSOS 117

empresa na cidade de Nova York. Ela estava animada porque era o emprego dos seus sonhos, mas o único problema era que o escritório ficava no 45º andar. Ela ligou para o meu consultório em pânico, dizendo que precisaria superar seu medo de elevadores em uma semana. Expliquei que ela teria de enfrentar seu medo, e que começaríamos com a terapia de exposição. Fomos juntos ao Marriott Marquis em Manhattan, próximo à Times Square, que tem um enorme átrio com elevadores de vidro que lhe permitem ver a altura em que está — um pesadelo para quem tem esse tipo de fobia. Entramos em um deles e sugeri que ela olhasse para baixo através do vidro enquanto subíamos.

Anne não parecia estar nem um pouco ansiosa depois de subir algumas vezes, o que me deixou intrigado. Então, notei seu olhar vidrado e perguntei no que ela estava pensando. "Estou pensando em qualquer coisa *que não* os elevadores. Estou em outro mundo."

"Enquanto você ficar fazendo isso", eu disse, "não vai conseguir superar a evitação."

Anne estava usando a mente para tentar enganar o corpo. Quando as pessoas fazem isso, a exposição não funciona, porque elas estão engajando o córtex pré-frontal e sua capacidade de pensamento abstrato, o que não permite que a amígdala e o hipocampo "disparem" para que novas memórias possam ser codificadas. Na verdade, ao usar a evitação cognitiva, a pessoa não está atingindo a velocidade de escape, já que não há energia suficiente sendo gerada para tirá-la da memória antiga, cheia de ansiedade. Podemos pensar que estamos nos protegendo, mas a evitação cognitiva nos impede de mudar.

Até certo ponto, todos nós usamos a evitação cognitiva às vezes sem nos darmos conta. Podemos passar por momentos desconfortáveis em uma situação social e imediatamente olhar para o celular em vez de interagir com outras pessoas. Podemos afastar nossas emoções negativas assistindo à Netflix, pois isso ocupa nossa mente com coisas menos aversivas. É uma fuga fácil estar fisicamente presente, mas mentalmente ausente, pensando na refeição que acabamos de fazer, na roupa que gostaríamos de comprar ou no jogo de futebol a que assistimos na noite anterior, em vez de pensar no que realmente está nos incomodando.

Níveis de dissociação

Às vezes, a mente se torna tão boa em evitar pensamentos perturbadores que nos tira da realidade. (Não estou falando de um estado psicótico, como a esquizofrenia, que não é um transtorno de ansiedade e tem causas mais complexas.) Quando as emoções são intensas e nos tornamos muito bons em nos distrair delas, podemos desenvolver o que chamamos de *dissociação*. Nos momentos em que nos dissociamos, não estamos mentalmente presentes. Isso em geral acontece depois de termos participado de um combate, sofrido um acidente de carro ou sido abusados na infância. Esse estado consiste no embotamento da emoção, de modo que nos sentimos distantes de nós mesmos. É a maneira de o cérebro nos ajudar a nos acalmar em curto prazo, mas, se durar mais de trinta dias, é importante procurar ajuda profissional.

Em formas mais intensas, a dissociação pode levar à *desrealização*. É difícil descrever esse estado porque, felizmente, nunca passei por ele, mas meus pacientes relataram que é uma sensação onírica e perturbadora de que as pessoas e as coisas ao seu redor não são reais.

O próximo nível de dissociação é chamado de *despersonalização*, durante o qual a pessoa se esquece momentaneamente de quem é. Ela perde o senso de identidade pessoal e sente que está observando seu corpo de fora. Em situações extremas, a pessoa pode até ter um colapso da memória e esquecer completamente o próprio passado. Novamente, é difícil de descrever em palavras, mas alguns filmes, como *Um corpo que cai*, de Alfred Hitchcock, conseguiram retratar visualmente esse tipo de estado de fuga e desorientação, que costuma ser desencadeado por estresse intenso.

A boa notícia é que, na maioria dos casos, os vários níveis de desorientação podem ser superados. Se você se deparar com qualquer uma dessas condições, é importante descobrir o que a está desencadeando: em geral, ansiedade extrema ou a lembrança de um trauma.

Um paciente meu, chamado Mateo, estava servindo no Afeganistão quando foi atacado enquanto dirigia um veículo blindado. Uma explosão na estrada logo à sua frente o fez desviar, por reflexo, para um lado a fim de evitar que ele e seus companheiros de tropa fossem mortos. Infelizmente, no único caminho disponível havia uma criança afegã, que ele atropelou e matou.

Mateo ficou muito mais traumatizado por ter atropelado a criança do que por seu próprio encontro com a morte. Mas, ao contar sua história em meu consultório, ele parecia estar se distraindo. Claramente não queria reviver esse acontecimento, que havia bloqueado em grande parte da memória consciente. Durante o tratamento, ele conseguiu, pela primeira vez, recuperar a lembrança da mãe do garoto chorando de tristeza e raiva de Mateo. Mas ele também precisava se reconciliar com sua própria tristeza e dor. Por fim, programamos uma série de sessões de realidade virtual para recriar o cenário do acidente, de modo que Mateo pudesse ser exposto à situação repetidas vezes, até que ela perdesse o poder de aterrorizar sua mente.

Preocupação como evitação

Nem todas as formas de evitação cognitiva são tão extremas quanto a dissociação. Na verdade, a condição de ansiedade mais comum — transtorno de ansiedade generalizada (TAG) — costuma girar em torno da descrição original que fiz antes: estar *fisicamente presente, mas mentalmente ausente*.

O professor Thomas Borkovec, psicólogo da Penn State, acredita que a preocupação (o sintoma central do TAG) não é um sentimento ou um pensamento, mas sim um *comportamento*.[14] Especificamente, diz Borkovec, a preocupação é a maneira que a mente tem de não enfrentar a real extensão de nossos medos. Quando as pessoas se preocupam sem parar, em geral repetem mentalmente as mesmas preocupações, várias e várias vezes. Elas podem pensar: "E se eu tiver câncer?" ou "E se eu ficar sem dinheiro?", e essas preocupações ficam martelando em sua cabeça durante o dia todo.

No entanto, quando conversamos com pessoas preocupadas, é surpreendente que elas nunca respondam aos seus próprios "e se"; ou seja, normalmente *evitam* pensar de verdade em como seria ter câncer.

Elas não pensam, de fato, em como seria precisar consultar oncologistas e se submeter a quimioterapia ou cirurgia nem no impacto que viver com uma doença mortal pode ter na família. As pessoas que se preocupam excessivamente com dinheiro não fazem exercícios mentais para pensar em como seria declarar falência. Em vez disso, mantêm a ansiedade em um nível basal, insistindo em questões superficiais de "e se?". As pessoas preocupadas usam a preocupação para evitar uma reação emocional realmente avassaladora e desconfortável e, como resultado, a ansiedade é *reforçada* em vez de aliviada.

Considerando o que já aprendemos, é óbvio por que a preocupação tende a persistir por tanto tempo. A amígdala e o hipocampo nunca se conectam quando estamos nos preocupando em níveis baixos, portanto, os preocupados nunca ressignificam suas experiências com novas informações. Na realidade, as fontes de preocupação geralmente não são tão prováveis de ocorrer como se pensava antes. No entanto, ao não entrar em detalhes concretos da ansiedade em relação à saúde ou à vida financeira, os indivíduos com TAG se mantêm em uma zona cinzenta perpétua: ficam levemente ansiosos e usam a evitação cognitiva como uma técnica de supressão de pensamentos para anular níveis mais altos de ansiedade.

A teoria contraintuitiva de Borkovec fez os tratamentos clínicos do TAG avançarem consideravelmente. A terapia de exposição agora é usada para tratar pessoas com preocupação obsessiva, fazendo com que elas *detalhem preocupações específicas de alto nível com mais intensidade do que jamais imaginaram*. Para atingir a velocidade de escape da ansiedade generalizada, precisamos ligar nossos propulsores de foguetes emocionais e ativar a conexão entre a amígdala e o hipocampo.

Borkovec desenvolveu um processo de reservar trinta minutos para as preocupações. Na prática clínica, o período de preocupação é programado para o mesmo horário e no mesmo local todos os dias. Durante esse período, os pacientes com TAG são incentivados a ter preocupações mais intensas e detalhadas do que jamais tiveram. Para isso, eles criam seu próprio roteiro em primeira pessoa, no tempo presente, para que pareça mais imediato. No caso de preocupações financeiras, um roteiro pode ser mais ou menos assim:

Estou parado no caixa do mercado com uma pilha de compras no carrinho. Meu cartão de crédito é recusado. Insiro outro cartão, que também é recusado. Aí, coloco meu cartão de débito, que também é recusado. A caixa diz que vai segurar minhas compras enquanto vou atrás de dinheiro ou ligo para o banco. As pessoas na fila atrás de mim estão reclamando e começando a ir para outro caixa. Ligo para o banco e me dizem que meu cheque especial não vai cobrir o valor que falta, porque não tenho fundos. Estou morrendo de vergonha e me sinto um fracasso.

Depois que os pacientes escrevem seu roteiro (geralmente com a ajuda de um terapeuta), são incentivados a dizê-lo em voz alta ou gravá-lo no celular e reproduzi-lo várias vezes durante o período de preocupação. Sempre que se sentirem tentados a se preocupar durante o dia, eles devem dizer a si mesmos que lidarão com suas preocupações durante o período de preocupação. Isso os ajuda a *parar* de se preocupar superficialmente, o que é uma evitação, e a se envolver apenas no processo de exposição, que os ajuda a abordar e, por fim, superar a ansiedade. Em um período de algumas semanas, os pacientes com TAG que fazem esse exercício costumam chegar a um estado de aceitação e começar a se sentir melhor.

EVITAÇÃO FARMACOLÓGICA

Assim como podemos tentar contornar as emoções negativas evitando situações que nos deixam ansiosos ou evitando pensar nelas, também podemos nos entorpecer com o uso de álcool e drogas — recreativas e prescritas — para distrair a mente e não confrontar nossos medos. Essa é possivelmente a forma mais perigosa de evitação, devido ao potencial de dependência. No entanto, o vício é apenas um sinal de alerta que associo a essa estratégia ruim de enfrentamento. Na minha opinião, o maior perigo é que depender do álcool e das drogas pode nos impedir de enfrentar nossos medos, o que, por sua vez, aumenta a probabilidade de nossa ansiedade entrar em uma espiral destrutiva, como descrevi no capítulo 2.

Não podemos ignorar que o objetivo do uso de drogas prescritas ou recreativas é evitar emoções negativas. Tomar medicamentos psiquiátricos de forma *reativa* (por necessidade) sempre que sentir uma onda de sintomas de luta ou fuga tende a dar à ansiedade poder demais no longo prazo. Se você estiver usando substâncias, prescritas ou não, nunca precisará transcender sua ansiedade. E, então, a ansiedade sempre estará, até certo ponto, no seu controle.

Isso significa que nunca devemos tomar medicamentos prescritos? É claro que a resposta para isso é um não bem redondo. No entanto, identificar quem é um bom candidato a medicamentos e em que medida, quando e quais medicamentos usar são questões clínicas *muito* complexas.

Todos nós, médicos e pacientes, aprendemos muito com a crise dos opioides. Pessoas com dor física intensa tomam analgésicos porque (acreditam que) não conseguem superar a dor por conta própria. No entanto, agora está bem claro que, ao tomar opioides como a oxicodona, quando a dor é inicialmente forte, as pessoas perdem a tolerância à droga e continuam tomando doses semelhantes ou mais altas mesmo quando a dor melhora. Isso, por sua vez, diminui sua tolerância à dor e, em muitos casos, os analgésicos assumem o controle da vida delas. Atualmente, os médicos responsáveis entendem que os analgésicos opioides devem ser o último recurso e, mesmo assim, ser usados com moderação — dando aos pacientes a oportunidade de enfrentar e aumentar sua tolerância à "dor irruptiva", que envolve surtos repentinos e breves de dor em doenças crônicas como artrite ou câncer.

O surto repentino de um ataque de ansiedade intensa ou pânico é um tipo de equivalente psicológico à dor irruptiva. Se alguém tiver uma erupção repentina de pânico ou ansiedade e recorrer imediatamente a um remédio para conter a angústia, é importante que aprenda

— pelo menos em parte — a enfrentar e gerenciar a ansiedade. Levar a ansiedade a uma faixa controlável usando meios químicos, tomando medicamentos exatamente como prescritos por um médico responsável, não é apenas algo bom, mas também uma forma de autocuidado. Mais da metade dos meus pacientes toma medicamentos prescritos, e muitos se beneficiam deles. No entanto, todos os farmacologistas responsáveis com quem colaboro reconhecem a importância de não eliminar 100% a ansiedade do paciente com o uso de medicamentos, pois isso o deixa mais suscetível à ansiedade no longo prazo.

O governo dos Estados Unidos agora reconhece que uma classe específica de medicamentos para ansiedade — os benzodiazepínicos (por exemplo, Frontal, Valium, Rivotril e Lorax) — apresenta riscos significativos, e que muitas pessoas querem desmamar deles. No início de 2022, um braço dos National Institutes of Health (NIH) anunciou aos pesquisadores que estava solicitando pedidos de subsídios "para facilitar a descontinuação da prescrição de benzodiazepínicos a indivíduos que desejam interromper o uso desse medicamento ou a indivíduos para os quais os danos do uso de benzodiazepínicos podem superar os benefícios". O NIH está usando o imenso poder de sua bolsa de subsídios para conceder financiamento especificamente a pesquisas que desenvolvam maneiras de fazer com que médicos e terapeutas ajudem determinados pacientes a parar de usar essa classe de medicamentos.[15]

Farmacologia proativa versus reativa

O remédio mais utilizado para condições psiquiátricas é o Frontal (alprazolam), que pertence à classe de medicamentos conhecidos como benzodiazepínicos (benzos, para abreviar). Em 2018, ele foi prescrito surpreendentemente 21 milhões de vezes somente nos Estados Unidos.[16] O alprazolam tem meia-vida de até seis horas, o que significa que entra e sai do organismo com relativa rapidez. Nesse sentido, seu uso é frequentemente receitado "conforme necessário", o que significa que os pacientes são instruídos a tomá-lo quando sentem um início de ansiedade, a fim de interromper os sentimentos de angústia antes que se tornem intensos.

Se eu tivesse que escolher a forma com que eu *menos* gosto de lidar com a ansiedade, seria receitar um benzodiazepínico conforme necessário. A principal mensagem dessa receita é que as pessoas não conseguem tolerar a ansiedade elevada, fornecendo uma saída de emergência para que o paciente nunca aprenda quanto estresse consegue tolerar — certamente ele não se habitua ao estresse nem o supera.

Em seu excelente e alarmante livro *Anatomia de uma epidemia: pílulas mágicas, drogas psiquiátricas e o aumento assombroso da doença mental*, o jornalista investigativo Robert Whitaker dedica um capítulo inteiro ao tópico dos benzos, e o alprazolam está em primeiro lugar.[17] Sua conclusão é muito simples: *a incidência e a gravidade dos transtornos de ansiedade cresceram muito desde que os benzos se tornaram populares.* O fato de proporcionar um alívio rápido para a ansiedade perpetua nosso medo do medo, e a espiral de ansiedade cresce com o tempo.

Entretanto, nem todos os medicamentos são iguais. Muitas vezes, medicamentos antidepressivos como citalopram ou sertralina (ambos da categoria de inibidores seletivos da recaptação de serotonina, ou ISRS) são usados para ansiedade. Ao contrário dos remédios usados conforme necessário, esses são quase sempre tomados diariamente em um horário predeterminado (de manhã ou à noite) e, em geral, não produzem nenhum efeito clínico por pelo menos de quatro a seis semanas após o início do uso. Nesses casos, os pacientes *precisam* tolerar a ansiedade por um tempo antes de obter um efeito terapêutico. Além disso, esse tipo de medicamento não extingue a ansiedade se for tomado de forma aguda ou em grandes quantidades. Os ISRS, portanto, são uma opção farmacológica decente, em especial para indivíduos sem recurso financeiro para psicoterapia ou angustiados demais para sair de casa e ir a um consultório de terapia.

Aqui estão algumas recomendações importantes a serem seguidas para garantir que a pessoa esteja usando os medicamentos de forma responsável, de uma maneira que não entre em conflito com os princípios e conselhos que venho recomendando:

1. **Não abandone a supervisão médica.** Um médico responsável aprovou o uso de seus medicamentos? Se você acha que pode ser necessário aumentar ou diminuir a dosagem, nunca o faça sem consultá-lo.

2. **Tenha cuidado ao tomar medicamentos sem receita médica.** A automedicação é sempre uma questão complicada. Muita gente acha que não há mal nenhum em tomar alguns drinques ou usar maconha para relaxar — e pode não haver, ocasionalmente —, mas você deve seguir orientações semelhantes às do uso de medicamentos prescritos. O que seu médico diria sobre o uso que você faz desses medicamentos? Se houver alguma objeção médica, é importante controlar as coisas.

3. **Não confie apenas na medicação.** Mais importante ainda, você também está buscando orientação de um terapeuta? Se não puder pagar por psicoterapia e seu plano de saúde não cobrí-la grupos de apoio podem oferecer um lugar para processar como você se sente com a ajuda de outras pessoas. De qualquer forma, o objetivo da medicação não deve ser livrar-se da ansiedade, mas reduzi-la a um nível controlável para que você possa prosperar com ela.

Benzos no trabalho

Mario, um paramédico do corpo de bombeiros local, estava na casa dos cinquenta anos. Embora gostasse de trabalhar, Mario achava o trabalho estressante, tanto que, ocasionalmente, tinha tonturas e respiração contraída como resultado de ataques de pânico. Um de seus amigos do corpo de bombeiros lhe confidenciou que tomar uma pequena dose de Rivotril (um benzodiazepínico) o ajudava a relaxar em momentos estressantes e se ofereceu a dividi-lo com Mario, que começou a tomar um comprimido de 0,5 miligrama sempre que se sentia ansioso. Mas, com o tempo, ele passou a tomar um comprimido três ou até quatro vezes por dia.

Logo, Mario descobriu que dependia das pílulas para dormir após turnos agitados de doze horas. Também notou que, com o passar do tempo, estava se sentindo mais ansioso sempre que não tomava Rivotril. Começou a tomá-lo quando estava em situações sociais, pois notou espasmos na mão — um problema que ele nunca tinha tido antes. Mario decidiu se tratar, e conversamos sobre como tolerar a ansiedade. Ele disse que, embora conseguisse tolerar que todos os *outros* estivessem estressados ao seu redor, não conseguia tolerar seu próprio nível de ansiedade.

Perguntei: "E se você pudesse aprender a tolerar sua própria ansiedade?".

Mario pareceu perplexo e me questionou: "Como assim?".

"Você está evitando sua ansiedade por meio do uso de medicamentos", eu disse. Expliquei que ele poderia fazer os exercícios que descrevi neste livro para conseguir tolerar melhor a ansiedade. Também o coloquei em contato com um psiquiatra, coberto pelo plano de saúde dele, para ajudá-lo a entender qual medicamento deveria tomar, e em que dose, considerando seu nível de tolerância.

O psiquiatra de Mario identificou que ele estava "preso" demais ao Rivotril para mudar completamente para uma classe diferente de medicamento. Assim, prescreveu Valium (outro benzodiazepínico), mas não conforme necessário. Mario tomava uma dose todas as noites antes de dormir, outra ao acordar e mais uma às três horas para passar a tarde. Ao longo de aproximadamente um mês, a dose da tarde foi eliminada e, por fim, a da manhã foi reduzida pela metade.

Juntamente com essas mudanças, Mario trabalhou com um de meus clínicos na terapia de exposição. Identificou situações que o deixavam desconfortável e maneiras de aumentar sua tolerância à tontura, e pôs as mãos na massa! Por exemplo, Mario sentava-se em uma cadeira giratória e girava dez ou quinze vezes, até sentir-se *muito* tonto. Também fizemos com que ele respirasse por um canudo estreito para simular a sensação de falta de ar. Ele se sentia muito desconfortável ao fazer esses exercícios, mas não era nada perigoso. Com o tempo, Mario conseguiu aumentar a respiração pelo canudo de dez segundos para vinte segundos, depois para um minuto e, finalmente, dois minutos.

Dois meses depois, Mario parecia uma nova pessoa. Estava usando apenas meia dose de Valium à noite para dormir, e sua tolerância à ansiedade havia aumentado muito. Ele ainda tinha algum trabalho a fazer, mas estava no caminho certo, realmente transcendendo a ansiedade em vez de deixá-la dominar sua vida.

FERRAMENTA 3: ENFRENTANDO A ANSIEDADE

A ansiedade é assustadora, mas — desde que a enfrentemos e não deixemos que domine nossa vida — não é mais poderosa do que nós. Enfrentar a ansiedade requer a ativação da força e da coragem que temos dentro de nós. Além disso, quando encaramos a ansiedade, nós a usamos para o bem, mostrando a nossa mente que temos profundos reservatórios internos de força. O passo mais concreto que podemos dar para isso é simples: *começar a enfrentar as ansiedades!*

Considere apenas uma ansiedade que você poderia começar a enfrentar neste momento de sua vida. Pergunte a si mesmo: "O que estou evitando por causa da ansiedade? Há alguma situação da qual eu me afastei (evitação comportamental)?" "Eu me impeço de pensar em certas coisas (evitação cognitiva)?" Aqui estão alguns medos comuns e várias formas de evitação que as pessoas tendem a adotar.

Ansiedade	Evitação
Aranhas	Ir acampar
Avião	Aviões, aeroportos, vídeos de voos
Timidez	Falar na aula, conhecer pessoas novas, festas
Pânico (por exemplo, palpitações cardíacas)	Fazer exercícios, fazer sexo
Transtorno de estresse pós-traumático (por exemplo, acidentes)	Dirigir, reportagens ou vídeos sobre acidentes, filmes de guerra
TOC (por exemplo, medo de contaminação)	Banheiros públicos, apertar mãos
Agorafobia	Sair de casa, situações em que você possa entrar em pânico
Médica ou dentária	Consultas com médicos ou dentistas
Falar em público	Reuniões no escritório, congressos, seminários
Financeira	Fazer orçamento, olhar o extrato do cartão de crédito

- Escolha uma ansiedade da lista (ou outra, se for mais relevante) e identifique como você a evita.

- Agora, visualize-se cara a cara com sua ansiedade eliminando, ou diminuindo, a evitação. Tire um momento para ver como seria transcender sua ansiedade, em certo grau.

- Aí, quando estiver pronto, dê um passo à frente. Enfrente seu medo. Permita-se sentir ansioso! E curta o processo difícil, mas maravilhoso, de reinicializar seu pensamento e transcender sua ansiedade.

PARTE 2

MELHORANDO A CONEXÃO COM OS OUTROS

PARTE 2

4

CONHECENDO OS OUTROS

*A ansiedade pode nos ajudar a estar
sintonizados com as emoções alheias*

Na parte 1 (capítulos 1-3), focamos como a ansiedade pode enriquecer nosso relacionamento com nós mesmos, aprimorando nosso autoconhecimento e autocompaixão, e oferecendo oportunidades para transcender os limites que achamos ter. Na parte 2 (capítulos 4-6), mudarei de marcha e descreverei como a ansiedade pode promover maior proximidade e conexão com outras pessoas.

A base de todos os relacionamentos (com nós mesmos, com os outros e com a espiritualidade) é conhecimento e conscientização. Por isso, este capítulo se concentra em ilustrar *como a ansiedade pode nos ajudar a prosperar, melhorando nossa consciência e capacidade de reagir às tendências e estados emocionais dos outros*. A consciência emocional pode parecer um processo intuitivo, inconsciente e incontrolável — algo com que nascemos ou não. Mas a ciência da mente revelou que estar ciente dos sentimentos alheios, bem como compreendê-los e gerenciá-los, envolve habilidades claras que quase qualquer um pode aprender. Essas habilidades — essenciais para forjar e manter relacionamentos íntimos com outras pessoas — podem ser *bastante* aprimoradas por nossa própria experiência de ansiedade. Este capítulo lhe mostrará como.

APRENDENDO COM NOSSA PRÓPRIA ANSIEDADE

Curt me procurou pela primeira vez quando tinha dezenove anos, porque seus pais estavam preocupados com o fato de ele não ir tão bem na faculdade quanto esperavam. Descobri que Curt era surpreendentemente bem ajustado e agradável. Sim, ele estava mais interessado em socializar com os amigos do que em se dedicar aos cursos avançados de administração que a família queria que ele fizesse como preparação para um cargo na empresa imobiliária familiar. Mas ele era feliz e não era malsucedido de forma significativa. Na verdade, eu achava que o principal problema com o qual Curt precisava de ajuda eram as expectativas excessivas e pouco saudáveis de sua família.

Após algumas sessões, os pais de Curt perderam o interesse em pagar pela terapia, pois discordavam da minha avaliação de que ele estava indo muito bem. Voltei a ter notícias de Curt quando estava na casa dos trinta anos. Nessa época, ele já era financeiramente independente e podia pagar a terapia por conta própria. Mas continuava sendo pressionado a ser mais agressivo e produtivo em seu trabalho na imobiliária da família.

O ponto crucial do problema parecia ser que, enquanto os irmãos de Curt realizavam negócios lucrativos com frequência, ele não se sentia tão motivado a ser produtivo como eles, já que não era tão bom em jogar duro durante as negociações nem era muito bem-sucedido em fechar negócios. Por outro lado, Curt tinha uma habilidade altamente valiosa, embora um tanto intangível: ele conseguia manter a família unida e nos eixos. Curt era quem acalmava as coisas quando as tensões e os ânimos começavam a sair do controle — em alguns casos, ameaçando destruir toda a empresa. Ele também era o principal motivo de os funcionários estarem felizes. Enquanto os irmãos viviam irritando as pessoas por se concentrarem quase que exclusivamente no resultado final e no crescimento dos negócios, Curt entendia de forma genuína o que cada funcionário precisava para permanecer na equipe. Ele era, em essência, o chefe de recursos humanos, embora esse não fosse seu cargo ou suas atribuições. Curt também era muito mais ligado à própria família. Seu casamento era maravilhoso, seus filhos o adoravam e ele era amado por praticamente todos. Era um ser humano generoso, gentil e sensível.

Qual era o segredo de Curt? Por ser uma criança ansiosa que teve dificuldades na escola e sofreu muitas provocações, ele aprendeu desde cedo a ter empatia por outras pessoas que lutam para se encaixar. O sentimento de ser uma decepção para os pais quando adolescente, e agora como adulto, também foi uma *fonte de prosperidade* para ele. Ele compreendia visceralmente como é fundamental para as crianças — *todas as crianças, de qualquer idade* — serem a menina dos olhos dos pais. Curt também sabia muito bem que todo mundo tem seus pontos fortes e fracos, e que o sucesso acadêmico ou profissional não é o fator determinante de uma vida feliz. Essa perspectiva ampla sobre o sucesso permitiu que Curt visse o lado bom das pessoas, o que o ajudou a criar valiosas conexões interpessoais. Acima de tudo, porém, ficou apto a canalizar sua dor interior e sua luta emocional para identificar e prestar atenção aos desafios alheios.

Curt se sentia desvalorizado pela família porque os pais e irmãos o comparavam com o padrão singular do sucesso monetário. Esse foi um assunto importante em nossas sessões. Incentivei-o a reconhecer que ele era bem-sucedido naquilo que lhe interessava *de verdade* na vida: relacionar-se com outras pessoas e encontrar maneiras de animá-las. É claro que continuava sendo doloroso para Curt o fato de os pais e irmãos não valorizarem sua grande capacidade de ter empatia e se conectar com os outros. Mas, com o tempo, sentiu um peso ser retirado das costas e gratidão por seu dom de ser sensível aos outros.

Curt também reconheceu que suas forças são erroneamente vistas por muita gente como fraqueza. Na cultura de hoje, tendemos a pôr produtividade acima de relacionamentos. Somos obcecados por ter sucesso! Reagimos de imediato a mensagens de trabalho, sacrificamos o amor por oportunidades de carreira e perseguimos o dinheiro à custa da conexão. Não são apenas maus hábitos; viraram valores sociais. Subestimamos, portanto, e muitas vezes esquecemos, a grande importância de simplesmente parar e discernir como os outros estão se sentindo: mergulhando na experiência emocional deles, vendo suas sensações físicas, ações e emoções, para podermos nos conectar no plano emocional.

O mito do colapso da compaixão

Muitos acreditam que quem sofreu adversidades se embrutece e fica menos aberto aos outros, mas a psicologia sugere o contrário. Um estudo de 2019 da Universidade Northeastern[1] sustenta a conclusão oposta, ou seja, que a maioria das pessoas que enfrentaram adversidades significativas *não* experimenta o "colapso da compaixão", que resulta em se fechar quando continuamente confrontado com o sofrimento dos outros.[2] Pelo contrário: pessoas com histórico de adversidade ou trauma, sugere o estudo, geralmente sentem *mais* compaixão pelos outros.

Em minha clínica, as pessoas mais compassivas que já conheci passaram por dificuldades sérias na vida. Eu diria até que os meus pacientes que enfrentaram adversidades significativas estão entre as pessoas mais atenciosas e compassivas que conheço. *Ter tido ansiedade, depressão ou outros problemas de saúde mental pode nos preparar para estarmos mais conscientes dos sentimentos das outras pessoas.*

Um dos melhores exemplos dessa jornada é Marsha Linehan, uma renomada psicóloga que desenvolveu a terapia comportamental dialética (TCD). Esse tratamento do transtorno de personalidade limítrofe (TPL) e de outras condições mentais sérias e complexas, incluindo automutilação grave e suicídio, é extremamente eficaz;

vários testes em diversos centros de pesquisa independentes concluíram que suas abordagens literalmente salvam a vida de indivíduos com TPL.[3] As inovações inestimáveis de Linehan em psicoterapia nasceram de seu próprio histórico psiquiátrico. Aos dezessete anos, ela teve um grave comportamento suicida, foi internada em um hospital psiquiátrico, diagnosticada erroneamente com esquizofrenia, e lhe foram prescritos medicamentos extremamente sedativos e terapia eletroconvulsiva de alta voltagem, que foi administrada de forma punitiva em resposta à sua súplica desesperada por alívio. Linehan se desesperou tão profundamente no contexto de seu tratamento desumano que orou por ajuda divina. "Eu estava no inferno", disse ela mais tarde a um repórter. "E fiz um juramento: quando eu sair, vou voltar e tirar outras pessoas daqui."[4]

Com base em sua própria experiência horrível, Linehan passou a reconhecer dois conceitos aparentemente opostos: (1) aceitar a vida como ela é, não como deveria ser; e (2) a mudança é necessária para o crescimento e a felicidade. O "dialeto" trocado entre esses dois conceitos é o princípio fundamental por trás da TCD. Considero a história de Linehan tão inspiradora em parte porque é o mesmo princípio que orienta meu próprio trabalho: quando aceitamos nossa ansiedade e paramos de lutar, fica mais fácil, e não mais difícil, mudar, já que somos mais capazes de regular nossas emoções e nos conectar com os outros (e com o espiritual). O ponto principal aqui, no entanto, é que Linehan provavelmente não teria desenvolvido uma terapia se não tivesse enfrentado a própria angústia.

Pessoas com ansiedade intensa geralmente aprendem habilidades interpessoais valiosas por causa de sua ansiedade — não apesar dela. É significativo o fato de que muitos de meus pacientes se tornaram profissionais de saúde mental depois de se reconciliarem com suas emoções. *É infinitamente mais fácil se relacionar com os outros quando você mesmo passou por uma situação de angústia.*

A *ansiedade pode aumentar nossa consciência dos sentimentos alheios*

Como a ansiedade nos ajuda a conhecer e entender a angústia dos outros? Uma das principais maneiras é que nosso próprio sofrimento pode aumentar nossa compaixão pelos outros. Observei isso especialmente no trabalho que realizei com pacientes que sofriam de transtorno de ansiedade social. Uma atitude hipervigilante pode atrapalhar a felicidade e também dificultar a conexão com os outros, pois é provável que pensemos demais e filtremos muito de quem somos durante as interações sociais. Entretanto, as pessoas com ansiedade social tendem a ser *extraordinariamente* conscientes dos pensamentos e sentimentos alheios, porque o cerne do transtorno é um medo excessivo das avaliações negativas e das emoções aflitivas dos outros.[5] Por outro lado, aqueles que poderíamos chamar de "a alma da festa" geralmente são alheios aos sentimentos dos outros. De certa forma, a maior consciência socioemocional das pessoas com ansiedade social é uma dádiva.

Para um de meus pacientes, ficou particularmente claro que a mesma ansiedade social que era sua maior fraqueza também era uma grande força *quando canalizada corretamente* — uma força que o ajudava a ser mais consciente e receptivo às pessoas em sua vida. Alan estava se sentindo preso em seu emprego porque havia sido preterido várias vezes para uma promoção. Ao explorarmos sua situação, descobrimos que Alan era tímido e excessivamente sintonizado com a forma como as pessoas reagiam a ele. Como resultado, ele era discreto e modesto demais, por se preocupar com o que os outros estavam pensando e sentindo. Eu disse a Alan que essa aparente fraqueza também era um ponto forte. Seu casamento de 35 anos era forte porque ele era uma pessoa muitíssimo atenciosa. Estava em sintonia com as necessidades, emoções, percepções, entonações vocais e expressões faciais de sua esposa. Por esse motivo, aos olhos dela e de muitas mulheres, ele era o marido ideal. É claro que, em nosso trabalho em conjunto, Alan precisou empregar as estratégias que aprendemos na parte 1, especialmente no capítulo 3 ("Transcendendo a nós mesmos") — mas, quando se tratava de entender os outros, a ansiedade dele foi um tremendo presente.

Muitas das relações atuais são, na melhor das hipóteses, frágeis. As pessoas estão mais propensas do que nunca a se divorciar, a terminar um relacionamento de qualquer duração por causa de pequenos desentendimentos, a largar os amigos, a "desamigar" ou deixar de seguir as pessoas nas redes sociais ou a dar *ghosting* nelas — desaparecendo sem aviso nem explicação. Esses comportamentos geralmente ocorrem na ausência de compaixão, consciência socioemocional e empatia pelos sentimentos dos outros. É uma pena. *Quem dera pudéssemos ver que os altos níveis de ansiedade que muitos de nós sentimos atualmente podem ser um catalisador para a conexão.* A ansiedade pode nos ajudar a ter mais consciência das complexidades e das dificuldades alheias. A prestar atenção nos sentimentos e nas experiências das outras pessoas. Quando usamos nossa própria angústia como um termômetro para avaliar e entender os sentimentos dos outros, podemos melhorar nossas conexões e nosso amor. Isso é mais verdadeiro do que nunca em relacionamentos românticos; certa dose de ansiedade pode ser especialmente atraente. Foi o caso de Alan, que usou suas experiências para prestar atenção aos estados emocionais e aos sinais não verbais da esposa, em vez de ficar alheio a tudo e se concentrar apenas em seus próprios desejos e necessidades.

O valor de observar as pessoas

O principal objetivo deste capítulo é mostrar como a observação e o reconhecimento de sua própria ansiedade podem torná-lo mais sensível às emoções dos outros. Estamos aprendendo que nossa capacidade de envolvimento emocional interpessoal pode ser *aprimorada* pela ansiedade de maneiras contraintuitivas. Para enfatizar esse ponto, mostrarei como isso pode ajudar a gerenciar nossos próprios níveis de ansiedade.

Anos atrás, aprendi com meus mentores religiosos um conceito simples e surpreendente: *você pode reduzir sua ansiedade saindo de si mesmo, percebendo as necessidades dos outros e respondendo a elas.* Esse princípio é reconhecido há muito tempo em muitas tradições espirituais, inclusive na minha. As religiões orientais nos ensinam que ser mais compassivo com os outros nos ajuda a nos sentirmos melhor em relação a nós mesmos. Os sentimentos de solidão e alienação decorrem, em grande parte, de nos esforçarmos tanto para satisfazer nosso próprio ego que acabamos nos apartando de todos os outros. Talvez por essa razão, muitas comunidades religiosas ajudem de alguma forma pessoas com necessidades médicas, e contribuam com alimentos e roupas. Isso pode ser baseado em princípios espirituais, mas também se entende que atender às necessidades alheias é uma forma potente de lidar com nossas próprias ansiedades e insatisfações.

A comunidade científica não estudou essa relação com muita profundidade, mas, quando estudou, os resultados foram impressionantes. Até mesmo o simples fato de *testemunhar* atividades gentis e atenciosas realizadas por outras pessoas promove emoções positivas e reduz o estresse.[6] Em um experimento de psicologia clínico-social realizado por mim há alguns anos, pedi a uma dúzia de pacientes com ansiedade especialmente intensa que viessem ao meu consultório em Nova York, onde expliquei meu plano. Sairíamos sem nenhum outro objetivo além de observar as pessoas nas ruas de Manhattan. Ficaríamos "observando as pessoas" por uma hora, com a intenção de identificar as emoções dos outros e tentar supor do que eles poderiam precisar.

Foi em um fim de tarde e havia centenas de pessoas circulando pelas ruas: vendedores de cachorro-quente e trabalhadores da construção civil; mães e pais com crianças a tiracolo enquanto faziam compras; pessoas entrando e saindo de consultórios médicos, hotéis e transporte público. Eram pessoas de todas as idades, de diversas identidades raciais e étnicas e de todas as classes sociais, desde aquelas que andavam de limusine até os sem-teto. Nosso objetivo *não era* interagir com as pessoas nem mesmo atender às suas necessidades de forma substancial, mas simplesmente observar o que fosse possível sobre os sentimentos desses estranhos e o que poderia melhorar a vida deles.

Depois de observar por uma hora, nos reunimos novamente em meu consultório e passamos a hora seguinte discutindo nossas experiências. Havia uma sensação palpável de empolgação na sala. Todos estavam muito felizes por terem passado uma hora inteira fora de sua própria cabeça cheia de ansiedade e dando toda a sua atenção a perceber as necessidades dos outros. Curiosamente, *descobri que nosso grupo de pacientes com ansiedade era particularmente hábil em identificar as necessidades alheias.* Eles notaram os mínimos detalhes, como a careta no rosto do vendedor de cachorro-quente porque estava frio e ele parecia não ter vendido muitos lanches, ou uma criança sorrindo alegremente porque estava segurando a mão da mãe. Não notaram apenas *um sem-teto*; viram que ele estava sem sapato em um pé e tinha um buraco no braço esquerdo da jaqueta. Ressaltei que quanto mais detalhada for nossa percepção das outras pessoas, mais sintonizados estaremos com suas experiências. Também observei que termos nossa própria ansiedade pode ser um catalisador para percebermos as dificuldades — e a felicidade — alheias.

Na semana seguinte, fomos mais longe. Além de observar as pessoas, pedi aos meus pacientes que interagissem com elas, suprindo as necessidades percebidas de *qualquer forma* que se sentissem impelidos. Se alguém estava saindo de uma loja com um pacote nos braços, um de nós abria a porta. Quando uma paciente notava alguém que parecia chateado, se esforçava para chamar a atenção da pessoa e dar um grande sorriso. Um membro do grupo até comprou um cachorro-quente, não porque estivesse com fome, apenas para levantar o ânimo de um vendedor. Esses atos podem não parecer grande coisa, mas, quando nos reunimos novamente em meu consultório, a empolgação e a felicidade eram ainda mais palpáveis do que na semana anterior. Meus pacientes perceberam que sua própria ansiedade poderia melhorar a conexão com os outros — usando seus desafios emocionais como um parâmetro para medir, compreender e atender aos sentimentos das pessoas. Se, de outra forma, eles teriam simplesmente passado reto por esses estranhos, agora conseguiam desenvolver um relacionamento com eles, mesmo que breve.

Um amigo meu que morou no centro de Manhattan por muitos anos me contou uma vez sobre sua própria experiência de ficar cara a cara com sem-tetos que frequentemente pediam esmolas de forma agressiva. Às vezes, ele lhes dava alguns trocados, o que o fazia se sentir bem por um minuto. Outras vezes, passava correndo e racionalizava sua culpa dizendo que eles provavelmente só usariam o dinheiro para comprar bebida ou drogas. Então, um dia, frustrado com essas opções limitadas, ele parou para realmente falar com um pedinte. Em vez de entregar dinheiro, ele o olhou nos olhos e perguntou: "Como está sendo sua manhã?".

O homem ficou surpreso e todo o seu comportamento mudou. "Você é a primeira pessoa que falou comigo essa semana toda!", exclamou ele. "Não estou muito bem, mas obrigado por perguntar."

Eles estavam em frente a uma lanchonete e, após uma breve conversa, meu amigo o convidou para dividir um hambúrguer com batata frita. Enquanto comiam, o homem falou sobre os perigos de morar em um abrigo e disse que a parte mais difícil de mendigar na rua era a sensação de isolamento total.

Meu amigo compartilhou comigo que *seus próprios sentimentos de solidão naquela época da vida facilitaram o início da conversa*. Ele também contou que, a partir dessa experiência, nunca mais olhou para um sem-teto da mesma forma. Quanto aos meus pacientes ansiosos, já se passaram muitos anos (mais de uma década) desde que participamos daquele experimento clínico-social e, até hoje, ainda recebo e-mails de tempos em tempos dizendo que aquelas duas horas foram algumas das mais memoráveis e impactantes que passamos juntos.

TEORIA DO APEGO

As interações que descrevi podem parecer superficiais. Encontros breves com estranhos ou sentar-se para comer com um desconhecido não resolverão os principais problemas sociais ou econômicos do mundo. Mas compreender os mecanismos por trás dos relacionamentos interpessoais tem um potencial inestimável — para nós mesmos e para o mundo. Mais uma vez, precisamos começar a prestar mais atenção ao que está acontecendo.

Hoje pode parecer surpreendente que tenha sido somente em meados do século xx que os psicólogos identificaram como o relacionamento das crianças pequenas com seus principais cuidadores é fundamental para a saúde mental. O psicólogo britânico John Bowlby foi o primeiro a desenvolver a *teoria do apego*, que descrevia a importância fundamental da "conexão psicológica duradoura entre os seres humanos".[7] Sua teoria começou a tomar forma na década de 1930, quando Bowlby tratava de crianças com distúrbios emocionais em uma clínica de Londres e concluiu que a separação precoce dos bebês da mãe muitas vezes levava à incapacidade contínua de manter relacionamentos bons e lidar com dificuldades e estresses. Nos vinte anos seguintes, Bowlby continuou a estudar e a escrever sobre a importância do apego humano.[8]

Naquela época, o padrão de atendimento médico no Reino Unido era notavelmente insensível em relação às normas atuais. As crianças que recebiam cuidados médicos, mesmo que transitórios, eram deixadas no hospital e ficavam lá por uma semana ou mais. *Os pais não tinham permissão para entrar no hospital e eram instruídos a buscar os filhos após o término do tratamento.* O "atendimento" médico era estéril, impessoal e não era caloroso nem atencioso. Os hospitais estavam mais preocupados em minimizar a disseminação de doenças do que em oferecer às crianças qualquer carinho de que necessitassem. Bowlby observou que as crianças que recebiam tratamento se desenvolviam mal, não por falta de avanços médicos, mas simplesmente porque não tinham interação pessoal contínua, atenção responsiva e conexão emocional.

Mães de pano

O trabalho de Bowlby teve um impacto importante no mundo da psicologia. A teoria do apego motivou o psicólogo americano Harry Harlow a realizar uma série de estudos clássicos sobre mães primatas e filhotes. Harlow investigou o vínculo mãe-filhote separando jovens macacos-rhesus da mãe logo após o nascimento. Alguns dos filhotes foram dados a uma "mãe" substituta que distribuía leite, mas era feita inteiramente de arame. Outros filhotes, a uma mãe de pano que não distribuía leite. Harlow descobriu que os macacos criados por mães de arame tiveram resultados terrivelmente negativos, incluindo distúrbios psicológicos graves e até mesmo a morte.[9] Em experimentos posteriores, Harlow descobriu algo ainda mais fascinante: quando os filhotes de macacos-rhesus podiam escolher entre uma mãe de pano (que não fornecia leite) ou uma mãe de arame (que fornecia leite), *eles escolhiam a mãe de pano e se agarravam a "ela" para obter conforto*.[10] Juntos, esses estudos produziram evidências empíricas inovadoras sobre a importância seminal do apego entre pais e filhos e o valor do toque materno no desenvolvimento do bebê.[11]

Apego na idade adulta

Nas últimas duas décadas, surgiram inúmeras pesquisas que sugerem que as necessidades de apego persistem durante toda a vida adulta.[12] Essa pesquisa é tão forte que tem base na neurobiologia.[13] O desenvolvimento de estruturas sinápticas nas principais regiões do córtex cerebral implicadas na memória de longo prazo depende de nossa conexão com os outros. O neuropeptídeo ocitocina, conhecido por aliviar a ansiedade e a depressão, é produzido e liberado pelo hipotálamo em resposta a sentimentos de "amor". E o neurotransmissor-hormônio dopamina, que regula a motivação e o prazer, também está intrinsecamente ligado aos nossos relacionamentos. Em suma, os seres humanos são animais sociais programados para a conexão e a intimidade.

Por essas razões, relacionar-se intimamente com outras pessoas não é bom apenas para o nosso bem-estar emocional; nossa saúde física depende disso.[14] Agora está bem claro na literatura que o apego tem uma imensa influência na saúde física, diminuindo, inclusive, os níveis de inflamação, cortisol e o risco cardiometabólico ao longo da vida. As pessoas que têm um vínculo seguro com um parceiro próximo em quem podem confiar para obter apoio conseguem gerenciar melhor suas emoções negativas, e essa regulação serve como um amortecedor de estresse que minimiza o "desgaste" do corpo.[15] É o caso especialmente de pessoas com doenças crônicas, como asma ou outras condições pulmonares, colite ulcerativa ou doença de Crohn, artrite e outras doenças inflamatórias reumatoides. *O amor é um remédio.*

Um de meus pacientes, um homem bem-sucedido na faixa dos sessenta anos que luta contra a obesidade e o diabetes, é um verdadeiro estudo de caso nessa área. Ao longo de três anos, ele foi hospitalizado em cinco ocasiões por causa de pressão alta, neuropatia, disfunção renal e complicações vasculares que afetaram sua visão e mobilidade. Notavelmente, cada uma de suas internações foi precedida por uma briga importante com a esposa. Além do mais, quando as discussões matrimoniais eram resolvidas (em terapia e fora), sua saúde melhorava a ponto de ele conseguir se virar dia a dia fora de um hospital.

Falei antes que nossos relacionamentos com os outros podem ser aprimorados pela ansiedade. Quando usamos nosso próprio estresse para reconhecer os sentimentos alheios e ter compaixão por eles, isso melhora nossas conexões interpessoais. Como resultado, nossa saúde emocional e física pode ser muitíssimo beneficiada.

APRENDER A TER CONSCIÊNCIA EMOCIONAL DOS OUTROS

Na última década, surgiu uma nova abordagem clínica, conhecida como *tratamento baseado na mentalização* (TBM).[16] Essa forma de psicoterapia foi criada no Reino Unido pelo psiquiatra Anthony

Bateman e pelo psicólogo Peter Fonagy. No centro da TBM, está o conceito de *mentalização*, que é o processo de estar atento aos estados mentais daqueles com quem estamos interagindo. A TBM ensina os pacientes a "mentalizar" — a se tornarem mais conscientes dos pensamentos e sentimentos dos outros — como forma de cultivar sua empatia, o que, em última análise, leva a um vínculo mais seguro e a relacionamentos melhores. Vários ensaios clínicos randomizados e controlados de TBM descobriram que o simples ato de aprender a estar consciente e atento aos pensamentos e emoções alheios tem efeitos clínicos significativos, mesmo em pacientes com sintomas complexos e graves.[17]

Se você teve a sorte de ter pais e cuidadores que se envolveram no processo de mentalização com você enquanto crescia — alimentando-o, trocando-o e confortando-o, mas também *ajudando-o a superar a tristeza e a frustração prestando muita atenção aos seus estados emocionais inconstantes* —, considere-se abençoado. De qualquer forma, a literatura sobre mentalização sugere que tornar-se mais consciente das emoções dos outros é uma habilidade que qualquer pessoa pode aprender.

Um ponto de partida é estar ciente do "princípio 90/10" de Stephen Covey.[18] Essa ideia simples, mas profunda, afirma essencialmente que até 90% das experiências emocionais humanas são baseadas no que aconteceu no passado e apenas 10% no que está acontecendo aqui e agora. Esse conceito é algo que as pessoas com ansiedade podem entender facilmente. Como vimos no capítulo 2, o que está acontecendo no momento é apenas o gatilho, e a maneira como você *pensa* sobre isso é o que efetivamente molda seu estado emocional. Portanto, a maneira como uma pessoa se sente *quase nunca* é totalmente derivada de sua circunstância atual. Se você mesmo tem ansiedade, é mais provável que *entenda* que alguém pode entrar em um aeroporto em um dia perfeitamente calmo e ensolarado e, ainda assim, se sentir aterrorizado com a ideia de entrar em um avião.

Qual é o seu nível de consciência emocional?

A mentalização dos estados emocionais dos outros requer consciência emocional. Há mais de trinta anos, foi desenvolvida uma avaliação de autorrelato dessa habilidade chamada Escala de Níveis de Consciência Emocional (LEAS, na sigla em inglês). A escala mede, de forma confiável, quatro níveis de consciência emocional, e as evidências sugerem que essa consciência nos ajuda a autorregular nossas emoções, a navegar em situações sociais complexas e a desfrutar mais plenamente dos relacionamentos.[19] Embora a escala seja normalmente usada por clínicos e pesquisadores para avaliar pacientes e indivíduos em pesquisa, não precisamos nos aprofundar tanto aqui. Você pode simplesmente aplicar os quatro níveis básicos da maneira que mostrarei a seguir. Os níveis de consciência emocional em progressão são os seguintes:

1. **Consciência das sensações físicas dos outros.** Isso envolve estar sintonizado com as sensações de dor, prazer, calor, frio, energia, fadiga, dores e afins dos outros. Embora nem todas as sensações físicas representem emoções, todas as emoções têm algumas sensações físicas associadas. Portanto, estar ciente das manifestações físicas das emoções é o primeiro passo para a sintonia emocional.

2. **Consciência das tendências de ação (comportamentos) dos outros.** Isso requer o cultivo da consciência dos comportamentos expressivos ou instrumentais associados a vários estados emocionais. Por exemplo, como discutimos no capítulo 3, a ansiedade e o medo envolvem o desejo de fugir, evitar e escapar. A tristeza geralmente está associada a esconder-se, distanciar-se socialmente, retrair-se e dormir demais. A raiva tende a ser associada a uma propensão a lutar ou atacar. Com relação às emoções positivas, a felicidade, a alegria e o contentamento são representados por sorrisos, maior envolvimento e energia.

3. **Consciência das emoções (individuais) dos outros.** Nessa etapa crítica do processo de desenvolvimento da consciência emocional,

passamos da consciência das manifestações físicas (sensações e comportamentos) para a percepção das emoções subjacentes a elas. Conforme descrito antes, isso requer certo equilíbrio entre observação atenta e intuição. Mais importante é que, na prática, é necessário recorrer às nossas próprias experiências emocionais para entender os sentimentos que os outros estão tendo em um determinado momento.

4. **Consciência das (misturas de) emoções complexas dos outros.** Isso é semelhante ao nível três, mas envolve o reconhecimento de que as *emoções geralmente são confusas, não lineares, não lógicas e até mesmo contraditórias ou conflitantes.* Por exemplo, você pode se sentir ao mesmo tempo ansioso e animado ao enfrentar situações que o deixam nervoso — ansioso por causa da apreensão, mas animado porque está no processo de superar a ansiedade. É até possível sentir-se triste e feliz simultaneamente. Por exemplo, uma pessoa pode estar de luto por uma perda dolorosa e, ao mesmo tempo, feliz por suas emoções parecerem adequadas às circunstâncias.

Aprendendo a mentalizar

A mentalização foi desenvolvida como uma ferramenta para pacientes de psicoterapia em sofrimento, mas todos os seres humanos podem se beneficiar dela, independentemente de sua posição no espectro clínico (se estão desabrochando, murchando, perturbados ou gravemente perturbados).

Em conjunto com os quatro níveis de consciência emocional, a primeira etapa do processo de mentalização é tornar-se mais consciente das sensações físicas dos outros. Muitas vezes, estamos tão ansiosos para *ir direto ao ponto* em uma conversa que não paramos para avaliar o bem-estar físico ou emocional da pessoa com quem estamos falando. Ao iniciar uma conversa com alguém, você percebe se esse alguém parece cansado ou com frio ou se está suando por causa do calor? Consegue perceber quando a pessoa está sentindo desconforto físico ou dor? Se você a vê engolindo em seco um pouco mais, reconhece que isso pode indicar que ela está com sede? O simples fato de perceber esses aspectos dos outros é um passo para a mentalização.

A segunda coisa em que você deve se concentrar é o comportamento das pessoas. Você observa suas expressões faciais e linguagem corporal? Percebe quando elas parecem distraídas, inquietas ou excessivamente concentradas no celular? Diz-se que até 90% da comunicação humana é não verbal.[20] Independentemente de isso ser verdade, você pode aprender muito sobre as preferências, desejos, necessidades e sentimentos alheios observando o que os outros fazem. A observação comportamental é tão importante na prática clínica que a maioria dos terapeutas é treinada para registrar sistematicamente cada coisa que seus pacientes fazem. Entre os fatores, podem estar a aparência física, incluindo o asseio; a facilidade de estabelecer e manter um relacionamento; a velocidade, o tom, o volume e o ritmo da fala; o nível de atenção sustentada e a quantidade de redirecionamento necessária; maneirismos, hábitos, movimentos, postura e muito mais. Para mentalizar, não é necessário avaliar formalmente esses aspectos do comportamento humano, mas é preciso estar ciente deles até certo ponto.

O terceiro e o quarto aspectos principais da mentalização envolvem a identificação das emoções (simples e complexas) das pessoas. Elas podem incluir *emoções primárias*[21] que ocorrem direta e espontaneamente por causa de algum estímulo externo. Por exemplo, você pode perceber quando alguém sente alegria com boas notícias ou eventos, tristeza em momentos de perda, medo quando é ameaçado, nojo em reação a algo repugnante ou surpresa quando acontece algo inesperado. Ou pode incluir *emoções secundárias*, que envolvem sentimentos que temos em reação aos nossos sentimentos — como a raiva,[22] que geralmente é um resultado do medo, ou a vergonha que pode ocorrer após a ansiedade ou a tristeza. Para complicar ainda mais a situação, as emoções costumam flutuar muito e podem até mesmo se contradizer: uma pessoa pode sentir felicidade em determinado momento, por ter entrado na melhor faculdade de sua escolha e, alguns segundos depois, sentir culpa, vergonha ou tristeza ao saber que seu melhor amigo não entrou.

Nesse sentido, a mentalização é tanto uma arte quanto uma ciência. É também uma habilidade que tendemos a ignorar. No entanto, ela é inestimável para a comunicação, seja em ambientes sociais ou até mesmo nos negócios. *É exatamente por isso que sua própria experiência de ansiedade pode ser uma grande bênção — ela pode aumentar sua capacidade de perceber e entender o estado mental de outras pessoas.*

UMA FACA DE DOIS GUMES

Aprendemos que, se você aproveitar o poder da sua ansiedade para sondar a vida dos outros, verá que seus próprios medos tendem a diminuir. Podemos prosperar com a ansiedade aprendendo a usar nossas próprias lutas para aprofundar nossa compreensão das lutas dos outros. Isso nos ajudará a evitar a catastrofização, evitará que sintamos vergonha e nos ajudará a ficarmos mais conectados com os outros e com o mundo.

No entanto, devo dizer: tome cuidado. Se você se concentrar *demais* nas ansiedades alheias e em como elas o perturbam, pode acabar encobrindo seus próprios problemas ou culpando os outros por sua angústia. Isso é especialmente verdadeiro no relacionamento dos pais com crianças pequenas que são vistas como excessivamente ansiosas.

Filhos — e pais — ansiosos

Uma mulher de trinta e poucos anos chamada Samantha me procurou para falar sobre alguns problemas que estava tendo com o filho de nove anos. Ela havia escrito uma lista longa e detalhada do que exatamente ele havia feito e quando, praticamente todos os dias nos últimos trinta dias. Registrara quando ele ia dormir e quando acordava; o que ele comia no café da manhã e no almoço; se ele ia à escola ou inventava desculpa para ficar em casa e jogar os videogames do irmão mais velho; o quanto ele usava o celular que ela lhe dera como medida de segurança. Por um lado, ela tinha plena consciência do filho e estava tentando ajudá-lo. Mas, por outro, não estava nem um pouco concentrada em seu relacionamento consigo mesma.

Eu já havia atendido Samantha antes por causa de sua ansiedade. Naquela ocasião, sugeri que ela aplicasse as estratégias que explorei no capítulo 1. Ela havia feito isso por algum tempo, mas interrompido, e agora estava em apuros. Como resultado, ela própria era um caos de ansiedade. Nesse sentido, Samantha estava *bem* mais empenhada em documentar o mau comportamento do filho do que em ajudar a reduzir seus níveis de estresse. Como resultado, Samantha estava infectando o filho com sua própria ansiedade e, quanto mais ansioso ele ficava, mais difícil era lidar com ele, o que estressava Samantha ainda mais. Ficou claro para mim que ela precisava dar um grande passo para trás e perceber que, em termos psicológicos, estava evitando lidar com sua própria ansiedade ao se concentrar no filho.

Nunca conheci uma criança ansiosa que não tivesse pelo menos um cuidador ansioso. E, quando os pais não lidam com sua própria ansiedade, geralmente apontam para o comportamento do filho. O sábio chinês Confúcio escreveu: "Quando você vir um homem bom, pense em imitá-lo. Quando vir um homem mau, examine seu próprio coração".[23] É uma maneira de dizer que, em vez de nos concentrarmos nas falhas que percebemos nos outros, devemos primeiro procurar essas mesmas falhas em nós mesmos.

Quando falei isso a Samantha e a incentivei a voltar a se concentrar em sua própria ansiedade, ela, a princípio, pareceu surpresa. Mas, como tínhamos um bom relacionamento, ela riu e reconheceu que "talvez estivesse um pouco tensa" quando observei que estava sempre olhando para o celular em seu colo. Samantha e eu trabalhamos por alguns meses em sua própria ansiedade — *sem falar sobre o filho*. O resultado? Não apenas o estresse dela se tornou menos problemático, mas a ansiedade do menino também melhorou drasticamente, sem que ele fizesse qualquer tipo de terapia.

Como isso aconteceu? Quando Samantha ficou mais calma, conseguiu ver além dos comportamentos irritantes e estressantes do filho e prestar mais atenção aos sentimentos dele. Em vez de se concentrar nas dificuldades de sua experiência como mãe, ela enxergou e valorizou a ansiedade do filho. Isso gerou compaixão — em vez de ressentimento — em relação ao menino, e ela começou espontaneamente a ajudá-lo a ir para a cama mais cedo, a melhorar sua dieta (sem bebidas com cafeína, menos açúcar), a praticar mais atividades físicas e a sair mais. Acima de tudo, ela se concentrou mais na comunicação com ele, o que significava passar menos tempo grudada no celular quando estavam juntos.

Na verdade, Samantha estava projetando sua ansiedade no filho, e ambos estavam ficando mal. A *projeção* é reconhecida na psicologia há algum tempo como um mecanismo de defesa comum pelo qual atribuímos a outra pessoa pensamentos e sentimentos que não conseguimos reconhecer como nossos. Em minha experiência, quando alguém está projetando seus sentimentos não reconhecidos em um familiar ou parceiro romântico, é difícil para essa pessoa reconhecer o padrão. No caso de Samantha, ela tinha problemas para reconhecer sua ansiedade porque estava se concentrando muito no filho. Por outro lado, quando reconheceu isso e lidou com sua própria ansiedade usando as estratégias que discutimos na parte 1, ela conseguiu prosperar ao ter empatia e ver os sentimentos do filho. Isso fortaleceu o vínculo entre os dois e, como resultado, ambos se beneficiaram de menos ansiedade.

Evite bloquear ou ignorar sua ansiedade

A ansiedade pode aumentar nossa capacidade de identificar as emoções dos outros à medida que seguimos as diretrizes dos capítulos 1 a 3. Se você optar por bloquear ou ignorar sua ansiedade, medicá-la de forma *reativa* no momento, temê-la, catastrofizá-la, julgar-se por ela ou permitir-se ficar preso na espiral da ansiedade, estará se privando de uma ótima ferramenta para se conectar com os outros.

Shandra, uma diretora de escola de ensino médio na casa dos quarenta anos, tinha um grande problema de ansiedade. Ela vinha de uma família em que tanto o pai quanto a irmã mais nova tinham uma ansiedade séria, com a qual todos tinham pavor de lidar, tanto que todos na família estavam em completa negação. Seu *modus operandi* era não reconhecer a existência de um problema. Como resultado, quando os alunos da escola de Shandra tinham ansiedade ou outros problemas de saúde mental, ela *sempre* pisava na bola. Shandra nem sequer via os problemas de saúde mental das crianças — só enxergava que eles eram um fardo. Ela os julgava e se assustava com seus comportamentos erráticos porque, inconscientemente, eles a lembravam de suas próprias dificuldades (e das de sua família).

Como você pode imaginar, na escola de Shandra, os problemas de saúde mental aumentaram exponencialmente tanto entre os alunos quanto entre os pais. A equipe de Shandra estava mais que ciente do problema e a detestava por isso. Eles notavam como ela não os apoiava quando surgiam problemas, e sua abordagem invariavelmente causava mais danos do que benefícios. No entanto, em vez de levantar a questão diretamente com ela, eles encobriam seus sentimentos, pois não tinham autonomia para se expressar. Inclusive temiam a retaliação dela.

Como resultado, o estresse e a ansiedade eram tão altos entre os funcionários que eles estavam se demitindo, o que deixava Shandra ainda mais estressada e ansiosa, piorando a situação a cada dia. Recebi inúmeros pacientes da escola dela, e o único conselho que pude dar a eles foi evitar Shandra ou evitá-la até que ela se demitisse. Se eu tivesse que descrever a condição de Shandra de forma breve, diria que ela carece completamente de *sintonia emocional*.

SINTONIA EMOCIONAL

Quem são seus amigos mais próximos? Quem são os familiares com quem você quer conviver? Quem foram seus professores favoritos na infância? Se você tiver a sorte de ter um mentor, quais são as qualidades dele quando se trata de perceber seus sentimentos?

Todas as pessoas pelas quais você se sente mais atraído provavelmente *valorizam suas emoções, entendem como você se sente e reagem a essas emoções de forma adequada e (relativamente) consistente*. Também é provável que elas tenham suas próprias experiências de vida, que usam como barômetro para entender seu cenário emocional e atender às suas necessidades. Simplificando: os relacionamentos mais próximos que temos em geral são com pessoas que estão *emocionalmente sintonizadas*.[24] *Sintonia* significa ser "receptivo ou consciente"; mas o significado mais profundo da palavra é "estar em harmonia" ou "colocar em harmonia".[25] De fato, há algo inerentemente harmonioso quando nos sentimos compreendidos e cuidados emocionalmente por outras pessoas.

A ciência por trás da teoria do apego esclareceu que, se quiser estar entre os aliados mais confiáveis de seus amigos e familiares, você precisa dominar sua própria capacidade de não apenas entender, mas também *ter empatia e reagir* aos sentimentos deles.[26] É mais fácil falar do que fazer, pois, como dito anteriormente, as emoções são sutis e, por definição, nem sempre racionais. Também são imateriais e exigem certo grau de intuição e inferência. Costumam dizer que as mulheres são mais intuitivas do que os homens, como se isso se baseasse em algum tipo de predisposição genética ou psicofísica. Pode até ser verdade até certo ponto,[27] mas essa ideia provavelmente se deve ao fato de que as mulheres na sociedade ocidental em geral passam mais tempo e dedicam mais atenção a ler o estado emocional de outras pessoas, inclusive umas das outras. Se todos nós passássemos mais tempo "sintonizados" com os sentimentos dos outros, nossa intuição se afiaria em todos os aspectos. Nesse sentido, a sintonia emocional pode ser aprendida e até mesmo medida, como veremos.

A sintonia é semelhante à mentalização, mas leva as coisas um passo adiante: *em vez de apenas estar atento ao estado mental dos outros, a sintonia implica em reagir a esses estados de uma forma que mostre que eles ressoaram internamente.* A sintonia emocional é um processo mais sofisticado que inclui consciência emocional, empatia e capacidade de resposta.

A análise da sintonia emocional revela uma série de processos diferentes. *Primeiro*, precisamos reconhecer que as emoções dos outros são importantes e que vale a pena prestar atenção a elas. *Segundo*, precisamos dedicar tempo a nos concentrarmos, observarmos, pensarmos e descobrirmos essas emoções (ou seja, o que está acontecendo sob a superfície do comportamento alheio). Isso exige que evitemos nos distrair com os sentimentos das pessoas. *Terceiro*, devemos usar nossas observações dos sentimentos da pessoa para ter conversas explícitas sobre as emoções dela. Precisamos dar aos outros a chance de dizer como se sentem e ajudá-los quando tiverem dificuldades de fazê-lo. Esses três primeiros elementos são semelhantes à mentalização.

Quarto, a sintonia exige *reagir* às emoções dos outros. Se um amigo ou colega de trabalho estiver triste, podemos nos esforçar para descobrir o que o está incomodando e reagir adequadamente. Se alguém parecer ansioso, podemos ajudá-lo a se acalmar, talvez conversando sobre o assunto. E, se estiver com raiva, precisamos descobrir o motivo e trazer à tona o ponto que incomoda (sem deixar de lado nosso próprio bem-estar emocional).

Todos esses processos — especialmente a capacidade de reação emocional — exigem prática e foco contínuos, bem como um alto nível de comprometimento relacional. Da mesma forma que gastamos muito tempo pesquisando os melhores lugares para morar, os carros que cabem melhor em nosso orçamento ou nossos próximos passos na carreira, estar emocionalmente sintonizado requer tempo, dedicação e esforço. Especialmente em nosso etos atual de buscar produtividade e sucesso na vida, a maioria das pessoas precisa de prática para se tornar emocionalmente sensível como colega de trabalho, amigo, cônjuge ou parceiro.

O ponto de partida para cultivar a sintonia emocional é nosso relacionamento com nós mesmos. Quando reconhecemos que nossas próprias emoções são importantes e valem a pena, quando dedicamos tempo a descobrir nossos sentimentos e falar sobre eles, e quando dedicamos tempo a reagir, gerenciar e regular nossos estados emocionais, nos tornamos muito mais hábeis em gerenciar as emoções dos outros também. A capacidade de estarmos cientes e gerenciarmos com sucesso nossos próprios sentimentos desempenha um papel fundamental na busca de relacionamentos harmoniosos e interações íntimas com nossos entes queridos.

Construindo sintonia

Assim como a mentalização, a construção da sintonia emocional tem elementos de arte e ciência. Vamos ver o que isso significa descrevendo como funcionou com um casal cujo relacionamento estava em um impasse.

Jason e sua esposa, Cassia, estavam tendo problemas para administrar a vida profissional agitada e criar dois filhos pequenos. Cassia estava particularmente estressada — a ponto de achar que não tinha tempo para ir às sessões de terapia. Por isso, trabalhei com Jason em separado e recomendei que ele aplicasse os quatro níveis de consciência emocional em suas interações com Cassia.

Comecei perguntando se ele havia notado as sensações físicas da esposa. "Como assim?", ele perguntou. "Ela não está fazendo o suficiente em casa e também não tem ajudado muito a cuidar das crianças."

"Claro", falei, "mas você notou algo incomum na aparência dela nesses últimos dias?"

"Ela estava com maquiagem demais outro dia", disse ele.

Isso era mais um julgamento de valor do que uma observação, expliquei. "E quanto a algum desvio da rotina dela?"

"Ah", disse Jason. "Ela não está acordando quando o despertador toca de manhã, o que a faz chegar atrasada ao trabalho. E, quando as crianças começam a aprontar, ela foge para o quarto para assistir TV." Ele continuou contando que Cassia também estava recusando os convites dele para sair para jantar ou socializar com os amigos. Nesse ponto, Jason me perguntou: "Eu realmente tenho que fazer alguma coisa em relação a isso?".

"Não", respondi. "Ainda não. A meta neste momento é apenas perceber que ela está fazendo certas coisas e que suas ações são motivadas pelas emoções. É claro que não tem problema se você quiser ajudá-la. Mas a chave, por enquanto, é simplesmente perceber os sentimentos da Cassia e compartilhar com ela o que você notou — não de forma crítica, mas gentil e solidária, para dizer que você vê que ela está sofrendo e que você entende. *O segredo é sair de sua cabeça e ir para a dela.*"

Durante todo o processo, Jason conseguiu reconhecer as ansiedades de Cassia com a ajuda de suas próprias ansiedades. Por exemplo, começou a notar que ela parecia particularmente tensa quando chegava em casa do trabalho. Ele a observou cerrando a mandíbula — o que reconheceu porque também faz isso. Também percebeu que ela estava retraída, mas, mais especificamente, que verificava obsessivamente o e-mail quando chegava em casa do trabalho — porque ele próprio tem a tendência de ser obsessivo com o trabalho. É importante ressaltar que, quando começou a reconhecer e entender alguns dos comportamentos da esposa, ele se sentiu muito melhor, pois percebeu que não era o único a fazer essas coisas e que eram reações normais ao estresse.

Jason e eu trabalhamos durante meses observando as sensações físicas, os comportamentos e as emoções simples de Cassia e, por fim, suas emoções complexas. Em determinada sessão, Jason começou a chorar ao falar sobre a esposa. Ele compartilhou que, quando olhava *por trás* dos olhos de Cassia — por trás de seus comportamentos evidentes, como dormir pouco e retrair-se socialmente —, percebia uma tristeza intensa. Ele sabia que ela estava "deprimida", mas não havia percebido a profundidade de sua melancolia até aquele momento. A partir daí, Jason conseguiu ver como Cassia se sentia totalmente isolada e sozinha, e ele mesmo ficou triste — empaticamente triste, de uma forma construtiva.

Naquele momento, percebi que Jason havia se tornado mais sintonizado emocionalmente e estava pronto para começar a conversar com Cassia sobre seus sentimentos. Essa foi uma mudança muito bem-vinda para ela, que imediatamente se sentiu menos ansiosa, pois pôde compartilhar seus sentimentos e se sentir mais apoiada pelo marido. E assim, quando começaram a conversar abertamente sobre isso pela primeira vez, ela se abriu um pouco mais com ele. Em determinado momento, ela chorou e disse: "Sou uma péssima esposa. Sou uma péssima mãe. Sou péssima no meu trabalho. Sou péssima em tudo! Não sei por que você simplesmente não me deixa!".

Jason ficou muito emocionado durante essa conversa, pois não sabia que Cassia se sentia tão mal. O tempo todo, pensou que ela o culpasse por seu estresse e tristeza. Ele fez uma pausa e ficou pensando em como responder. Durante nossas sessões, orientei Jason a usar suas próprias emoções como guia para reagir a Cassia. Perguntei a ele: "Como você gostaria que a Cassia reagisse se sentisse o que ela sente?".

Com esse estímulo, Jason entendeu intuitivamente o que fazer. Ele foi para casa e continuou a conversa com a esposa. Aproveitou sua própria experiência de sofrimento emocional e reconheceu como devia ser difícil para ela compartilhar sua dor. Desse ponto de vista, as palavras saíram de sua boca: "Eu te amo e nunca vou te deixar". Não é preciso dizer que esse foi um grande ponto de virada no relacionamento de Jason e Cassia. Ela sabia que ele havia reconhecido e abordado seu principal medo e que seus sentimentos não seriam mais ignorados. Depois do alívio que Cassia sentiu ao compartilhar seus sentimentos, ela disse enfaticamente: "Todo esse tempo eu só queria ser vista!".

Em nossas últimas sessões, fiz Jason perceber que o sucesso recém-encontrado em seu casamento devia-se em grande parte, se não inteiramente, ao seu próprio sofrimento emocional. Ele havia usado suas experiências de tristeza e ansiedade para entender Cassia e fazer com que ela se sentisse confortável para se abrir. Ao prestar atenção em seus próprios sentimentos, foi capaz de reagir de forma adequada e direta às preocupações da esposa. Nas semanas seguintes, incentivei Jason a conversar com ela sobre sua história familiar e seu relacionamento com os pais, pois isso costuma trazer à tona todo tipo de emoções complexas e até mesmo conflitantes. Cassia admitiu que se sentia ao mesmo tempo entusiasmada e aterrorizada com essas discussões, e Jason aprendeu a tirar proveito de suas próprias e complexas experiências emocionais para se conectar com ela compartilhando esses sentimentos também. Como todos os relacionamentos, o de Jason e Cassia continua sendo um trabalho contínuo, mas seu casamento foi reavivado e seu navio está em um curso muito mais estável.

Somos todos um só

Quando saímos de nossa cabeça e nos concentramos em ver e reagir com precisão aos sentimentos dos outros, conseguimos reconhecer que estamos todos juntos nisso e que nosso sofrimento é compartilhado com muitos outros. Na realidade, ninguém tem uma vida emocionalmente perfeita. Isso é ainda mais verdadeiro hoje, em nossa era de ansiedade. Quando percebemos que não estamos sozinhos em nosso sofrimento, nossa própria ansiedade fica mais calma. É por isso que enxergar com precisão os sentimentos das outras pessoas está intrinsecamente ligado à nossa própria ansiedade. As tradições espirituais do mundo todo têm dito isso há milênios: em essência, somos todos seres interconectados, e perceber isso nos leva à paz interior. É importante ressaltar que essa abordagem não exige a erradicação de nossa ansiedade. Pelo contrário, *envolve aproveitar a ansiedade para entender melhor os outros e aprender a prosperar por causa de nosso sofrimento, e não apesar dele.*

Como podemos aplicar esse princípio profundo na vida cotidiana? Aprendendo a *mentalizar*, podemos reconhecer e entender melhor os pensamentos, as crenças, os desejos e as necessidades emocionais das outras pessoas. Ao nos tornarmos mais *sintonizados emocionalmente*, podemos reagir aos sentimentos dos outros e entrar em sintonia com eles. Esses dois processos nos conectam aos outros e, assim, reduzem nossa própria ansiedade.

Já mencionei que não devemos passar mais de dois dias sem nos conectarmos de forma significativa com outras pessoas. Uma das melhores maneiras de promover conexões íntimas é o que aprendemos neste capítulo: cultivar a consciência e a capacidade de reação aos outros usando nossas próprias emoções como guia.

**FERRAMENTA 4: USANDO NOSSAS EMOÇÕES
PARA ENTENDER OS OUTROS**

Podemos prosperar com a ansiedade aproveitando nosso sofrimento emocional para entender e reagir à dor dos outros. Isso aprofundará nossa conexão com outras pessoas e ajudará a apagar o fogo de nossa própria ansiedade, colhendo, assim, os benefícios físicos e mentais de ter conexões mais ricas com os outros. Se você já se sentiu ansioso antes, pode usar sua ansiedade para aumentar a profundidade de sua compreensão das outras pessoas, o que ajudará você (e elas) no longo prazo.

Reserve alguns minutos para fazer um inventário mental de alguém em sua vida. Pode ser um colega de trabalho, um amigo, um membro da família, um parceiro íntimo ou até mesmo um completo estranho (neste caso, talvez seja necessário alguma licença poética para concluir o exercício).

Forneça pelo menos um exemplo de cada um dos itens a seguir que a pessoa possa estar vivenciando no momento. Se tiver dificuldade para pensar em algo de uma categoria (como uma sensação), simplesmente acalme-se, concentre-se e tente outra vez. Mas se você ficar realmente preso e não conseguir pensar em nada após alguns minutos de concentração, passe para a próxima categoria.

1. **Metas**: Quais são algumas das ambições ou dos objetivos atuais da pessoa? O que ela está se esforçando para realizar?

2. **Necessidades**: O que ela quer ou do que precisa na vida neste momento? O que tornaria sua vida mais fácil, mais feliz ou até mesmo mais conveniente de alguma forma?

3. **Sensações**: Ela sente dor, prazer, calor, frio? Sente cheiro ou gosto de alguma coisa? Ou tem outra sensação física?

4. **Pensamentos**: Que coisas estão em sua mente? Tente escolher pensamentos que sejam relevantes para a forma como você acha que ela pode estar se sentindo.

5. **Comportamentos**: Quais comportamentos, sutis ou evidentes, ela tem mostrado ultimamente? Tente identificar tendências de ação que estejam instrumentalmente associadas a seu estado emocional.

6. **Sentimentos**: Quais emoções ela tem sentido ultimamente? Quais sentimentos estão por trás de suas sensações físicas, pensamentos e comportamentos? São emoções primárias (reações diretas a situações) ou secundárias (reações emocionais a seus sentimentos)? São emoções simples? Elas "fazem sentido" ou parecem conflitantes ou complexas?

5

ACEITANDO OS OUTROS

*A ansiedade pode nos ajudar a aceitar
as limitações alheias*

Conforme aprendemos no capítulo 4, seres humanos são "animais sociais", e ter relações emocionalmente próximas é essencial para nossa saúde mental e física. Depreende-se, então, que nossa conexão com os outros não é simplesmente dispensável ou descartável, *já que precisamos deles para prosperar e até sobreviver*. Por um lado, isso nos dá uma oportunidade: podemos utilizar a experiência de nossa própria ansiedade para compreender melhor os outros e nos conectar com eles. Mas, por outro lado, cria um dilema importante e até algum risco, porque ninguém é perfeito. O que devemos fazer ao nos deparar com as limitações alheias? Como se pode navegar por um relacionamento com quem tem dificuldades significativas ou até grandes defeitos? Como gosta de dizer minha esposa: "A vida é um caos!", e ela tem 100% de razão! Na prática, criar conexões interpessoais ricas exige fazer as pazes com as limitações das pessoas. Felizmente, podemos usar nossa própria ansiedade para isso, como veremos neste capítulo.

PARA ALÉM DAS GUERRAS PARTIDÁRIAS

Em 1960, John Wayne, astro de cinema conhecido por suas opiniões conservadoras, disse o seguinte sobre o recém-eleito presidente Kennedy: "Não votei nele, mas ele é meu presidente e espero que faça um bom trabalho".[1] Hoje em dia, essa perspectiva parece maluquice. Na era atual, se você não apoia a maioria das ideias de um candidato político ou se não concorda com algumas (ou muitas) coisas que ele faz ou diz, não pode falar *nada* de positivo sobre ele. Há um alto grau de pressão social para que os políticos sejam vistos como tudo ou nada, bons ou maus, sem nenhum meio-termo.

As implicações disso são amplas. Hoje, em Washington, estamos diante de um impasse quase total. As batalhas partidárias têm posto ambas as casas do Congresso em uma guerra de território cada vez pior. Como resultado, em três ocasiões nos últimos dez anos, o governo dos Estados Unidos sofreu paralisações por não conseguir aprovar uma legislação de financiamento, o que custou bilhões de dólares, prejudicou as empresas e levou à dispensa de milhares de funcionários públicos de ambos os partidos. Nenhum dos lados *ganhou* nada.

Para ser claro, há certos membros de ambos os partidos em quem eu jamais votaria. Mas tenho amigos que votaram neles e, apesar de discordar de suas opiniões políticas, ainda somos amigos. Quando deixamos nossos sentimentos políticos de lado por tempo suficiente para ter uma conversa civilizada, muitas vezes descobrimos que até concordamos com *alguns* pontos positivos do outro lado. Dar crédito a uma pessoa pelo bem que ela fez *não* significa apoiar todas as suas ações. Podemos discordar *totalmente* das pessoas em alguns assuntos ou até mesmo considerar algumas de suas perspectivas destrutivas, embora reconheçamos que elas são seres humanos com *alguns* pontos fortes e merecedoras de reconhecimento e respeito.

Esse conceito vai além da política e das guerras partidárias. *Todos os nossos relacionamentos são com pessoas imperfeitas.* Em minha clínica, já vi muitos casamentos maravilhosos entre indivíduos *vastamente* diferentes um do outro. Essas uniões sobrevivem e até prosperam porque, com o tempo, cada membro do casal aprende a fazer as pazes com as idiossincrasias e limitações do outro. Da mesma forma, em meu trabalho acadêmico, algumas das melhores colaborações científicas que presenciei foram entre indivíduos com temperamentos, habilidades e até mesmo estilos de comunicação opostos. Ninguém é perfeito, e duas pessoas são duplamente imperfeitas. No entanto, tendemos a prosperar no contexto de relacionamentos íntimos. Aceitar aspectos de outras pessoas de que não gostamos, e ao mesmo tempo nos concentrarmos em criar algo juntos em vez de mudar um ao outro, é uma habilidade humana básica.

Para colocar isso em termos espirituais: a Bíblia diz que os seres humanos foram criados à imagem de Deus.[2] Há algo inerentemente valioso em *todos*. É verdade que em algumas situações isso é mais difícil de reconhecer do que em outras! Mas quase sempre há algo que pode ser recuperado; quase nunca é bom excluir por completo as pessoas.

Por que nossos relacionamentos são tão frágeis hoje em dia?

A principal razão é que inventamos que eles devem ser fáceis. Lidar com pessoas imperfeitas e falhas nos deixa ansiosos, pois achamos que há algo errado quando nossos relacionamentos ficam instáveis. Na verdade, *nenhum relacionamento é perfeito*. Por que esperaríamos que as conexões fossem perfeitas? Estamos *todos* longe — muito longe — de sermos perfeitos. Estamos *todos* sujeitos a preconceitos, falta de informação, traços de caráter problemáticos e egoísmo, e *todos* cometemos erros — erros graves.

A vida é um caos!

O pano de fundo de nossa suposição é que estamos excessivamente concentrados no que queremos alcançar por nós mesmos em vez de nos conectar com os outros. Como eu disse no capítulo 1, nossa sociedade valoriza mais a produtividade do que a conexão, e é assustador perceber que outras pessoas — com grandes limitações — podem tomar decisões com influência negativa em nossas conquistas. Esse medo não é infundado. Quando iniciamos um relacionamento, de fato *ficamos* mais vulneráveis, e isso *é* assustador.

Ter relacionamentos íntimos requer conectar-se com pessoas imperfeitas e lidar com essas imperfeições. *Não há casamento, amizade, parceria comercial ou colaboração que sejam perfeitos.* Hollywood e as redes sociais podem retratar isso, mas são fake news. Tire isto da cabeça: relacionamentos perfeitos não existem em nenhum contexto. Mas há relacionamentos fortes e altamente funcionais. Os relacionamentos reais são desafiadores e exigem que se suporte todo tipo de (perdoe a palavra) merda. Quando percebemos isso como uma falha fundamental em nossa conexão, em vez de apenas uma parte da vida, fugimos e nos escondemos da conexão com os outros, e o resultado disso para nossa vida pessoal e social é catastrófico.

Infelizmente, não há alternativa simples. Cortar laços costuma ser ainda mais destrutivo. Nas últimas décadas, as taxas de divórcio em todo o mundo atingiram níveis surpreendentes, assim como os custos. Dados consistentes destacam que filhos de famílias divorciadas tendem a ter dificuldades psicológicas e sociais, incluindo maior ansiedade e dificuldade de formar vínculos até a idade adulta.[3] Em termos financeiros, a despesa média de um casal que se divorcia é de cerca de 15 mil dólares,[4] sem acrescentar os custos legais de contestação da guarda dos filhos e da propriedade dos bens ou o aumento do custo de vida associado ao sustento de duas famílias em vez de apenas uma. Como resultado, muitas pessoas — especialmente as que estão na extremidade inferior do espectro econômico — não podem *se dar ao luxo* de seguir com a vida após o divórcio, e vivem o resto da vida sozinhas.

Ainda mais desconcertante do que a taxa de divórcio é a taxa de casamento em declínio. Desde 1965, tem havido uma queda consistente no número de casamentos, de modo que quase quatro em cada dez adultos com idade entre 25 e 54 anos não são casados,[5] e aqueles que se casam logo serão minoria.[6] Os millennials, em especial, não estão dispostos a correr o risco de formar uma família ou até mesmo de se casar, pois os relacionamentos são inerentemente difíceis.[7] Até mesmo o namoro se tornou impopular nos últimos anos.[8]

No entanto, evitar relacionamentos acarreta custos significativos, pois a solidão é o principal indicador de debilidade na idade adulta. No famoso "Estudo de Harvard sobre Desenvolvimento Adulto", o professor Robert Waldinger descobriu que *a qualidade dos relacionamentos aos cinquenta anos é o principal indicador de bem-estar físico e mental aos oitenta* — mais do que *qualquer outro fator*, inclusive genética, inteligência, sucesso financeiro ou até mesmo saúde cardiovascular![9] As gerações posteriores aos baby boomers[10] tendem a ter a ilusão de que, a partir de um certo ponto na vida, tudo se torna muito fácil — mas nada poderia estar mais longe da verdade.

Se você quiser lidar com as imperfeições de apenas uma pessoa, a única opção é ficar sozinho. Se quiser manter relacionamentos, terá de aceitar que todos somos falíveis, inclusive nossos amigos, parceiros e qualquer outra pessoa com quem nos relacionamos.

UMA ABORDAGEM ALTERNATIVA

As pessoas que sofrem de ansiedade sabem que não são perfeitas. Aprendemos no capítulo 1 que a ansiedade envolve uma *falha* no sistema de luta ou fuga. É um alarme *falso-positivo* desnecessário e desagradável. Isso não é motivo de vergonha, mas, apesar disso, a ansiedade tem uma lição importante para nós: *somos imperfeitos*. Somos seres humanos e cometemos erros. As pessoas costumam reagir à ansiedade de forma ruim, como evitar, ficar com raiva ou usar álcool e outras substâncias. Tudo isso piora as coisas, pois prejudica nossa capacidade de lidar com a ansiedade e o estresse. Essas reações são tão comuns porque os seres humanos são complicados e nem sempre fazem boas escolhas.

A ansiedade também nos ensina a lidar com a imperfeição. Como aprendemos na parte 1, ela existe por um motivo. Permite-nos saber que tem algo de errado e, em vez de tentarmos reprimir nossa ansiedade, precisamos lidar com o que quer que a esteja causando. Quando fazemos isso, a ansiedade se torna um recurso para prosperar, em vez de uma doença. Nessa mesma linha, *precisamos aceitar os aspectos desconfortáveis dos relacionamentos*. Precisamos aprender a aceitar que o fato de que as pessoas com as quais nos relacionamos também têm falhas e dificuldades e que isso não significa que elas não possam ser boas amigas ou companheiras. Se catastrofizarmos as imperfeições ou os problemas em nossos relacionamentos, ou julgarmos os outros por serem imperfeitos, transformaremos conexões potencialmente sólidas em conexões disfuncionais.

A base para isso é o que aprendemos no capítulo 4: precisamos nos basear em nossa experiência de ansiedade para reconhecer que outras pessoas também estão enfrentando dificuldades emocionais, que 90% de seus sentimentos atuais são determinados por acontecimentos anteriores e que suas emoções são válidas, considerando o contexto de sua vida. Ao lidar com alguém que está passando por dificuldades, pergunte a si mesmo: "Que tipo de experiência de vida essa pessoa teve que a levou a ser tão imperfeita? Como eu me sairia hoje se tivesse tido essas experiências?". Nossa própria ansiedade pode nos ajudar a fazer essas perguntas e a sermos sensíveis ao contexto em que os problemas alheios se manifestam.

Há outra lição importante da ansiedade que pode melhorar nossos relacionamentos. As pessoas que não sofrem de ansiedade — e as que tentam evitá-la — podem presumir ingenuamente que é possível controlar a vida. Mas, como vimos na parte 1, nossas emoções às vezes fazem coisas que não queremos que elas façam. Na verdade, uma das principais causas da ansiedade é nosso desejo cultural de evitar a incerteza — de sentir que estamos no controle de tudo. Por outro lado, uma das melhores maneiras de superar a ansiedade é abrir mão de nossa vontade de controle. Lembro-me de uma história do capítulo 3 sobre um amigo meu que tinha um medo terrível de altura. Quando finalmente decidiu atravessar toda a ponte Golden Gate a pé, ele ficou surpreso — e muito aliviado — com o fato de que *abrir mão do controle* o ajudou a superar seu maior medo. Como ele me relatou mais tarde: "Estou realmente feliz por estar ansioso, porque agora aprendi que *posso* superar minha própria ansiedade. *Não preciso estar no controle!*".

Essa é uma lição fundamental, pois estar em um relacionamento exige *sim* abrir mão de algum grau de controle. Para muitos, a ideia de que é possível ter um relacionamento bem-sucedido no qual não podemos controlar todos os aspectos — incluindo, especialmente, que é possível prosperar com um parceiro tão imperfeito quanto nós — parece uma contradição. Mas aqueles que trabalharam sua ansiedade sabem que *o controle é muito superestimado*. Nesse sentido, como aprendemos no capítulo 3, o desconforto faz parte da vida. *Não há problema em se sentir desconfortável. Coisas boas acontecem quando aceitamos o desconforto — isso nos torna mais fortes e resilientes. Todos os grandes relacionamentos exigem algum grau de desconforto.*

Todos nós viemos ao mundo com um "pacote" de traços de caráter, e crescemos em um mundo (cada vez mais) imperfeito. Correndo o risco de parecer repetitivo, conectar-se com as pessoas significa viver não apenas com nossa própria bagagem, mas também com a delas. Se você quiser lidar apenas com a bagagem de uma pessoa, se sentirá solitário. Se quiser ter companheirismo, terá de lidar com as imperfeições de duas pessoas e, às vezes, isso será um caos.

Fazendo as pazes com as idiossincrasias dos outros

Rosemary era uma gestora de investimentos em Manhattan. Era casada com Sal, que estava trabalhando no World Trade Center, no centro de Manhattan, no Onze de Setembro. Sal sobreviveu ao ataque às Torres Gêmeas, mas com um custo significativo: daquele dia em diante, passou a sofrer de depressão crônica e TEPT. Inicialmente, Rosemary apoiava Sal e eles construíram uma família juntos. Mas, com o passar dos anos, ela foi ficando cada vez mais irritada e amarga, pois ele não se recuperava. Como ela disse a Sal: "Já se passaram vinte anos desde o ataque — você quase morreu, mas ainda está vivo. Você tem filhos lindos e uma esposa que te ama. Supere!".

A raiva de Rosemary só fazia com que Sal se sentisse mais deprimido e, à medida que a família crescia, o fardo das finanças e dos filhos pequenos levou os dois a uma espiral emocional descendente. A depressão de Sal o deixava mais paralisado, e Rosemary ficava ainda mais frustrada com ele. Ela então se afastou dele, concentrando-se excessivamente em sua carreira bancária, o que ajudou em termos financeiros, mas só fez aumentar a depressão e vergonha de Sal, e eles se afastaram ainda mais. Para piorar a situação, Rosemary costumava questionar por que Sal ficava irritado toda vez que passavam por um túnel quando iam para a cidade e por que ele não era mais ambicioso na busca de uma carreira.

Ao trabalhar com eles, percebi que, em muitos aspectos, a atitude de Rosemary no local de trabalho era mais intensa do que a de Sal, que era advogado, mas trabalhava em uma pequena empresa. Ele *certamente* não era um litigante de alto poder aquisitivo ou alguém que fazia grandes fusões e aquisições. Por outro lado, Rosemary se relacionava regularmente com homens poderosos (e egoístas) com quem trabalhava no banco de investimentos. Ao contrário de Sal, para eles, a calamidade do Onze de Setembro era uma lembrança distante, e eles eram altamente motivados a ganhar muito dinheiro. Então, um dia, perguntei a Rosemary, sem rodeios, por que ela não havia se casado com uma das pessoas de sua empresa, alguém mais parecido com ela em termos de força emocional e ambição profissional.

Inicialmente, Rosemary pareceu desconcertada com a pergunta — ela não conseguia explicar sua escolha. Mas, ao longo de algumas sessões, identificamos que Rosemary precisava de um homem emocionalmente sensível como Sal em sua vida. Ela lembrou que havia namorado vários banqueiros e descoberto que eles eram insensíveis, obcecados por dinheiro e a tratavam como lixo. Em determinado momento, seus olhos se encheram de lágrimas ao explicar como o próprio pai era excessivamente focado na carreira em vez de no bem-estar emocional da família, e ela "nunca poderia se casar com alguém assim!". No final das contas, Rosemary queria — precisava de — alguém que fosse diferente de todos os idiotas com quem ela convivia no trabalho, e era por isso, em primeiro lugar, que ela se casara com Sal. Era algo que Rosemary frequentemente negligenciava, à medida que suas frustrações com o marido aumentavam.

Nesse sentido, sugeri a Rosemary que, em vez de ficar remoendo sua raiva e decepção com Sal, ela considerasse o quanto precisava dele como apoio emocional. Também sugeri a ela reconhecer que tinha suas próprias dificuldades e que provavelmente estaria se saindo muito pior se Sal tivesse emoções e comportamentos mais rígidos.

Com o passar do tempo, Rosemary percebeu que o motivo pelo qual Sal fora tão afetado pelo Onze de Setembro era o mesmo pelo qual ela tinha se apaixonado: Sal era um cara emocionalmente sensível. Ela aprendeu a reconhecer que as idiossincrasias dele eram parte da personalidade de que ela precisava e, no final, era mais feliz com Sal do que com qualquer outra pessoa.

A situação de Rosemary — e a de quase todos os casais com quem já trabalhei — me faz pensar na clássica música dos Rolling Stones "You Can't Always Get What You Want". Como diz a música, "se você tentar, bom, talvez encontre o que precisa".[11] Sal pode não ser a pessoa que Rosemary achava que queria, mas, nele, ela conseguiu o que precisava.

O valor das diferenças

Há um conceito muito difundido que pode ser encontrado em diversas tradições religiosas: *as coisas acontecem por uma razão*. Na religião judaica, entende-se que os relacionamentos não são acidentais — as pessoas são trazidas para a vida umas das outras em um determinado lugar e momento para nos ensinar o que precisamos e nos ajudar a nos tornarmos melhores.[12] Há uma crença semelhante nos círculos da Nova Era, que sustenta que não há coincidências e que certas almas estão destinadas a conviver nesta vida. Mesmo no mundo secular, o conceito de "alma gêmea" é muito difundido.[13]

Já discutimos que as conexões com outras pessoas são inerentemente difíceis porque envolvem a união de perspectivas diferentes e, muitas vezes, contrárias. Mas o choque dessas perspectivas pode nos tornar pessoas melhores, mais fortes, mais completas e, acima de tudo, mais receptivas. Em outras palavras, uma alma gêmea não é alguém que faz nossas vontades o tempo todo. Uma alma gêmea é alguém que nos ajuda a nos tornarmos pessoas melhores. Assim como os sentimentos desagradáveis de ansiedade podem aumentar nosso autoconhecimento, nossa autoaceitação e nossa resiliência, as dificuldades e a falta de controle que sentimos nos relacionamentos também podem ser uma bênção.

Se estiver com alguém totalmente igual a você, é provável que nenhuma das partes se sinta motivada a crescer ou expandir seus horizontes. Por outro lado, a maioria dos relacionamentos comerciais bem-sucedidos ocorre entre líderes de papéis complementares, mas opostos. Um parceiro pode ter cabeça quente e ser extremamente bem organizado, enquanto o outro é mais bagunceiro, mas é mais tranquilo. O primeiro atua como a força motriz que garante que a empresa atinja suas metas; o outro garante que as pessoas fiquem felizes e não desistam quando as coisas dão errado no escritório.

Voltando ao amor: dois jovens que não eram casados, mas estavam namorando havia algum tempo, me procuraram porque suas diferenças estavam começando a atrapalhar. Jon fora o *bad boy* por excelência desde o ensino médio até os vinte e poucos anos, quando foi para uma importante faculdade de artes na Costa Leste. Ele sempre parecia se meter em encrencas e tinha muitas namoradas, a maioria delas tão doida quanto ele. Mas sua atual namorada, Marta, que conheceu depois de se formar, era relativamente recatada. Eles se amavam, mas o contraste de suas naturezas e temperamentos criava grandes problemas na vida social e sexual.

Marta queria ficar em casa e era recatada entre quatro paredes. Jon gostava de se divertir com os amigos, a maioria deles artistas ou músicos, e Marta não se sentia à vontade nessas situações. Com o tempo, a distância entre os dois foi aumentando. Jon não queria se distanciar de Marta saindo, então fumava maconha e ficava em casa. Marta odiava quando Jon estava chapado e se retraía ainda mais, enrolando-se no sofá para assistir à Netflix. Enquanto isso, Jon podia ser bastante aventureiro na cama. Marta adorava essa paixão, mas às vezes sentia que ia longe demais.

As tensões aumentaram e eles vieram para algumas sessões de casal. Jon identificou que *se divertia* na faculdade, mas, apesar de seu entusiasmo por festas, muitas vezes achava que suas farras eram vazias e sem sentido. Por outro lado, adorava se sentir ligado a Marta, mas não suportava o fato de ela ser tão *estraga-prazeres*. Marta identificou que se sentia atraída pelo lado "mau" de Jon, mas também ficava nervosa com a possibilidade de eles se meterem em problemas ou de acabarem fazendo coisas das quais ela se arrependeria mais tarde. Marta lembrou que seu tio paterno também era um *bad boy* e que uma vez acabou se jogando de uma sacada porque estava muito bêbado e quase morreu. Essas conversas foram desafiadoras tanto para Jon quanto para Marta. Discutir suas diferenças exigia colocar o relacionamento em primeiro lugar e abrir mão de certo grau de controle. Foi necessário manter o pensamento catastrófico e os julgamentos sob controle para processar o que estava acontecendo.

Mas algo surpreendente aconteceu durante nossas sessões. Ao discutir as diferenças entre eles, Jon reconheceu que Marta estava principalmente *com medo* — não era inerentemente recatada. Sendo assim, ele simplesmente teria de ajudá-la a se abrir. Jon precisava ir mais devagar no quarto, enfatizar seus sentimentos de ternura e estimular Marta até que ela atingisse o nível de excitação dele, o que levava mais tempo. Marta reconheceu que Jon não era um cara *perigoso*, apenas um pouco selvagem, e que seu amor por ela era genuíno. Enquanto lutava com um sentimento de vergonha por algumas das travessuras dele, Marta admitiu que

O PODER DOS ANSIOSOS 173

elas também a excitavam. Jon não tinha muito a ensinar àquelas garotas más com quem costumava andar, mas ele também achava que elas estavam ali apenas para se divertir e não o levavam a sério. E, embora gostasse de compartilhar suas habilidades amorosas com Marta, gostava ainda mais do fato de ela realmente amá-lo e se importar com ele. Depois que Jon e Marta renovaram a visão de seu relacionamento, ambos ficaram surpresos e encantados com o quanto o namoro se tornou agradável.

OS LIMITES DA ACEITAÇÃO

Apesar de toda a sua selvageria, Jon nunca foi abusivo com Marta e sempre tomou cuidado para não a machucar. Quanto a Sal, ele não era o homem mais ambicioso de Nova York, mas também não era um inútil. O que acontece se um parceiro for física ou emocionalmente abusivo — ou genuinamente perigoso?

Existe um limite: é chamado de *psicopatia*,[14] caracterizado por uma personalidade egocêntrica e antissocial e pela ausência de remorso. A característica marcante de um psicopata é a intenção maliciosa — o desejo de prejudicar os outros. A psicopatia (ou sociopatia — ambos os termos significam a mesma coisa) é superperigosa.

Em geral, as raízes da psicopatia estão no narcisismo, que, ironicamente, tende a vir da *baixa* autoestima, que costuma ser desenvolvida na infância. Os psicopatas são pessoas muito tristes e traumatizadas; a maioria deles sofreu abuso, negligência ou ambos no início da vida, e precisa se sustentar abusando dos outros.

Não é aconselhável ter empatia com um psicopata, pois precisamos nos proteger dele. Quando uma pessoa tem uma opinião tão negativa em relação a si mesma, perde a capacidade de pensar em qualquer outra, e a única opção é evitá-la por completo. Por exemplo, é extremamente raro que os psicopatas procurem terapia, pois não sentem que há algo errado consigo.

Felizmente, na população em geral — e mesmo em populações clínicas —, a psicopatia verdadeira é rara. Lembro-me de apenas um caso em que estive envolvido. Uma paciente minha era casada com um homem que estava claramente demonstrando um comportamento sociopata. Ele a chantageava com fotos sexuais que havia tirado clandestinamente e seduzia sua cunhada em um caso emocional e físico complexo, sem nenhum remorso. Quando a esposa descobriu, ele de alguma forma a convenceu de que *ela* era louca e que toda a história se devia aos problemas de saúde mental *dela* — prática essa chamada de *gaslighting*. E, quando a esposa (naturalmente) ficou deprimida no contexto desse abuso emocional, ele usou isso como prova de que ela estava louca, admitiu o caso e depois culpou-a por não ser capaz de apoiá-lo por causa da depressão *dela*. Era uma situação doentia! Das centenas de casais com os quais trabalhei, esse foi o *único* casamento que incentivei um paciente a terminar.

A intenção maliciosa é sempre o fator-chave ao identificar os limites da aceitação. Há pouco tempo, uma mulher recém-casada que me procurou disse que seu marido era "abusivo". Quando perguntei como ele a maltratava, ela respondeu que ele havia lhe dito: "Você é imatura!".

Concordei que não era uma coisa bacana de se dizer e aí perguntei: "Ele te machucou? Ou falou isso na frente de outras pessoas para te humilhar?".

"Não", respondeu ela. "Foi quando estávamos a sós. Mas é um comportamento abusivo."

"Entendo como ouvir isso pode magoar", falei. "Além desse comentário, ele já te machucou fisicamente? Tentou te forçar a fazer coisas que você não queria?"

"Não."

"Ele te humilhou ou diminuiu para você se sentir mal?"

"Não, nada desse tipo."

A imagem estava começando a se formar, mas eu precisava confirmar. "Você acha que ele estava tentando te machucar quando te chamou de imatura? A intenção dele era maliciosa?"

A mulher não pensou duas vezes. "Não, ele não é um cara mau. Acho que está sofrendo e estava tentando chamar minha atenção — ser compreendido. Não acredito que ele quisesse me machucar."

"Tenho uma notícia para você", falei. "Seu marido tem problemas. Talvez até problemas sérios, até onde sei. Mas ele não tem intenções maliciosas. Não é perigoso e não é abusivo."

Quando conversamos mais sobre a situação, ficou claro que aquela jovem tinha muitos problemas para chamar de seus, mas se recusava a reconhecê-los. Ela se concentrava excessivamente em si mesma; por exemplo, gastava muito, sendo que eles não tinham dinheiro para isso. Além disso, quando o marido tentava conversar com ela sobre questões emocionais, ela mudava de assunto e até começava a rir ou a provocá-lo. Isso o deixava frustrado, fazendo com que ele se sentisse emocionalmente solitário. Na verdade, me pareceu que eles eram uma combinação bastante equilibrada e tinham muito a oferecer um ao outro. Ele era bom para ela no sentido de que o relacionamento deles exigia que ela enfrentasse parte de sua imaturidade. E ela era boa para ele no sentido de que ele precisava ser mais estratégico para lidar com os problemas matrimoniais.

Apesar de minha avaliação, ela pediu o divórcio cerca de um mês depois. Fiquei triste por dois motivos. Primeiro, senti que ela havia exagerado e acabado com um casamento que poderia ser muito bom. Em segundo lugar, se estar casada com alguém com boas intenções — embora com impacto negativo — era algo que ela não conseguia tolerar, eu estava profundamente preocupado com seus relacionamentos futuros. Sim, às vezes é muito doloroso permanecer em uma relação, mesmo quando os outros não têm intenções maliciosas. Mas, nesse caso, terminar as coisas em geral é como aquele ditado "ruim com eles, pior sem eles".

A ESPIRAL DA DESCONEXÃO

Ao discutir a *espiral da ansiedade* no capítulo 2, vimos que a maioria das pessoas não sabe quando está caindo em um padrão descendente porque ele ocorre em uma série de passos graduais. Da mesma forma, as pessoas tendem a permitir, habitual e inconscientemente, que os desentendimentos com os outros se transformem em brigas ou descontentamento crônico. Não sei dizer quantas vezes perguntei a um paciente o que aconteceu quando ele teve uma discussão com um ente querido — cônjuge, pai, filho ou irmão — e ele respondeu: "Não sei. Simplesmente aconteceu!". Pode ser uma percepção precisa, mas é uma descrição incompleta, pois há etapas claras e discerníveis no processo que leva um desentendimento leve a um grande impasse. As pessoas sentem como se não tivessem controle sobre uma súbita onda de raiva, mas, quando você desacelera as coisas, em geral há muitos pontos em que é possível agir e evitar cair em emoções intensas.

Vamos observar os estágios do que chamo de *espiral de desconexão* para entender como as brigas se desenrolam e aprender a desacelerar ou interromper o processo antes que ele saia do controle. Na verdade, a *espiral da ansiedade* e a *espiral da desconexão* são semelhantes, pois ambas envolvem as mesmas quatro etapas: um gatilho, catastrofização, julgamento, culpa (tanto da outra pessoa quanto sua) e escalada para uma espiral completa.

O gatilho da espiral de desconexão pode ser qualquer coisa que alguém faça que não se encaixe em nossas preferências, desejos ou necessidades. Pode ser algo que a pessoa diz ou a maneira como se comporta, que gera desconforto, dor ou até mesmo inconveniência. Ou pode ser algo que ela *não* faz e que esperávamos ou em que confiávamos que fizéssemos. Os gatilhos também podem ser resultado de falhas de comunicação e mal-entendidos; às vezes, nada está errado, *errado* no momento, mas, como seres humanos, podemos perceber incorretamente um motivo de queixa ou estresse. Nesse sentido, às vezes a intenção do outro é boa, mas o impacto em nós é ruim. Assim como na espiral da ansiedade, os gatilhos não são motivo de preocupação. Eles acontecem porque *a vida é um caos* e as pessoas não são perfeitas. No entanto, os gatilhos apenas *dão início* à espiral — são as etapas seguintes que desempenham um papel muito mais formativo.

A próxima etapa é a catastrofização. Da mesma forma que na espiral da ansiedade, nossos pensamentos se multiplicam e começam a correr a cem por hora na direção de preocupação excessiva, apreensão ou outros padrões de pensamento negativo. Muitas vezes, as pessoas pensam: "Ele não me valoriza" ou "Ela não me respeita", mesmo que os fatos não levem a essa conclusão. Por outro lado, podemos pensar mais no futuro do que no presente. Podemos interpretar o que alguém diz como tendo consequências *globais* em vez de apenas *locais*. Projetamos que a pessoa *sempre* agirá dessa forma e questionamos a viabilidade do relacionamento. Ficamos presos a pensamentos negativos. A catastrofização em geral é inconsciente, mas é relativamente fácil acessá-la e conscientizar-se dela quando você desacelera o pensamento e presta atenção à conversa em sua mente (antes de ser sugado para a espiral completa).

A etapa seguinte envolve sentimentos de culpa. Denunciamos não apenas o *comportamento* que a outra pessoa está exibindo, mas também seu *caráter*. Ficamos frustrados com a pessoa e perdemos nossa tolerância com suas idiossincrasias e dificuldades. Esquecemos que o outro tem sua própria história e que a imperfeição faz parte do ser humano. Acima de tudo, esquecemos de reconhecer que todo mundo — inclusive nós mesmos! — é imperfeito, e perdemos a paciência com o outro.

Há outro corolário dessa etapa, em geral enterrado mais fundo em nosso inconsciente: se culpar pelas ações da outra pessoa. Quando alguém nos trata mal ou deixa de fazer algo que consideramos importante, apenas uma parte de nossa reação é: "Olha o que essa pessoa fez!". A outra parte — e, novamente, isso costuma ser algo de que não temos consciência — diz: "Olha o que *eu* fiz!". Pensamos: "Por que ela está me tratando mal? Será que isso significa que não sou importante? Que não me respeita? Será que é porque não sou digno de amor?" Essas reações ameaçam nossa autoestima, o que aumenta a proporção da infração da outra pessoa. É exatamente por esse motivo que isso contribui para a espiral da desconexão. Quando julgamos o caráter dos outros e assumimos a responsabilidade interna por sua má atitude, a cacofonia da crítica e da vergonha faz nossa cabeça esquentar rapidamente, várias vezes sem muita consciência.

Catastrofização e culpa em ação

Um casal recém-casado me procurou reclamando que vivia tendo a mesma briga. Ginger e Carlos moravam em um pequeno apartamento de um quarto, onde dormiam, comiam e assistiam à televisão. Não é preciso dizer que não havia espaço para receber ninguém. A principal reclamação de Ginger era que Carlos não se cuidava. Sua mente já estava funcionando antes mesmo que ela percebesse. "O que vai acontecer quando tivermos uma casa maior e quisermos receber pessoas? O que vai acontecer quando tivermos filhos? Para onde está indo o nosso relacionamento? Eu não sou importante para ele?" Essa linha de pensamento exacerbava as frustrações e as emoções negativas de Ginger, e ela sempre atacava Carlos com raiva. A reação dele era ficar em silêncio, o que irritava Ginger ainda mais, pois ela via a inexpressividade dele como uma confirmação de que ela e seus protestos não eram tão importantes assim para ele.

Não limpar a casa — uma preocupação *local* com uma casa bagunçada — estava se transformando em uma catástrofe *global* de um casamento recente em desintegração. Antes mesmo de parar para deixar Carlos responder ou resolver a bagunça, a mente de Ginger estava voltada para o futuro — para receber convidados em sua próxima casa e como seria a vida deles com crianças pequenas, que fazem bagunça. Mas o que levou Ginger ao limite foi seu julgamento de que Carlos era um desleixado. Ela não reconhecia que a falta de arrumação dele devia-se principalmente a ele ter crescido em uma casa desorganizada — não era nada pessoal. O julgamento de Ginger do comportamento de Carlos levou a um questionamento interno sobre se ela realmente era importante para ele. Em algum nível, ela estava se culpando pela bagunça de Carlos. Durante uma de nossas sessões, ela disse: "Se eu fosse uma esposa melhor, ele prestaria mais atenção às minhas necessidades e limparia a cozinha!".

Vale a pena observar que, nesse caso, Ginger tinha a tendência de pensar e falar de forma rápida e passional. Ela era um pouco cabeça quente, o que piorava as coisas, dada a insatisfação de Ginger com o estado da casa, mas também facilitava a identificação de sua tendência a entrar na espiral da desconexão, pois seu padrão de pensamento era muito consistente. Antes mesmo que Ginger pudesse processar seus pensamentos, ela catastrofizava seu futuro com Carlos. Em seguida, ela logo corria para o caminho de julgá-lo e de não se sentir amada e cuidada. Ironicamente, e infelizmente, quanto mais a cabeça de Ginger se dirigia para essas direções, mais sensível ela se tornava à bagunça de Carlos e mais provável era que catastrofizasse e julgasse (tanto Carlos quanto ela mesma) na próxima vez que ele cometesse um erro.

Espiral de desconexão total

Quanto mais você adiciona culpa à dinâmica do relacionamento, maior é a probabilidade de se concentrar em coisas negativas e catastrofizar ainda mais. Isso aumenta a probabilidade de culpa — seja ela inconsciente ou consciente —, o que, por sua vez, cria mais dinâmicas negativas dentro do relacionamento e alimenta o pensamento catastrófico. Essa dinâmica é semelhante à descida da espiral da ansiedade: algo desencadeia sentimentos de ansiedade e você começa a catastrofizar; se julga como se tudo fosse culpa sua e sua ansiedade aumenta, colocando mais lenha na fogueira. A essa altura, a espiral está a pleno vapor.

Entretanto, como a espiral da desconexão envolve *duas* pessoas e não apenas *uma*, há outro efeito importante. A catastrofização e a culpa criam muito estresse, tensão e ansiedade também para a outra pessoa. O fato de sermos alvo de deduções negativas globais durante uma interação complicada libera adrenalina em nossa corrente sanguínea, o que intensifica nossa reação de luta ou fuga. Uma vez ativada, a reação de luta ou fuga nos levará a aumentar a agressividade, como Ginger, ou a nos retrairmos, como Carlos. É *por isso* que muitas pessoas ficam com raiva sem explicação: a interação de duas pessoas intensifica rapidamente as coisas antes mesmo de percebermos o que está acontecendo. Na maioria dos relacionamentos, quanto mais *uma* das partes é ativada e briga ou foge, maior a probabilidade de a *outra* parte ser ativada também e querer se afastar. Detalharemos esses padrões no capítulo 6.

Em sequência, os quatro passos da espiral de desconexão ficam assim:

1. **Gatilho.** A espiral começa com um indivíduo dizendo ou fazendo algo de que não gostamos ou *não* fazendo algo que queremos ou precisamos que ele faça. Ele pode agir de uma forma objetivamente irrefletida ou desagradável, ou pode ser que simplesmente faça algo que sem querer nos afete.

2. **Pensamento catastrófico.** Aí, catastrofizamos. Interpretamos o que foi feito como tendo consequências não só locais, mas globais. Visualizamos o pior, que todas as decisões futuras tomarão o mesmo rumo e que esse problema nos deixará vulneráveis e desconfortáveis para todo o sempre.

3. **Culpa.** Culpamos *a pessoa*, em vez de simplesmente olhar suas ações. Além disso, muitas vezes de forma inconsciente, *nos culpamos* pelo que ela fez. Isso cria *vergonha* de nossa parte, já que nosso papel no comportamento alheio é, em nossa mente, questionado.

4. **Espiral completa.** Quanto mais catastrofizamos e atribuímos culpa (a nós ou ao outro), mais provável é sentirmos tensão, estresse e ansiedade, e focar os outros pontos negativos do relacionamento. Como resultado, podemos "de repente" ficar agressivos (*lutar*) ou nos desconectar (*fugir*). Isso em geral suscita na outra pessoa uma reação de *luta ou fuga*, criando, assim, um novo conjunto de gatilhos, o que leva a ainda mais pensamentos catastróficos e culpa. Nesse ponto, a espiral completa toma conta, muitas vezes antes de sequer estarmos cientes dos (muitos) passos que contribuíram para entrarmos num estado tão agitado.

A DÁDIVA DA ANSIEDADE

Podemos usar a experiência da ansiedade para melhorar nosso relacionamento com os outros. A ansiedade tende a piorar quando a espiral da desconexão é acionada (como na seção anterior). Entretanto, podemos evitar ser pegos nessa espiral se ouvirmos o que nossos sentimentos de ansiedade estão nos dizendo. Quando fazemos isso, nossos relacionamentos se tornam mais resistentes a gatilhos como aborrecimentos, queixas, insultos e ferimentos.

Ter ansiedade não significa que haja algo de fundamentalmente errado em nós. Como vimos no capítulo 2, podemos usar a experiência da ansiedade como um lembrete de que há fluxos e refluxos naturais em nossos estados emocionais. Um surto de ansiedade não é motivo para catastrofizar — significa simplesmente que você é humano. Além disso, quando a ansiedade surge, seu corpo está pedindo mais aceitação e compaixão. Se você oferecer essas coisas — mesmo que ache que não as merece —, poderá transformar o gatilho inicial da ansiedade em uma oportunidade de amor-próprio.

Podemos usar um conjunto paralelo de estratégias para evitar a espiral de desconexão em nossos relacionamentos. *Vamos começar reconhecendo e aceitando que nenhuma relação é perfeita.* Quer você esteja em um relacionamento romântico, em uma amizade, interagindo com colegas de trabalho ou até mesmo em um vínculo entre professor e aluno, é apenas uma questão de tempo até que uma das partes decepcione ou se sinta incomodada com a outra. Se você passar algum tempo com outras pessoas, em algum momento *surgirá* uma questão sobre a qual vocês discordarão. Até mesmo o mais simples dos relacionamentos está sujeito a decepções. Por exemplo, se você contratar alguém para reformar sua cozinha ou consertar seu carro, é provável que essa pessoa o decepcione por não seguir à risca suas instruções, por demorar demais para terminar o trabalho ou por ter um custo exorbitante. Quando mantemos essas ideias em mente, é menos provável que tenhamos pensamentos catastróficos quando os outros agem de forma inesperada. Às vezes — muitas vezes — as pessoas são simplesmente imperfeitas, e suas próprias imperfeições merecem ser aceitas, e não virar uma festa de preocupações.

Vamos também praticar a compaixão para com os outros. Todos os seres humanos são imperfeitos. Eu diria até que, nos dias de hoje, todos os seres humanos têm falhas de caráter significativas. Essas falhas podem ser imediatamente aparentes em um primeiro encontro ou reveladas apenas com o tempo. Entretanto, não se engane: *todos nós temos alguma luta interna de grande importância com que é nossa missão lidar.* Observe que compaixão não significa ser gentil quando as pessoas merecem — isso se chama recompensa ou até mesmo justiça. Compaixão é deixar de lado julgamentos e culpas *justificados*, praticando a bondade *especificamente* quando os outros estão legitimamente errados. Quando reconhecemos que todos precisam de permissão para lutar ou fracassar, já que somos apenas seres humanos, a única resposta lógica é oferecer bastante bondade e apoio ao longo do caminho.

Você pode questionar por que insisto que a ansiedade é uma bênção quando se trata de relacionamentos — pode parecer que só torna mais difícil tolerar as idiossincrasias dos outros! Digo isso porque, sem experimentar o desconforto da ansiedade, talvez você não perceba a necessidade de praticar a aceitação e a compaixão quando as coisas parecerem fora de ordem. Mas, se você foi abençoado com a ansiedade e trabalhou nela usando as estratégias da parte 1 deste livro, já sabe como é aceitar que você pode não estar funcionando a todo vapor o tempo todo. Também sabe o que é reconhecer a importância de pegar *mais* leve com você mesmo — *não menos* — quando está com dificuldades. *Esses exatos mesmos processos — aceitação e compaixão — são essenciais para relacionamentos prósperos.*

Nesse sentido, a ansiedade pode nos ajudar a implementar as etapas necessárias para neutralizar a espiral de desconexão, que descrevo a seguir. *Nossa própria experiência interna de ansiedade pode tornar mais intuitivo e menos desafiador aceitar e demonstrar compaixão pelos outros.* Com a rara exceção da psicopatia, não existe aceitação ou compaixão demais em um relacionamento.

A ESPIRAL DE CONEXÃO

No capítulo 2, descrevemos como converter uma espiral de ansiedade em uma espiral positiva. Quando temos sintomas de ansiedade, podemos optar por aceitá-los e sermos gentis conosco. Se fizermos isso, não apenas nos sentiremos menos ansiosos, mas também desenvolveremos um relacionamento mais próximo conosco e transformaremos nossa ansiedade em um recurso para prosperar.

Em geral, não temos escolha quanto a experimentar os sintomas iniciais do medo ou o início da reação de luta ou fuga. A ansiedade acontece! Mas podemos optar por não catastrofizar e nos culpar por sentir ansiedade. Em vez disso, podemos aceitar nossos sentimentos e ser gentis com nós mesmos. Quando fazemos isso, aumentamos nossa confiança e resiliência à medida que convertemos os sinais iniciais de medo da ansiedade em ferramenta.

Podemos fazer a mesma coisa em nossos relacionamentos interpessoais. Quando uma pessoa com quem temos um relacionamento diz ou faz algo que desencadeia nossa reação de luta ou fuga, podemos seguir as etapas da espiral de conexão abaixo:

1. **Gatilho.** O gatilho aqui é o mesmo da espiral da desconexão, já que as pessoas são imperfeitas e até mesmo os melhores relacionamentos terão falhas de comunicação ou discórdia de vez em quando.

2. **Aceite a imperfeição.** Em vez de catastrofizar, reconheça que todos os seres humanos são imperfeitos. Por que você esperaria que qualquer relacionamento fosse perfeito, se conexões interpessoais envolvem as idiossincrasias de *duas* pessoas? Para isso, não lute contra suas diferenças com os outros. *Aceite-as e deixe-as passar.* Espere que o conflito passe, pois todos os relacionamentos têm altos e baixos. Não se iluda pensando que os relacionamentos devem ser perfeitamente harmoniosos o tempo todo — isso é uma ilusão.

3. **Tenha compaixão.** Reconheça que *todas* as pessoas em *todos* os seus relacionamentos são seres humanos limitados e imperfeitos. Quando culpamos os outros, deixamos de reconhecer a história

deles e o contexto em que seus problemas se desenvolveram. Seja humilde e reconheça que você também tem muitos problemas. Mais importante ainda, não se culpe pelos problemas alheios. Eles não são culpa sua! Todos têm algo a ser resolvido e, ao considerar suas lutas nefastas, a culpa e a vergonha se infiltram, e é assim que as pessoas se envolvem em sérios problemas de relacionamento.

4. **Reduza a desconexão.** Quando aceitamos as vicissitudes naturais dos relacionamentos e praticamos a compaixão com todos, nossa sensação de desconexão diminui com o tempo e, às vezes, até desaparece.

Um espaço para a assertividade?

Alguns de vocês podem estar se perguntando: "Quando as pessoas fazem algo de que não gosto, não devo fazer nada além de aceitar suas idiossincrasias e ter compaixão (por elas e por mim mesmo)?" É inapropriado ou insensato fazer valer nossas necessidades? Falaremos mais sobre isso no capítulo 6, mas, por enquanto, a resposta a essa pergunta é: obviamente não!

A aceitação e a bondade amorosa não impedem que se esclareça gentilmente ou até mesmo com firmeza o que precisamos dos outros. Também podemos praticar a aceitação e a compaixão ao mesmo tempo que tomamos providências para que nossas necessidades sejam atendidas. *As atitudes positivas não exigem que suportemos tudo o que os outros nos façam.* No entanto, ser assertivo a partir da raiva, irritação e falta de consciência de nossa tendência a catastrofizar e a nos culparmos é desaconselhável e, muitas vezes, ineficaz. Em outras palavras, sem uma base sólida de aceitação e compaixão, a assertividade não costuma ser uma boa ideia.

Essa dinâmica se manifestou nas frequentes brigas de Miriam com a irmã mais nova, Bessie, que tinha ciúmes dela. A mãe havia morrido quando as duas ainda eram jovens e, como irmã mais velha, Miriam se sentia responsável por cuidar de Bessie enquanto o pai estava ocupado com seu trabalho no setor de saneamento, muitas vezes fazendo hora extra para compensar a falta de uma segunda renda. Embora Miriam fosse conscienciosa, a irmã se ressentia de ter sido "controlada" na infância, pois lhe diziam para não a acompanhar quando Miriam saía com as meninas mais velhas da vizinhança. Anos mais tarde, foi Miriam quem se ressentiu amargamente de Bessie ter se apossado de várias relíquias de família, em especial alguns álbuns de fotos valiosos, depois que o pai delas faleceu.

Quando me procurou, Miriam estava consumida pela raiva do "confisco" das fotografias da família por parte da irmã. Em sua cabeça, ela havia cuidado da irmã criança em circunstâncias muito difíceis e sentia que Bessie não dava valor a seus sacrifícios. Miriam ficou tão irritada que "desamigou" e bloqueou a irmã nas redes sociais — um claro protesto contra o roubo de Bessie.

De início, sugeri que Miriam considerasse a possibilidade de se encontrar pessoalmente com Bessie para compartilhar seus sentimentos, mas logo percebi que Miriam ainda estava fervendo de raiva e não tinha plena consciência de suas emoções. Assim, passamos algumas sessões conversando sobre suas perspectivas em relação ao relacionamento com Bessie, desde sua longa história juntas até as circunstâncias atuais. Identificamos que Miriam amava Bessie e queria ter um relacionamento com ela, mas não conseguia aceitar o fato de Bessie ter levado os álbuns. "Como ela pôde fazer isso comigo, depois de tudo o que passamos?", disse Miriam com um julgamento desdenhoso. "Como posso voltar a confiar nela?", ela catastrofizou, com emoção palpável na voz.

Perguntei, então, se Miriam *se* culpava pelo roubo de Bessie. "Tem razão, dr. Rosmarin", disse ela. "Eu me culpo, sim! Eu deveria ter estabelecido limites com Bessie. Ela é egocêntrica e nunca me deu valor, então, era só uma questão de tempo até que ela passasse dos limites. Eu deveria tê-la colocado em seu lugar há muito tempo — isso nunca teria acontecido!"

Ao longo de nossas sessões, tentei cultivar mais aceitação e compaixão. Incentivei Miriam a pensar na experiência de vida de

Bessie como uma menina muito jovem que perdeu a mãe e como ela pode ter sentido que Miriam não era uma substituta à altura. Também discutimos como Bessie pode ter sentido que Miriam era excessivamente controladora e, embora as intenções fossem boas, o impacto pode ter sido negativo para Bessie.

Miriam percebeu, talvez pela primeira vez, que Bessie podia ter pegado os álbuns por ressentimento e, embora esses sentimentos não fossem corretos ou justos, eles faziam algum sentido dadas as circunstâncias. Miriam também reconheceu que Bessie podia ter levado os álbuns da família para tentar recriar mentalmente algumas lembranças positivas da infância que nunca teve. Miriam percebeu que tanto ela quanto Bessie foram prejudicadas por terem perdido a mãe tão pequenas, em uma fase vulnerável da vida. Ela havia entrado na espiral da conexão.

Algumas sessões mais tarde, Miriam estava em uma situação emocional muito melhor e voltamos à ideia de ter uma conversa com Bessie — sobre a história do relacionamento delas, o presente, o futuro e também a questão dos álbuns "roubados".

FERRAMENTA 5: A ESPIRAL DE CONEXÃO

Com relação a amigos e entes queridos, diz o ditado: "Ruim com eles, pior sem eles". Mas, na realidade, apenas a última parte é verdadeira: *viver* é pior *sem eles*. Portanto, precisamos aprender a ultrapassar os obstáculos das conexões interpessoais. É claro que há alguns limites para isso. Se nos encontrarmos em relacionamentos genuinamente abusivos com indivíduos que não demonstram remorso ou preocupação com o bem-estar alheio, precisamos nos proteger. Entretanto, na ausência de intenção maliciosa, geralmente nos beneficiamos ao aprender a conviver com pessoas diferentes de nós. Podemos aprender perspectivas diferentes, nos tornar pessoas mais fortes e, acima de tudo, a ser mais receptivos e compassivos conosco e com os outros. Portanto, quando se sentir irritado com as idiossincrasias alheias ou tiver dificuldades com o que as outras pessoas estão fazendo, entre na espiral de conexão seguindo estes passos.

PASSO 1

Reconheça que simplesmente não é verdade que os relacionamentos devam ser perfeitos. Lembre que as diferenças em geral são um grande catalisador para a conexão e o crescimento interior. *A vida é um caos!* Portanto, é impossível ter relacionamentos ricos com os outros a menos que aprendamos a aceitar suas idiossincrasias com amor e paciência.

PASSO 2

Perceba que está catastrofizando antes que as coisas aumentem. Reconheça e aceite os problemas locais sem torná-los globais. Ruídos de comunicação e equívocos acontecem o tempo todo, especialmente quando duas pessoas são próximas. Interpretar as ações de alguém como nefastas (sendo que talvez não sejam) torna impossível reagir com equanimidade. Quando surgirem problemas, faça uma pausa e permaneça no presente.

PASSO 3

Aceite que todos nós somos seres humanos falíveis e que não serve para nada culpar os outros (ou a si mesmo) quando as pessoas tomam decisões ruins. Como os atletas profissionais gostam de dizer, *você só pode controlar o que pode controlar* — por exemplo, se estiver fazendo um bom jogo e um de seus companheiros cometer um erro grave, a culpa não é sua. Nesse sentido, tenha muita compaixão de si mesmo e dos outros. Fazer isso não vai piorar a situação! Todos nós temos bagagem para carregar e problemas para enfrentar, e todos precisam de *mais* — e não menos — compaixão e amor.

PASSO 4

Pratique continuamente a aceitação e a compaixão para com os outros, assim como faria consigo mesmo em relação à sua ansiedade. Use as diferenças interpessoais para fortalecer os vínculos com as pessoas e amá-las como são.

6

Transcendendo com os relacionamentos

A ansiedade pode nos ajudar a
aprofundar a conexão com os outros

No capítulo 4, vimos como os seres humanos prosperam mais quando estão conectados a outros. Em seguida, no capítulo 5, discutimos como não existe uma opção perfeita quando se trata de relacionamentos; a ideia de um relacionamento que está *sempre* em equilíbrio é uma fantasia. Uma vez que aceitamos que todos os relacionamentos são imperfeitos, damos um grande passo à frente e podemos nos concentrar em manter a calma, evitar pensamentos catastróficos e abster-nos de culpar ou julgar a nós mesmos e aos outros quando confrontados com as idiossincrasias humanas. Também vimos como a ansiedade pode *facilitar* o reconhecimento dos padrões de pensamento catastrófico e de culpa que prejudicam os relacionamentos — e como lidar com ela usando estratégias da parte 1 deste livro. Ainda assim, o que aprendemos nos capítulos 4 e 5 só nos levará até certo ponto. Se quisermos nos conectar verdadeiramente com os outros, *precisamos dar um passo adiante, reconhecendo, aceitando e expressando que somos inerentemente vulneráveis e necessitados quando se trata de nossos relacionamentos mais próximos*, tanto pessoais quanto profissionais. Todos nós precisamos dos outros e também precisamos ser necessários. Não é fácil reconhecer isso! Mas, quando o fazemos, podemos transcender para níveis de proximidade emocional e conexão que, de outra forma, seriam inatingíveis. O presente capítulo mostrará como usar sua ansiedade para gerar maior proximidade, intimidade e conexão em seus relacionamentos.

O PARADOXO DOS RELACIONAMENTOS

Há um paradoxo inerente nos relacionamentos humanos. Por um lado, a conexão interpessoal nos dá uma enorme força. Por outro, obtemos *mais* força quando reconhecemos uma fraqueza — nossa vulnerabilidade e a consequente necessidade de outras pessoas — e quando os outros fazem o mesmo.

Por exemplo, em um relacionamento empregado-empregador, o benefício máximo — para ambos os lados — ocorre *quando tanto o empregado quanto o empregador reconhecem e expressam sua dependência e necessidade do outro*. A Harvard Business School há muito tempo exalta as virtudes da gratidão no local de trabalho.[1] Além do básico de ser atencioso e educado, quando os gerentes expressam gratidão, eles transmitem a mensagem de que a contribuição dos funcionários no trabalho é valorizada e necessária. Isso, por sua vez, tende a *aumentar* a lealdade dos funcionários e a vontade de vestir a camisa da empresa, bem como a satisfação no trabalho. Da mesma forma, quando os empregadores sentem que seus funcionários são dedicados, gratos e dependem da empresa (por identidade ou orgulho profissional, conexões sociais, senso de propósito, segurança financeira), isso cria um espaço psicológico para que os gerentes e executivos reinvistam em políticas que melhorem a experiência do funcionário. E assim, paradoxalmente, os relacionamentos humanos mais estáveis, produtivos e prósperos no local de trabalho são baseados no reconhecimento — de alguma forma — da necessidade do outro. *Todos nós precisamos ser necessários, e os melhores relacionamentos articulam as necessidades de ambos os lados.*

Há vários anos, um de meus pacientes compartilhou comigo um sofrimento significativo relacionado ao trabalho, que mostra como não valorizar os outros, ou não se sentir valorizado, tem efeitos deletérios. Sendo um gênio excepcionalmente rico e de renome internacional no setor de serviços financeiros, Oscar poderia ter se aposentado confortavelmente sem que nem ele, nem seus filhos (e provavelmente até mesmo seus netos) precisassem trabalhar mais um dia sequer. Com isso em mente, na última década, mais ou menos, sua empresa cresceu muito e contratou vários sócios juniores e de nível médio, e Oscar estava com dificuldade de encontrar significado e propósito no trabalho. Suas opiniões eram frequentemente desconsideradas durante as reuniões, apesar de seu histórico de trinta anos em encontrar empreendimentos lucrativos ser impecável. Ele me contou que se sentia recebendo uma *compensação excessiva* e que seus sócios o mantinham por perto simplesmente porque teria sido muito caro se livrar dele. Oscar achava que não precisava de seus sócios e que eles não precisavam dele, o que estava tirando *toda* a alegria de sua vida profissional, embora fosse excepcionalmente rico e ganhasse um salário alto. Mais dinheiro do que Oscar poderia gastar em várias vidas *não* era suficiente para compensar a falta de significado e propósito que vinha de uma completa ausência de vulnerabilidade no trabalho.

É aí que reside o paradoxo do relacionamento. *A força que extraímos de nossas conexões com os outros nunca se baseia em receber mais dos relacionamentos do que investimos.* Pelo contrário, nossa conexão depende (1) do grau em que somos necessários para os outros, (2) do quanto dependemos dos outros e (3) da dependência expressada por todas as partes. Observe que estou usando a relação empregado-empregador e comercial apenas para ilustrar esse ponto geral das relações humanas. De fato, a simbiose e a exploração são insuficientes para explicar a dinâmica humana até mesmo em Wall Street! Isso é ainda mais verdadeiro em domínios sociais, como família, círculo de amizade, comunidades e relacionamentos românticos. Quase nada é mais degradante do que estar em um relacionamento amoroso com alguém que não valoriza suas contribuições para a vida dele. Por outro lado, quando os parceiros românticos sentem que precisam um do outro, é uma das experiências mais preciosas que se pode ter. *Pode ser até o ápice do amor*.

Independência versus *interdependência*

Infelizmente, o paradoxo dos relacionamentos raramente é mencionado nos círculos acadêmicos ou na mídia popular. Isso ocorre por uma razão simples e reveladora: reconhecer e valorizar nossa interdependência vai contra a natureza do individualismo ocidental. Sobretudo na sociedade americana, os direitos individuais de cada um como uma entidade separada em geral superam os do grupo ou coletivo. Nosso sistema educacional adota o mesmo valor: desde o ensino fundamental até a graduação, os alunos são avaliados quase que inteiramente com base em suas realizações individuais, em oposição ao trabalho em grupo.

No entanto, na atual conjuntura da história humana, está claro que fomos muito além dos limites psicológicos da independência saudável. Nossa supervalorização do *individualismo resistente* passou a ser contraproducente em muitos aspectos. As taxas de divórcio estão subindo, as de natalidade e casamento estão despencando e o sofrimento mental está na estratosfera.[2] Talvez o pior de tudo seja que nossa abordagem de vida *faça você mesmo* levou a um aumento exponencial da raiva e da violência. Muito antes da pandemia da covid-19, os incidentes de raiva no trânsito aumentavam quase 7% ao ano.[3] Hoje, é cada vez mais comum motoristas sacarem armas de fogo quando ofendidos por outros motoristas!

Na verdade, podemos realizar muito mais com *interdependência* do que com *independência*. A interdependência ocorre quando precisamos de outras pessoas — e elas precisam de nós. A interdependência reconhece que somos mais fortes juntos do que separados, já que a competição e a individualidade são saudáveis apenas até certo ponto, que, se ultrapassado, só gera malefícios cada vez piores. A interdependência também promove a humildade: todo mundo tem seu dia e ninguém é dispensável. Como disse sucintamente a princesa Diana, "Todos precisam ser valorizados. Todos têm o potencial de dar algo em troca".[4]

Felizmente, no mundo moderno, não é difícil reconhecer que *somos* dependentes dos outros. Não podemos nem mesmo nos vestir de manhã, tomar café e mexer num computador sem usar coisas que foram tocadas por muitas outras mãos — cultivadas, fabricadas, enviadas, processadas e vendidas por centenas de pessoas em todo o mundo. Posso até dizer que há implicações espirituais aqui: *estamos todos interconectados e somos necessários neste mundo para algum propósito.* Essa noção foi ensinada por inúmeros professores de muitas tradições religiosas do mundo.[5]

Anos atrás, quando tive o privilégio de passar um verão no Centro de Ansiedade e Transtornos Relacionados da Universidade de Boston, consegui uma "entrevista de desligamento" com seu famoso diretor, David H. Barlow, e perguntei a ele o segredo de seu sucesso. Para minha surpresa, ele disse que *o principal fator* — além de trabalho árduo, persistência e sorte — *era ter um relacionamento estável com a esposa,* com quem tinha se casado em 1966. À medida que minha carreira acadêmica avançou nas últimas duas décadas, voltei a esse momento revelador em várias ocasiões. De fato, entre meus muitos colegas — a maioria deles muito mais brilhantes, criativos e bem financiados do que eu jamais serei —, aqueles que se separaram de seus parceiros ou tiveram uma desconexão interpessoal significativa passaram por mais dificuldades na carreira em comparação com aqueles que tiveram relacionamentos românticos bem-sucedidos e duradouros.

Para simplificar, a independência é superestimada. Eu voto na interdependência.

E a codependência?

Precisamos distinguir interdependência de codependência. Esta última envolve relacionamentos em que uma pessoa com baixa autoestima e desejo de aprovação tem uma necessidade emocional ou psicológica excessiva de dar apoio a um parceiro ou familiar, que, por sua vez, é afetado negativamente por esse apoio. A interdependência, por outro lado, é o oposto da codependência porque é mútua e torna ambas as partes mais fortes, não mais fracas.

Um exemplo clássico de codependência envolve filhos adultos com um vício (por exemplo, em álcool, substâncias, jogos de azar), cujos pais *permitem* o comportamento patológico devido à sua própria baixa autoestima. Nesse cenário, os pais podem injetar dinheiro na situação, o que quase sempre resulta no agravamento do vício. O que é de fato necessário é uma intervenção orientada por um profissional, na qual a família retém os recursos até que o vício seja tratado. Essa abordagem clínica trata ambas as partes: impede o jovem de usar a substância em que é viciado e faz com que a família enfrente sua própria dependência por ser necessária.

Clyde, um universitário de dezoito anos, vinha usando e traficando ecstasy em festas havia algum tempo antes dos pais perceberem que ele tinha um problema. Quando souberam, ficaram chateados, mas também *não estavam dispostos* a insistir que ele fizesse um tratamento ou a deixar de dar-lhe dinheiro, que ele usava para comprar grandes quantidades da droga. A mãe, Mathilde, acreditava que poderia conquistar sua confiança por meio de longas conversas até tarde da noite, fazendo jantar quando ele chegava em casa depois das raves e dando-lhe dinheiro sempre que pedia. Sem nenhuma experiência ou conhecimento de ecstasy, ela não percebia que o desejo dele de falar sem parar era simplesmente efeito da droga. Sentia que ele estava tentando se conectar com ela e que isso o ajudaria a superar seu vício, mas só reforçava o comportamento desajustado.

Por sua vez, Clyde estava desmotivado para mudar e não achava que sua vida seria melhor se parasse de usar ecstasy, mas em algum momento ele concordou em fazer algumas sessões comigo. Depois de perceber que as sessões com Clyde não estavam levando a lugar nenhum, tive uma conversa franca com a família. Mathilde já se sentia um fracasso e não queria ver o filho chegar ao fundo do poço, por isso não estava disposta a insistir que ele fosse para a reabilitação ou a parar de ajudá-lo. O pai de Clyde percebia que o jeito de Mathilde não estava dando certo, mas não estava disposto a interferir ou expor a família à "vergonha de ter um filho em reabilitação".

Compartilhei com Mathilde que eu achava que ela e Clyde tinham uma relação de codependência: ela não fazia o que estava ao seu alcance para tirá-lo do ecstasy, embora fosse disso que Clyde realmente precisasse. À medida que Mathilde dava cada vez mais apoio, Clyde passou a usar ecstasy com mais frequência. Logo, seus amigos começaram a frequentar a casa dela a qualquer hora, causando barulho e perturbação para os irmãos mais novos dele e até mesmo preocupações com a segurança. Todas aquelas conversas noturnas com o filho estavam deixando Mathilde exausta, e ela se iludia pensando que estava se sacrificando pelo bem do filho, o que se tornou uma grande parte de sua identidade.

Infelizmente, a família não estava disposta a mudar sua abordagem. Portanto, abandonei o caso e disse que quando os pais e/ou Clyde estivessem prontos para fazer o que fosse necessário para romper com aquela codependência, poderíamos retomar o tratamento.

Reunindo tudo

Exceto em circunstâncias de codependência, que são relativamente raras, somos muito mais fortes juntos do que separados. Mais especificamente, somos mais fortes à medida que somos *interdependentes*, reconhecendo nossa vulnerabilidade mútua e necessidade um do outro. Reconhecer e navegar pela interdependência é ainda mais importante hoje, quando levamos vidas extremamente desconectadas em geral.

Como veremos no restante deste capítulo, *podemos aproveitar o poder da ansiedade em nossos relacionamentos para nos aproximar dos outros, reconhecendo e expressando nossas necessidades.* Quando fazemos isso, nossos relacionamentos transcendem para níveis mais altos de intimidade e proximidade, e nossa ansiedade (e raiva) ficam em segundo plano.

ANSIEDADE E RAIVA

Somos criaturas sociais, e o comportamento dos outros nos afeta. Justamente *por isso*, ficamos naturalmente tensos e ansiosos quando sentimos que os outros estão fazendo (ou *deixando de fazer*) coisas que afetam nossa vida de maneira negativa. Isso em si não é um problema; é simplesmente parte de estar em um relacionamento conectado com as pessoas e, como vimos, parte da vida interdependente.

No entanto, as pessoas geralmente não expressam — ou nem mesmo se permitem experimentar — sentimentos de ansiedade quando eles ocorrem em um contexto interpessoal. Em vez disso, tendemos a converter (ou sublimar) nossa ansiedade em raiva. As erupções aparentemente espontâneas de raiva em geral são imediatas e inconscientes, mas não se engane: *a raiz da raiva dos outros, em quase todos os casos, é a ansiedade.* Afinal de contas, a ansiedade é mediada pela reação de luta ou fuga.

No capítulo 4, falei brevemente sobre emoções primárias e secundárias, mas vou me aprofundar mais aqui. As *emoções primárias* ocorrem de forma direta e espontânea como resultado de algum estímulo externo. Na psicologia clássica, as quatro principais emoções primárias são alegria, tristeza, medo e raiva, embora muitos agora acrescentem repulsa e surpresa à lista. As *emoções secundárias* envolvem sentimentos que temos em reação às emoções primárias. Por exemplo, como aprendemos no capítulo 1, podemos ter vergonha quando sentimos ansiedade. Podemos sentir culpa como uma reação emocional secundária ao sentimento de alegria por algo que teve consequências mistas (como um benefício para nós que envolveu prejudicar outra pessoa).

Embora a raiva seja considerada uma emoção primária no mundo animal, na prática clínica, tenho visto que ela aparece mais como uma emoção secundária. A raiva pode assumir várias formas, desde uma leve petulância ou irritação até explosões ou violência. Em todo esse espectro, no entanto, percebi que a raiva raramente ocorre sem a presença de ansiedade, medo ou estresse. A literatura acadêmica confirma isso. Meu querido colega David Moscovitch descobriu há muitos anos que a raiva e a agressividade são elevadas em indivíduos com vários transtornos de ansiedade, em comparação com indivíduos sem transtornos de ansiedade.[6] Quando inconscientemente convertemos a ansiedade em raiva e a atacamos, isso nos permite não lidar com nossa própria ansiedade, colocar a culpa em outra pessoa e, em essência, transferir o estresse de nosso prato para o de outra pessoa.

Esses padrões ficaram particularmente claros durante vários estágios da pandemia de covid-19. Um dia, depois que a obrigatoriedade da máscara foi suspensa, saí para correr (sem máscara) ao redor de um reservatório local em Boston. Apesar de ter mantido uma distância saudável de todos os transeuntes, uma mulher mais velha gritou comigo. "Coloque sua máscara! Coloque sua máscara!" Ela estava furiosa. Educadamente, pedi desculpas à distância, saí correndo, e foi isso. Dois dias depois, fui correr de novo no mesmo local, mas dessa vez coloquei uma máscara esportiva, pois não queria incomodar ninguém. Para minha surpresa, gritaram comigo *de novo* — dessa vez, uma mulher mais jovem. "Chega de máscaras. Você não precisa usar essa coisa idiota! Por que estão dificultando tudo?" Adotei a mesma abordagem de me desculpar brevemente e sair correndo, mas dessa vez voltei para casa e me perguntei: "O que raios está acontecendo?".

Concluí que a emoção das *duas* pessoas que gritaram comigo não era raiva, mas ansiedade. A primeira mulher estava tentando dizer: "Estou com medo. Tenho lido que o vírus me torna particularmente vulnerável e não quero morrer. Também não quero infectar outras pessoas". Quanto à segunda mulher, ela estava tentando compartilhar suas ansiedades em relação à liberdade. Provavelmente achava que as políticas do governo já estavam se excedendo e que a adesão demasiada a regras além dessa linha afetaria sua liberdade. Ironicamente, de certa forma, as duas tinham as mesmas preocupações. Ambas estavam pensando: "Quero que o coronavírus vá embora. Quero que este pesadelo acabe. Não quero ficar tão estressada porque isso está afetando minha saúde física e mental". De qualquer forma, ficou claro para mim que havia pensamentos de ansiedade por trás da raiva. Com essa perspectiva em mente, lembrei-me de ambos os incidentes e quase consegui ver o medo espreitando por baixo dos véus da raiva.

A consequência infeliz de converter a ansiedade em raiva é que não lidamos com a ansiedade (nem com a raiva, aliás). Quando adotamos essa abordagem, anos ou décadas se passam antes mesmo de reconhecermos a necessidade de lidar com nossa ansiedade. E, no entanto, quando percebemos que a raiva é o produto final da ansiedade, não apenas obtemos mais controle sobre a raiva e a ansiedade, mas também podemos nos conectar mais radicalmente com os outros na vida.

Não transformar o lar em um campo de batalha

Zoe e Dwayne, um casal de trinta e poucos anos com três filhos, me procuraram porque Dwayne estava agindo com raiva dentro de casa. Ambos estavam preocupados com que isso pudesse ter efeitos negativos nas crianças. Dwayne confessou que estava lutando contra a raiva e que sentia muita vergonha e culpa, especialmente porque não conseguia articular o que a estava desencadeando. "É como se eu tivesse um barril de pólvora dentro de mim. Eu simplesmente surto e começo a gritar! Me sinto péssimo e realmente quero mudar."

O contexto da raiva de Dwayne é, infelizmente, muito comum nos Estados Unidos de hoje. Ele havia retornado recentemente de várias viagens a serviço no Iraque, onde testemunhou cenas horríveis com feridos e mortos. O pior de tudo eram as coisas que ele fez como soldado, todas sob ordens, mas que ainda o faziam questionar seu senso de moralidade como ser humano. Lamentavelmente, continua sendo uma prática comum entre os comandantes militares aconselhar os soldados a *não* falar com a família sobre suas experiências de guerra ao retornar à vida civil, e Dwayne foi vítima desse mau conselho. A terapia que fez no Veterans Affairs ajudou apenas um pouco; ele continuou atormentado por flashbacks, choque, culpa e vergonha dos horrores da guerra, sem poder compartilhar seu mundo interior com a esposa.

Por não poder discutir seus sentimentos com Zoe, Dwayne muitas vezes explodia pelo menor detalhe. Ele se culpava por isso e interpretava sua incapacidade de controlar o temperamento como um sinal de que não havia sido feito para a vida civil. Quando foi destacado para o Iraque, ele gostava da camaradagem com os colegas soldados, o que o tinha ajudado a processar seus sentimentos de culpa e vergonha, pois eram compartilhados por muitos deles. Em casa, por outro lado, grande parte da energia cognitiva e emocional de Dwayne era dedicada ao gerenciamento de seus sentimentos, de modo que pequenas mudanças o deixavam confuso.

Certa vez, o jantar estava marcado para as sete horas e os planos mudaram, de modo que Zoe disse a ele que o jantar seria às seis e meia porque ela tinha que levar uma das crianças ao treino de futebol. Dwayne ficou furioso e não conseguiu explicar por quê. No entanto, quando olhamos para essa situação com mais atenção na terapia, ficou claro que a raiva de Dwayne vinha, na verdade, de um estado de intensa ansiedade. Ele era um bom soldado e queria seguir as ordens de seu comandante de não compartilhar suas experiências de guerra com a família. Nesse sentido, queria proteger os familiares de sua agitação interior; não permitiria que Zoe ou as crianças o vissem lutando contra a tristeza, a dor ou a culpa. Assim, quando o jantar foi repentinamente adiantado em meia hora, Dwayne se assustou porque percebeu que teria trinta minutos a menos para se preparar emocionalmente e conseguir comer sem se abalar.

Expliquei a Dwayne que ele precisava reconhecer sua vulnerabilidade, tanto para si mesmo quanto para Zoe. Eu disse que achava que Zoe queria apoiá-lo e que ela preferia que ele demonstrasse seus sentimentos mais suaves, como tristeza, vergonha e tensão, em vez de seu lado assustador. Ao conversar com Zoe, ela confirmou essas impressões e acrescentou que se sentiria muito bem se pudesse "cuidar de um soldado grande e forte como Dwayne". Incentivei o casal a falar abertamente sobre a necessidade de Dwayne de receber mais apoio e a necessidade de Zoe de fornecer esse apoio (em outras palavras, serem *interdependentes*).

Virar essa chave mudou tudo. Dwayne aprendeu a contar para Zoe quando se sentia ansioso por não conseguir regular suas emoções. Isso o acalmou, diminuiu parte de sua raiva e o levou a um estado de conexão emocional mais profunda com Zoe, ao contrário de seus padrões anteriores de supressão da ansiedade, explosões de raiva e desconexão interpessoal. Com o tempo, Dwayne conseguiu até expressar sua necessidade de afeto físico. Reconheceu que os abraços e o aconchego de Zoe o acalmavam profundamente quando ele tinha algum gatilho, e Zoe ficou mais do que feliz em proporcionar a Dwayne mais contato físico. Depois que eles discutiram isso abertamente e incorporaram essas conversas em seu dia a dia, as coisas continuaram a melhorar.

Acima de tudo, porém, Dwayne acabou confrontando seu medo mais profundo ao dizer a Zoe que não tinha certeza se estava realmente preparado para a vida familiar depois de tudo o que tinha visto — e feito — no Iraque. Incentivei-o a compartilhar com cuidado *alguns* detalhes do que ele havia passado durante a missão, e Zoe ouviu suas histórias de guerra com paciência. Isso mudou a perspectiva de Dwayne sobre si mesmo: ele percebeu que Zoe não sentia-se desencorajada pelo que ele havia feito no Iraque. Pelo contrário, valorizava seu lado "militar" pelo que ele havia sofrido. Essa simples mudança foi tudo de que Dwayne precisou para perceber que poderia, de fato, ser um marido e pai maravilhoso em casa, assim como havia sido um soldado firme e confiável servindo seu país no exterior.

RAIVA E EVITAÇÃO: DOIS LADOS DA MESMA MOEDA

Vimos que a ansiedade geralmente desencadeia a raiva (a reação de luta). Anteriormente, no capítulo 3, vimos que a ansiedade também pode desencadear a evitação de situações que nos deixam desconfortáveis (a reação de fuga). No âmbito interpessoal, a evitação é semelhante e, muitas vezes, não menos significativa do que a raiva, mas sua manifestação é mais sutil. Quando as pessoas praticam a evitação no contexto de relacionamentos, elas geralmente *se fecham em sua concha* na tentativa de se manterem longe de confrontos e emoções negativas. Esse comportamento pode assumir várias formas, como mudar de assunto quando surgem questões potencialmente controversas, simplesmente não expressar nossos verdadeiros sentimentos ou até mesmo fazer *ghosting*, em especial cortando o contato.

Quando comparamos a raiva e a evitação, uma dessas reações não é necessariamente melhor do que a outra; ambas podem ser igualmente destrutivas para um sem-número de conexões humanas no local de trabalho, na família e, é claro, nos relacionamentos românticos. Outro ponto em comum entre essas reações é seu impacto. Embora tanto a raiva quanto a evitação costumem ser usadas para obter ou manter o controle sobre os relacionamentos interpessoais, elas geralmente criam mais distância emocional e dificultam a correção da dinâmica. A raiva atrapalha os relacionamentos porque assusta os outros e os impede de se envolverem, o que pode extinguir a comunicação. A evitação impede a conexão emocional porque impossibilita o envolvimento ou a abordagem de problemas que estejam gerando estresse no relacionamento.

Ciclos de distância interpessoal

Sue Johnson — uma das principais figuras no campo da terapia de casais — nos ensinou que é comum surgirem três padrões problemáticos.[7] *Todos os três decorrem de tentativas desajustadas de gerenciar a ansiedade.* Quando alguém nos causa irritação ou angústia, tendemos a reagir com raiva (luta) ou evitação (fuga). A outra parte, por sua vez, também escolhe a raiva (luta) ou a evitação (fuga). A dinâmica resultante tende a se repetir em um padrão cíclico, criando mais distância interpessoal e sofrimento ao longo do caminho.

O que está faltando em todos os três padrões que se seguem — em ambos os lados — é reconhecer nossa vulnerabilidade e a necessidade da outra parte. Em vez de criar um relacionamento transcendente reconhecendo e expressando nossa vulnerabilidade e confiando no outro, ambos os parceiros estão efetivamente dizendo: "Não quero ser dependente de você, então vou te causar dor, ou te excluir". Estes são os três padrões:

1. Luta-luta (ataque-ataque)

Neste padrão, ambos os parceiros adotam uma abordagem agressiva. Mesmo que pratos e talheres não estejam voando pelo ar, as brigas tendem a assumir a forma de um jogo de culpa mútuo, que se torna intolerável em um piscar de olhos. Na verdade, cada lado se sente vulnerável por causa de algum medo — ou se sente desvalorizado no relacionamento ou ameaçado de alguma forma. Normalmente, a pessoa catastrofiza esses medos e culpa a outra parte (e, inconscientemente, a si mesma) pela dinâmica problemática. Mas o medo de aceitar e expressar vulnerabilidades cruas parece mais aterrorizante do que atacar e culpar. O resultado geralmente é que os dois lados se enfrentam, se defendem e continuam lutando até que um ou ambos se retirem para seu respectivo canto, feridos, com mais medo e mais distantes um do outro. Como se pode imaginar, esses relacionamentos geralmente não duram muito tempo porque a atmosfera se torna tóxica demais.

2. Luta-fuga (ataque-evitação)

Esse é o padrão mais comum e, em contraste com o primeiro, costuma não ter uma data de validade. Na dinâmica de ataque-evitação, uma pessoa se esforça para lidar com o problema diretamente, mesmo que isso exija uma postura agressiva, e a outra *se fecha em sua concha*, recusando-se a agir de forma decisiva. À medida que a primeira aumenta o protesto, a segunda fica cada vez mais silenciosa, muda de assunto ou faz promessas, mas não as cumpre. Para evitar o confronto, a parte evitativa não diz diretamente que não tem intenção de abordar as questões levantadas pela parte irritada. Como resultado, a ansiedade de quem está irritado nunca é totalmente controlada, já que as questões fundamentais nunca são abordadas e ele sente que a parte que evita não se importa de fato. Quanto ao parceiro evitativo, sua ansiedade também é perpétua, pois vive com medo de ser atacado a qualquer momento. Esse ciclo se repete, muitas vezes por toda a vida, com um dos parceiros levantando questões com muita intensidade (devido à ansiedade) e o outro evitando discutir essas mesmas questões (também devido à ansiedade). O resultado é uma distância perpétua, pontuada por momentos fugazes de conexão, durante os quais o parceiro agressivo espera, em vão, que o outro mude, e o parceiro evitativo espera, igualmente em vão, que o outro desista e pare de discutir. A razão fundamental pela qual eles nunca progridem é a falta de *interdependência*. Nenhum dos lados articula que *precisa* do outro — o agressivo *precisa* ter certeza de que suas preferências são importantes, e o evitativo *precisa* que o agressivo se acalme para poderem viver juntos em paz.

3. Fuga-fuga (evitação-evitação)

Esse padrão é o pior dos três. Normalmente, as coisas começam com a dinâmica de luta-fuga (ataque-evitação), até que a parte agressiva desiste e chega à conclusão de que a outra pessoa nunca mudará. Nesse ponto, a música para e ambas as partes basicamente se desconectam uma da outra para sempre. Embora isso possa parecer, na superfície, uma resolução mais pacífica do que as outras duas formas de conflito, na prática os parceiros vivenciam muito mais distanciamento, desconexão, isolamento e tristeza. Em 100% dos casais que atendi e passaram por infidelidade conjugal ou relacionamentos familiares de anos — ou décadas — levando gelo, *esse* era o padrão em jogo. Também já vi esse padrão se manifestar em relações comerciais em que houve roubo ou fraude. Quando uma das partes conclui com firmeza que a outra está se comportando de forma injusta e que não há nada que possa ser feito para mudar seu comportamento, é muito comum *pegar o que é seu por direito* sem contar ao parceiro.

CONVERTENDO A ANSIEDADE EM AMOR

É interessante notar que esses três padrões tendem a ocorrer de forma consistente e repetida nos relacionamentos, independentemente do que as pessoas estejam discutindo. Aliás, as pesquisas e o trabalho clínico de Johnson nos ensinaram que o conteúdo dos desentendimentos quase não faz diferença! Colegas, amigos, parceiros, casais e famílias que têm uma dinâmica de luta-luta serão explosivos sempre que a ansiedade de uma das partes for acionada. Aqueles que caíram em padrões de luta-fuga provavelmente mudarão para padrões de aproximação e evitação automaticamente quando ocorrer algum estresse. E, quando a fuga se torna um padrão arraigado, ambas as partes costumam se esconder em seu respectivo canto sempre que as coisas se tornam desafiadoras. Por essas razões, as terapias de relacionamento que visam à resolução de conflitos para tratar de questões específicas fracassam rotineiramente, a menos que também abordem a dinâmica subjacente.[8]

O ponto crucial de abordar a dinâmica interpessoal envolve *converter a ansiedade em amor*. É claro que isso não é realista, mas suponhamos por um momento que as mulheres que gritaram comigo durante a pandemia tivessem adotado uma abordagem diferente. O que teria acontecido se a primeira tivesse dito: "Ei, notei que você não está usando máscara. Não estou com raiva. Não vou gritar com você. Só quero que você saiba que sou do grupo de risco [ou moro com alguém do grupo de risco] e fico muito ansiosa só de pensar em ficar doente ou infectar alguém, então, você se importaria de pôr uma máscara?". Eu teria concordado com prazer e poderíamos até ter nos tornado amigos! Da mesma forma, se a segunda tivesse dito: "Desculpa, você sabe que a obrigatoriedade da máscara foi revogada? Entendo que tem muita gente nervosa com o coronavírus, mas estou ainda mais preocupada com o fato de o governo e nossa sociedade estarem exagerando. Fico ansiosa de ver você usando máscara, mesmo que a obrigatoriedade tenha sido suspensa, porque começo a me perguntar se esse pesadelo não vai acabar!". Eu teria pedido desculpas sinceras, tirado minha máscara e poderíamos ter tido uma ótima conversa.

Ambas as falas são substancialmente diferentes de basicamente gritar: "Seu babaca!".

A realidade é que não podemos controlar os outros. Mas ao mostrar nossa vulnerabilidade, podemos nos aproximar deles. Paradoxalmente, isso maximiza a probabilidade de que elas atendam aos nossos desejos (embora nunca haja garantia de que teremos nossas necessidades atendidas; falaremos mais sobre isso adiante). Quando demonstramos raiva, estamos tentando transmitir: "Sou forte, posso fazer o que quiser e você deve me ouvir!". Mas, na realidade, só estamos mostrando nossa fraqueza, pois, a menos que chamemos a polícia ou saquemos uma arma, a outra pessoa não precisa de fato fazer nada.

Por outro lado, nos exemplos reformulados do meu encontro com as duas mulheres sobre o uso de máscaras, dois elementos essenciais estão sendo expressos: (1) o reconhecimento da própria ansiedade e (2) a necessidade da outra parte. Quando fazemos isso, criamos mais proximidade interpessoal e evitamos a raiva e a irritação. *Transformamos nossas ansiedades e vulnerabilidades em uma força que nos aproxima dos outros, em vez de afastá-los e perpetuar a distância e o isolamento.* Converter a ansiedade em amor envolve aceitar e expressar que precisamos das outras pessoas e que as decisões delas nos afetam para o bem ou para o mal. Isso começa com afastar a raiva e a evitação, e com reconhecer nossas tendências de tentar controlar as pessoas em vez de reconhecer e expressar nossos sentimentos de ansiedade.

Lembre-se de Miriam e Bessie, as irmãs do capítulo 5. Depois de várias sessões, Miriam chegou a se compadecer dos sentimentos de controle de Bessie, e compreendê-los. Ela decidiu conversar com Bessie sobre os álbuns roubados. "Esses álbuns eram muito importantes para mim", disse Miriam. "Então, quando vi que eles haviam sumido, comecei a entrar em pânico. Fiquei muito ansiosa porque achei que estivessem perdidos. E aí, quando percebi que você tinha levado, fiquei com medo de que, se você levou uma coisa, poderia levar outra. Como você é minha irmã, preciso ter um relacionamento de confiança — e o fato de eu estar questionando essa confiança me deixa muito triste e preocupada. Não estou culpando você nem dizendo que você é desonesta. Só quero te dizer como me senti quando você pegou os álbuns sem falar comigo antes."

O reconhecimento de Miriam de sua vulnerabilidade fez com que Bessie se abrisse. "Para ser sincera", respondeu Bessie, "eu estava com medo de perguntar se poderia ficar com os álbuns porque você é a irmã mais velha e não sabia se você deixaria." Miriam validou e reconheceu que ela nem sempre foi a irmã mais compassiva ou mais *tranquila* do mundo, e as duas se conectaram emocionalmente mais do que haviam feito em muitos anos. No final, Miriam sugeriu que Bessie ficasse com os álbuns em seu apartamento para que Bessie pudesse vê-los sempre que quisesse fazer uma viagem pelo passado.

Três passos para reconhecer nossa vulnerabilidade

Na prática, o que devemos fazer quando sentimos que estamos ficando com raiva ou nos irritando com alguém, seja um amigo, colega de trabalho, chefe, parente ou parceiro romântico? Vamos dividir como reconhecer nossa vulnerabilidade em três etapas concretas:

1. Reconheça o motivo de sua ansiedade

Quando sentimos ansiedade no contexto dos relacionamentos, é a maneira de nosso corpo nos alertar para nossa falta de controle sobre os outros. Isso não é ruim. Na realidade, geralmente *não* estamos no controle, porque as outras pessoas têm livre-arbítrio e autonomia para tomar suas próprias decisões. Têm seus próprios desejos e necessidades, que podem ou não se alinhar com os nossos e podem ou não colocar nossas necessidades acima das delas quando há um conflito. Portanto, devemos começar identificando: o que realmente nos preocupa que possa acontecer se alguém não fizer o que queremos e esperamos? Em geral, é desconfortável pensar nisso, pois é necessário reconhecer que somos vulneráveis e dependentes de outras pessoas. De fato, tende a ser ainda mais desagradável do que reconhecer os aspectos da ansiedade que enfocamos na primeira parte deste livro (capítulos 1 a 3).

Muitos inicialmente dirão: "Não *preciso* de você!". Mas, quando pressionados a admitir a verdade, fica claro que precisam *sim* dos outros — e muito. Esse é um dos principais motivos pelos quais um relacionamento romântico pode ser tão avassalador e até mesmo assustador às vezes: *quanto mais nos aproximamos dos outros, mais precisamos confiar neles — e eles podem realmente não nos ajudar!* As pessoas são livres para escolher e, uma vez inseridas em nossa vida, ficamos — até certo ponto — presos às consequências de suas escolhas. Portanto, amigos e colegas de trabalho precisam sentir que podem confiar e contar uns com os outros. As crianças na escola precisam que seus professores e colegas sejam compreensivos e compassivos. Os filhos adultos geralmente precisam que seus pais maneirem um pouco. Os cônjuges e parceiros precisam mais um do outro do que geralmente estão dispostos a admitir. *É quase impossível escapar de nossa vulnerabilidade nos relacionamentos ao longo de toda a vida.*

Se sempre cuidarmos de tudo sozinhos — em vez de aprendermos a confiar nos outros —, nos distanciamos em nossos relacionamentos e, levando isso longe demais, podemos acabar sozinhos. Conforme discutido nos capítulos 4 e 5, e anteriormente neste, as pessoas têm menos probabilidade de prosperar quando são *independentes* do que quando são *interdependentes* e colaboram. Pode ser difícil aceitar que precisamos de outras pessoas, mas é mais fácil lidar com isso quando aceitamos. Todas as alternativas a depender de outras pessoas — como fingir que não precisamos delas, tentar controlá-las com raiva ou evitação ou nos afastarmos completamente dos relacionamentos — tendem a ser piores do que reconhecer e lidar com nossa vulnerabilidade e desconforto. Portanto, o primeiro passo para confiar nos outros é reconhecer o que nos deixa ansiosos.

2. Proteja-se contra a raiva e a evitação

É difícil realizar essa etapa sem avançar na primeira: a menos que estejamos cientes de nossa ansiedade em relação a confiar nos outros, seremos alvos fáceis para a raiva e a evitação. Como já discutimos, a agressividade e o desinteresse decorrem da ansiedade inconsciente. A emoção subjacente que nos impele ao antagonismo ou nos fecha em silêncio geralmente é uma forma de estresse, ansiedade ou medo. Quando estivermos cientes de nossas verdadeiras preocupações (por exemplo: "Será que essa pessoa vai me ajudar? Posso confiar nela? E se ela continuar fazendo aquilo que está me deixando louco?"), podemos começar a gerenciar nossas respostas de luta ou fuga.

Aqueles de nós que facilmente ficam raivosos ou agressivos precisamos reconhecer quando nossa cabeça começa a esquentar e seguir o exemplo de nossas contrapartes que se fecham em concha, afastando-se e esperando que nossas emoções se acalmem antes de expressar como nos sentimos. A raiva é uma emoção complexa e obscurece nosso julgamento e a tomada de decisões; as pessoas podem cometer erros graves quando estão com raiva — erros que nunca cometeriam com a cabeça fria e o coração tranquilo. No entanto, o lado bom da raiva é que ela diminui com o tempo; muitos dos cabeças quentes que se irritam rápido se acalmam com a mesma rapidez. O antigo conselho de "contar até dez" quando estiver com raiva é, na verdade, sábio. Isso ocorre porque raramente é produtivo falar com alguém até que sua raiva tenha se acalmado. Faça uma caminhada — ou uma corrida — e permita-se acalmar-se antes de abrir a boca.

Do outro lado, quem se fecha em concha precisa se proteger contra a evitação, se expondo e falando. Aqueles que evitam lidar com situações interpessoais emocionalmente complexas em geral o fazem, pelo menos em parte, porque têm medo de magoar a outra parte. No entanto, costuma ser mais doloroso ser excluído por um ente querido que tende a se fechar do que fazê-lo compartilhar seus sentimentos, mesmo que sejam dolorosos. Ao contrário de seus colegas agressivos, aqueles que evitam geralmente correm pouco risco de causar danos reais ao relacionamento ao compartilhar seus sentimentos. Pelo contrário, o maior risco para esses indivíduos é se fecharem, *não* dizendo o que pensam e sentem.

3. Expresse suas necessidades a partir de um ponto de vulnerabilidade

Por fim, depois de percebermos o que nos causa ansiedade e de nos protegermos contra a desconexão, *precisamos ir fundo e expressar o que precisamos dos outros*. Para fazer isso, é preciso aceitar que relacionar-se significa, às vezes — muitas vezes —, não estarmos no controle. Precisamos aceitar que somos vulneráveis e rezar para que os outros nos ajudem! Reconhecer que precisamos dos outros é uma lição de humildade — e assustador —, mas é uma etapa necessária no processo de aceitação de nossa interdependência e de transcender nossa ansiedade. Se você não abrir mão disso, estará prejudicando seus relacionamentos para sempre por não estar fazendo a *sua* parte.

Quando tivermos clareza de que precisamos dos outros e de que tentar controlá-los é inútil, poderemos expressar nossas necessidades reais e as emoções cruas por trás dessas necessidades — não aversão, julgamento, sarcasmo ou outras emoções secundárias, mas tristeza, ansiedade, medo ou outras emoções primárias que estejam surgindo. *O objetivo é comunicar como nos sentimos para que a outra pessoa possa reconhecer nossas necessidades e como as decisões que ela toma podem afetar nosso bem-estar.* Quando expressamos raiva a uma pessoa ou nos silenciamos diante dela, a conversa é interrompida. Mas quando descrevemos, de um ponto vulnerável, o que precisamos dela, podemos ter conversas significativas sobre nossos sentimentos. As pessoas não gostam de se envolver quando estão com raiva ou em silêncio, mas geralmente não se importam em fazê-lo quando estão ansiosas. Quando expressamos nossa ansiedade, aumentamos as chances de a outra pessoa nos ajudar.

E SE A OUTRA PESSOA NÃO SE MANIFESTAR?

Nada disso é fácil. É ainda mais difícil do que as técnicas de terapia de exposição que discuti no capítulo 3. Portanto, se você estiver se sentindo desconfortável ou apreensivo em relação às três etapas anteriores, considere isso um sinal de que está entendendo o que estou falando.

A razão pela qual isso provoca ansiedade é simples: para ter relacionamentos, precisamos aceitar que as pessoas têm limitações e podem ou não nos ajudar. Em algum momento, precisamos dar um passo atrás e permitir que a outra parte decida se estará presente para nós. Precisamos parar de controlá-la, abrir mão e reconhecer que — no final das contas — *o que for para ser vai ser.* Sim, devemos compartilhar nossa ansiedade com os outros e pedir-lhes gentilmente que nos ajudem, mas, depois disso, a decisão é deles.

Somente quando seguimos as etapas de reconhecer nossa ansiedade, evitar a raiva e a evitação, aceitar nossa vulnerabilidade e expressar nossas necessidades é que podemos afirmar com segurança que fizemos tudo o que podíamos. Neste ponto, se a pessoa não nos ajudar, a culpa é dela.

A boa notícia

Na maior parte das vezes (embora não em todas), as pessoas *vão* ajudar quando você expressar seus sentimentos da forma mais sincera possível. Um artigo publicado na prestigiosa e conceituada revista científica *Nature* declarou recentemente: "Experimentos indicam que o altruísmo humano é uma força poderosa".[9] O artigo prossegue sugerindo que os seres humanos são naturalmente pré-programados com valores de ordem superior, como compaixão, graça, bondade e benevolência. Quando vemos outro ser humano em necessidade, somos naturalmente inclinados a doar e fazer o que pudermos para ajudá-lo.[10] Por essas razões, em muitos casos, mas não em todos, quando você mostra que precisa de alguém, essa pessoa o ajuda.

No capítulo 5, Rosemary acabou reconhecendo que precisava *de fato* de Sal. Em um momento posterior de nosso trabalho conjunto, ela até viu a importância de expressar suas necessidades emocionais a ele. Ao entender isso, ela procurou Sal e abriu seu coração, a princípio de forma hesitante, dizendo: "Sei que tenho estado muito brava com você, e sei de onde isso vem. Preciso de você — e às vezes sinto que você não se importa comigo, o que faz com que me sinta muito triste e sozinha". Sal percebeu que Rosemary havia baixado a guarda e que, embora continuasse a lutar contra a depressão e o trauma, ele *realmente* precisava apoiá-la mais.

À medida que nossas sessões avançavam, Rosemary percebeu que estava menos irritada com as escolhas de carreira de Sal e mais com o fato de estar emocionalmente desesperada para que Sal demonstrasse que se importava com ela. Como principal fonte de renda da casa, Rosemary não se importava tanto com o salário ou com as conquistas profissionais de Sal, mas, em sua mente, essas coisas haviam se tornado uma representação do amor dele. Na verdade, Rosemary precisava melhorar a conexão com o marido, mas, em vez disso, ela o estava afastando.

A chave para ela foi perceber que demonstrar vulnerabilidade em um relacionamento *não* é ruim, mas sim um passo adiante que ela poderia dar. Rosemary havia tentado ser dura e mostrar a ele quem era a chefe por mais de uma década, mas isso não a levou a lugar algum. Percebeu que precisava tentar uma nova abordagem, que era transcender seu medo de ser vulnerável. Rosemary teve de aprender que apelar para o senso de justiça de Sal — "Você é meu marido e tem de carregar sua parte dos fardos" — nunca funcionaria. Em vez disso, apelar para Sal em um nível emocional — "Eu me sinto sozinha e preciso que você me mostre que se importa" — mudou a percepção dele e os ajudou a se conectar.

Laurie, um outro caso, estava casada havia cinco anos e tinha um filho. Ela queria uma família maior e estava tentando engravidar de novo, mas sem sucesso, apesar de várias idas a uma clínica de fertilidade. Seu marido, Nathan, estava sobrecarregado no trabalho e se sentia constrangido com todos os exames e as discussões sobre sua contagem de esperma, portanto, tentava não falar sobre fertilidade. Isso deixava Laurie irritadíssima, pois sentia que Nathan não se importava com algo que significava muito para ela. Certa noite, durante um momento íntimo, Laurie ficou furiosa quando Nathan não conseguiu ter uma ereção e gritou: "Qual é o seu problema? Você não é homem o suficiente?". Nathan se sentiu emasculado e envergonhado e se fechou em sua concha, isolando-se de Laurie por quase uma semana. Mesmo depois que a tempestade passou e ele começou a voltar ao normal, não conseguiu de jeito nenhum ter uma boa performance sexual.

Enquanto eu trabalhava com Laurie, ficou claro que a raiz de sua raiva naquela noite era a ansiedade. Ela temia que estivesse ficando velha demais para ter um bebê e que Nathan não fosse capaz de lhe dar outro filho. Estava ainda mais aterrorizada com o fato de Nathan não estar totalmente comprometido com o crescimento da família deles e que, no final das contas, não se importava com as necessidades dela. Mas Laurie não estava expressando esses medos. Em vez disso, ela estava atacando o cônjuge, dizendo outras coisas dolorosas como: "Você não me ama de verdade! Sinto que estou fazendo isso sozinha!".

Laurie amava o marido. Sabia, no fundo, que ele realmente se importava com ela, e achava que ter mais filhos ajudaria a solidificar o relacionamento deles. Ela lembra que, depois que o primeiro bebê nasceu, Nathan ficou muito mais comprometido e amoroso do que o normal, mas que, com o passar do tempo, esse brilho se dissipou. Agora, no entanto, ao *não* mostrar seu lado mais suave, ela o impedia de demonstrar seu próprio afeto e, na verdade, estava afastando-o.

Quando ajudei Laurie a reconhecer e expressar sua ansiedade, ela conseguiu abrir mão um pouco do controle sobre Nathan. Percebeu que não estava simplesmente com raiva; ela estava aterrorizada — por não ter um bebê e por perder a proximidade com Nathan para sempre. Quando Laurie me perguntou o que deveria fazer a respeito da disfunção erétil de Nathan, sugeri que ela dissesse a ele algo assim: "Não se trata de engravidar; eu só quero estar perto de você. Se você tiver uma ereção, ótimo, se não, também não tem problema. Porque, na verdade, o problema não é sua ereção, mas minha ansiedade. Minha ansiedade significa que preciso de você, e o que quer que aconteça a partir daí está bom".

Essa abordagem funcionou para ambos. Ao reconhecer sua vulnerabilidade a Nathan de uma forma que ele pudesse reagir, Laurie, em vez de dar ordens, foi capaz de abrir mão de sua necessidade de controlá-lo. Sentindo-se seguro de que Laurie o amava, independentemente de seu desempenho, Nathan foi capaz de relaxar e se concentrar em desfrutar da intimidade física deles. E ouvir que Laurie precisava dele deu a Nathan mais confiança, o que o deixou mais excitado.

Não estou brincando: trinta dias depois de minha conversa com Laurie sobre como se aproximar do marido, ela estava grávida! Quase não acreditei quando ela me ligou para contar, porque foi tudo muito rápido, mas, aparentemente, esse é o poder de abrir mão de nossa necessidade de controlar os outros e, em vez disso, aceitá-los.

A *má notícia*

Em algumas situações, a outra pessoa pode não estar pronta para ajudá-lo de imediato, por isso pode levar algum tempo. Em outras circunstâncias, pode ser que ela nunca te ajude. Muitas vezes, isso não acontece porque a pessoa não *quer*; ela simplesmente não consegue, seja por motivos práticos, fatores neuropsicológicos (como falta de foco ou distração) ou um bloqueio emocional. Entretanto, em alguns casos, ela simplesmente não quer ajudar. Mesmo nesses casos, porém, é fundamental manter a consciência de nossa ansiedade em vez de sermos sugados pelo vórtice da raiva ou da evitação, para que possamos aceitar a realidade do relacionamento sem sermos vítimas da reação de luta ou fuga.

Devido a esses fatores, expressar nossas necessidades a partir de um lugar de vulnerabilidade acarreta algum risco. Pode ser realmente desafiador fazer todo o trabalho interno deste capítulo e a outra pessoa simplesmente não reagir. No entanto, em nossos relacionamentos mais próximos, é fundamental saber qual é a posição do outro e deixar claro que seu comportamento desajustado não é culpa nossa. Em alguns casos, o melhor pode ser a manutenção de certo grau de distância no relacionamento. Por mais doloroso que seja, é melhor reconhecer as limitações dos outros, tendo feito nossa parte para aprofundar o relacionamento, do que ficar perpetuamente preso em ciclos de desconexão.

Um jovem chamado Chen, filho de pais que emigraram da Ásia, estava tendo dificuldades com as expectativas deles em relação ao seu sucesso acadêmico. Chen, que nasceu em Nova York, queria tirar uma folga da faculdade para trabalhar como voluntário na Guarda Costeira dos Estados Unidos e expandir suas experiências de vida. Não estava tão preocupado com o sucesso quanto sua família e se ressentia de que os pais não o deixavam ampliar seus horizontes. Como filho único, Chen estava bem ciente de sua responsabilidade cultural para com os dois e da intenção deles de contar com ele na velhice, mas achava que teria mais sucesso na vida se pudesse seguir seus próprios sonhos.

Inicialmente, Chen e eu conversamos sobre aceitar sua ansiedade e não catastrofizar seu relacionamento com os pais, tentando dar a eles o benefício da dúvida. Por ter nascido nos Estados Unidos, Chen cresceu com perspectivas de vida diferentes das dos pais, que viveram a maior parte da vida em Xangai. Discutimos a conversa que ele esperava ter com os pais a partir de um ponto de vista de compaixão, incluindo seu desejo de dizer a eles o quanto precisava que o deixassem em paz. Mas, como eu havia previsto, a conversa não foi como ele esperava. Seus pais continuaram preocupados com Chen e o criticaram por sacrificar seu futuro sucesso. "Nós nos sacrificamos muito para vir para este país", disseram eles. "Você é nosso único filho e temos muita esperança em você. Só queremos que tenha um futuro brilhante." A implicação era clara: a única maneira de Chen ter um futuro brilhante era seguindo a linha, permanecendo na faculdade, trabalhando para obter um diploma e ganhando um salário alto.

A resposta de Chen foi: "Este é um país diferente daquele em que vocês foram criados, e há muito mais opções. Vou me formar e conseguir um emprego, mas isso não é o essencial. Não se preocupem, vou cuidar de vocês na velhice". Mas os pais de Chen estavam tão concentrados em fazer com que ele seguisse o plano deles que nem conseguiram ouvir o que ele dizia. Foi uma conversa muito dolorosa para Chen, mas, com o passar do tempo, ele conseguiu reconhecer que havia feito a sua parte e que as limitações dos pais não eram culpa dele. Chen não estava totalmente em paz, mas conseguiu aceitar que, embora não lhe dessem a bênção, ele ficaria mais calmo se parasse de insistir que os dois vissem as coisas do seu jeito.

Algo semelhante aconteceu entre Marcus e Sheila. Quando se casaram, eles eram festeiros, viviam na rua, bebendo, usando drogas e saindo com os amigos. Por fim, estabeleceram-se para ter filhos e naquele momento estavam criando duas crianças com menos de quatro anos. Marcus se dedicou a criar um ambiente saudável para a família e frequentemente compartilhava ideias dos livros de autoajuda que lia. No início, Sheila fingiu interesse, mas, com o passar do tempo, passou a responder mais a telefonemas e mensagens de texto de antigos amigos que bebiam e usavam drogas, a maioria ainda solteiros. Sheila começou a sair e a se divertir novamente, deixando Marcus em casa com as crianças e voltando "fora de si", como Marcus disse.

Com o passar do tempo, o casal foi se distanciando cada vez mais. Sheila achava que já havia feito "concessões à vida adulta" suficientes, como abandonar as drogas e não beber enquanto estava grávida. Marcus, por sua vez, ficava frustrado com Sheila por largá-lo com as crianças enquanto ela curtia a noite toda com as amigas. Durante a pandemia, as coisas chegaram a um ponto crítico. Sheila continuou saindo de casa, o que Marcus viu como um problema para a segurança da família. Para manter a paz, inicialmente eu o incentivei a aceitar quem Sheila era e a não catastrofizar. Ele fez um bom trabalho e rapidamente conseguiu compartilhar sua profunda ansiedade de que Sheila nunca viesse a ser uma adulta responsável o suficiente para criar os filhos com ele. Incentivei Marcus a expressar suas necessidades a Sheila e a aceitar que ela poderia ou não o atender. Praticamos em uma sessão e ele ficou com os olhos marejados ao dizer o quanto se sentia vulnerável.

Infelizmente, porém, quando Marcus compartilhou seus sentimentos com Sheila, do fundo de sua alma, ela simplesmente não conseguiu apoiá-lo. Para ela, era essencialmente um casamento de conveniência, e ficou claro na conversa deles que ela estava fazendo sexo com outros homens quando saía para a balada. Para seu grande crédito, Marcus não protestou, não brigou nem se afastou do relacionamento. Simplesmente disse a Sheila que estava procurando mais conexão e uma vida familiar, e que respeitaria a decisão dela se ela não quisesse isso. Por fim, o casamento deles não sobreviveu, mas a força emocional de Marcus cresceu muito o longo do processo de lidar com a situação, assim como sua capacidade para relacionamentos futuros.

FERRAMENTA 6: RECONHECER E EXPRESSAR NOSSA VULNERABILIDADE

Se estiver se sentindo ansioso em um relacionamento de qualquer tipo (por exemplo, social, profissional, familiar ou romântico), considere isso um bom sinal! Quando nos conectamos com outras pessoas, nos tornamos vulneráveis, pois suas decisões e atividades nos afetam. Por isso, é natural sentir-se tenso, estressado, ansioso ou ter medo. De certa forma, a ansiedade em um relacionamento é um sinal de que a conexão é sólida: se você não sente nenhuma ansiedade, é provável que não se importe muito com o relacionamento.

Portanto, a ansiedade representa uma oportunidade de tornar nossos relacionamentos mais íntimos. Podemos optar por compartilhar nossas preocupações com outras pessoas e dar a elas a oportunidade de entender como nos sentimos, nos confortar e nos ajudar. Como já comentei, na maioria das situações, compartilhar nossa vulnerabilidade é um catalisador para que os outros se envolvam mais plenamente em nosso relacionamento com eles e forneçam o que precisamos. Entretanto, em alguns casos, eles podem não nos ajudar, e é difícil aceitar e lidar com isso. Mesmo nesses casos, é melhor saber em que pé estamos e ficar satisfeitos que fizemos nossa parte para manter a conexão.

Isso nos leva à nossa ferramenta. Você pode prosperar com a ansiedade reconhecendo e expressando sua vulnerabilidade para outra pessoa, com o objetivo de enriquecer a conexão. Pode fazer isso com um colega de trabalho, chefe, amigo, familiar ou parceiro romântico.

PASSO 1: CRIAR CONSCIÊNCIA

Comece se tornando mais consciente de sua ansiedade. Esteja 100% ciente de seus desejos e suas necessidades no relacionamento e como eles podem ser atendidos pelo outro. Pense em como sua vida seria diferente se a pessoa não ajudar você ou se tivesse algum comportamento que o tirasse do sério. Se você se sentir desconfortável pensando nisso, está no caminho certo!

PASSO 2: SE PROTEGER CONTRA RAIVA E EVITAÇÃO

Depois, tome o cuidado de se proteger contra a raiva e a evitação. Se você tende a ficar raivoso em geral, esteja superatento à sua ansiedade e mantenha a consciência dessa emoção primária. Com isso em mente, tire um tempo para contar mentalmente até dez caso se sinta agitado, e acalme-se antes de seguir para o passo 3. Se você tende a evitar e se retrair para sua concha (por exemplo, mudando de assunto quando aparecem questões espinhosas, não expressando seus sentimentos verdadeiros ou fazendo *ghosting*), use a abordagem oposta: reconheça que os perigos de se fechar incluem perder a proximidade com os outros e que há um custo de não dizer o que pensa.

PASSO 3: EXPRESSAR SUAS NECESSIDADES

Finalmente, vá fundo e expresse o que você precisa dos outros, a partir de um lugar de aceitação de que você necessita da ajuda deles. Utilize sua ansiedade para transmitir que precisa que a outra pessoa o ajude ou pare de fazer o que está causando sofrimento. Lembre que o objetivo não é controlar o outro; é informar seu estado emocional para ele poder tomar uma decisão informada que reconheça como as ações dele afetaram você. Tire um tempo para comunicar suas necessidades, mesmo que seja assustador, para poder fazer sua parte em criar um nível mais alto de conexão.

PARTE 3

MELHORANDO A CONEXÃO ESPIRITUAL

7

Conhecendo nossos limites

*A ansiedade pode nos ajudar a enxergar
os limites do que sabemos e do que
podemos controlar*

Primeiro, algumas palavrinhas sobre espiritualidade. Conforme compartilhei na introdução, espiritualidade é "a busca do sagrado",[1] o que envolve transcender o mundo material. Para muitos, isso envolve religião, mas para outros pode refletir *qualquer* aspecto da vida que seja transcendente de alguma forma, como o desenvolvimento de um senso maior de humildade, paciência, gratidão, bondade e compaixão. Outro aspecto da espiritualidade, que discutiremos no capítulo 9, envolve reconhecer a capacidade humana de grandeza, a coragem de enfrentar a adversidade e a busca de nossas metas e sonhos. Como a espiritualidade é um domínio muito amplo, incentivo os membros de qualquer fé ou de nenhuma fé a permanecerem abertos às páginas a seguir e a aprenderem como a ansiedade pode melhorar nossa conexão espiritual de maneiras surpreendentes. Dito isso, alguns leitores podem não se identificar com a parte 3 deste livro, e tudo bem.

Este capítulo nos leva de volta aos temas certeza e controle, que discutimos na introdução. Como já compartilhei, os principais motivos pelos quais estamos tão ansiosos hoje em dia são nossa intolerância cultural à incerteza e nossa incapacidade de suportar qualquer insegurança. Estamos sofrendo com níveis de ansiedade sem precedentes, em grande parte porque (erroneamente) presumimos que a vida deve ser 100% previsível e controlável. Nesse sentido, tendemos a nos criticar e a nos culpar quando as coisas dão errado, mesmo quando isso se deve a fatores muito além do nosso controle. Assim, quando as complexidades da vida, a escassez de nosso conhecimento e nossa inépcia inevitavelmente se revelam, a miragem da previsibilidade e do controle se dissipa e somos tomados pela ansiedade. *Neste capítulo, mostrarei como as relações intrínsecas entre ansiedade, incerteza e falta de controle podem ser catalisadores para a prosperidade.* Podemos aprender a ver nossa ansiedade como um indicador de que estamos esbarrando nos limites de nosso conhecimento e controle no mundo e que não há motivo para nos julgarmos quando as coisas dão errado — às vezes, a vida simplesmente é complicada e desafiadora. Quando reconhecemos esses aspectos do ser humano, saímos com menos ansiedade e com virtudes espirituais, como a humildade, aprimoradas.

OS LIMITES DO CONHECIMENTO HUMANO

Na atual era da informação digital e do conhecimento científico em rápida expansão, pode parecer que sabemos tudo. Basta perguntar à Siri ou à Alexa e elas lhe darão praticamente qualquer informação que você queira saber, em questão de segundos. Ao mesmo tempo, ironicamente, nossa tecnologia e ciência expansivas mostraram o quanto *não* sabemos!

Por exemplo, a física quântica questiona até mesmo as suposições mais básicas que temos sobre matéria e energia. A inteligência artificial mostra como a capacidade humana de processar informações é menor do que a de uma máquina. A neurociência moderna revelou que o cérebro humano é muito mais complexo do que compreendemos atualmente — muitas de suas funções são governadas por interações dinâmicas e em constante mudança de várias redes, em vez de regiões distintas.

Em um nível ainda mais básico, o conhecimento científico atual continua incrivelmente limitado. Para citar apenas alguns exemplos, os cientistas não sabem por que choramos, por que rimos, por que adormecemos ou mesmo como funciona a anestesia geral.[2] Quando olhamos para o céu noturno, nossa falta de conhecimento é ainda mais palpável. Os astrônomos estimam que existam entre 100 bilhões e 400 bilhões de estrelas somente na Via Láctea, das quais o Sol é uma relativamente pequena. E isso não é muito em comparação com os estimados 200 bilhões de trilhões de estrelas no universo conhecido.[3] Em suma: quando se compara o que sabemos com o que não sabemos, fica claro qual lado pesa mais na balança.

Admitir esses e outros limites do conhecimento humano pode nos deixar ansiosos, a menos que sejamos capazes de tolerar a incerteza.

Ser intolerante à incerteza é um pouco como ter uma alergia. Quando as pessoas intolerantes à incerteza (ou seja, alérgicas a ela) se deparam com uma, também têm uma forte reação: elas se preocupam e fazem tudo o que conseguem pensar para fugir, evitar ou eliminar a incerteza.[4] Ser extremamente intolerante à incerteza pode levar a problemas ainda maiores, como gastar muitas horas do dia e uma boa quantidade de energia física e psicológica em comportamentos repetitivos e ter de lidar com o estresse e a ansiedade que esses comportamentos geram.

Alérgico à incerteza

Bill Wilson, um dos fundadores dos Alcoólicos Anônimos, fez uma grande descoberta quando um médico chamado William D. Silkworth, que o estava tratando de seu vício, disse a Wilson que ele tinha uma "reação alérgica" ao álcool. Depois de tomar um único drinque, ele não conseguia parar de beber até desmaiar ou ser hospitalizado.

Silkworth comparou a dependência crônica do álcool à rinite alérgica, em que uma pessoa pode ficar livre "por muitos anos de qualquer suscetibilidade ao pólen. No entanto, ano após ano, certos indivíduos desenvolvem aos poucos uma sensibilidade a ele, culminando, enfim, em paroxismos de rinite alérgica que persistem indefinidamente quando a condição está estabelecida por completo".[5]

Da mesma forma, muitos de nós têm alergia à incerteza. Em determinado subgrupo da população, isso pode se tornar muito exacerbado com o tempo, assumindo a forma de transtorno obsessivo-compulsivo (TOC), conforme exploraremos neste capítulo.

O curioso é que, se você estiver entre rol dos alérgicos ao pólen, pode simplesmente evitar a exposição a ele ou tomar anti-histamínicos. No caso do álcool, você pode evitá-lo por completo. Entretanto, a incerteza é onipresente e não pode ser evitada, portanto, ser alérgico à incerteza é muito mais complicado.

Um mecanismo de enfrentamento comum para lidar com a incerteza é a *preocupação*. Como abordamos no capítulo 3, os preocupados evitam ter uma resposta emocional realmente avassaladora e desconfortável — eles mantêm a mente ocupada pensando superficialmente sobre o futuro para não precisarem pensar em como as coisas são incertas no presente. Como resultado, a preocupação *reforça* a ansiedade em vez de aliviá-la.

Outros comportamentos que podem aliviar nossa intolerância à incerteza são os seguintes:

- buscar garantias excessivas de outras pessoas;
- fazer listas de tarefa longas e detalhadas, às vezes várias vezes por dia;
- ligar repetidamente para entes queridos para "ter certeza" de que estão bem;
- checar tudo mais de uma vez, por exemplo, reler e-mails várias vezes antes de enviá-los para garantir que estejam perfeitos;

- recusar-se a delegar tarefas: não permitir que outras pessoas, no trabalho ou em casa, façam determinadas tarefas, porque você não pode garantir que elas serão feitas corretamente a menos que você mesmo as faça;
- procrastinação ou evitação.[6]

O clássico preocupado excessivo

Madelaine, uma mulher de 63 anos, divorciada e recém-aposentada, que mora em um apartamento com aluguel controlado no Upper East Side de Manhattan, veio me procurar. Apesar de seu endereço aprazível, Madelaine não tinha muita renda, mas permanecia em Nova York porque os filhos moravam perto, em Long Island, e ela participava ativamente do circuito social local.

Por tudo isso, ela tinha um intenso transtorno de ansiedade generalizada, caracterizado por preocupações incontroláveis sobre vários assuntos, bem como sinais fisiológicos significativos de estresse, como falta de ar, dores musculares, dificuldade de concentração e fadiga. Em suma, Madelaine era uma "preocupada excessiva" do mais alto nível.

Um dos filhos adultos de Madelaine tinha uma piscina no quintal, e ela podia ficar dias pensando na possibilidade de um neto cair nela e se afogar. Quando a pandemia de covid-19 irrompeu, ela ficou consumida pela preocupação com a própria saúde. Mesmo depois de ter tomado o maior número possível de vacinas e reforços, ela ainda tinha dificuldade para dormir devido à alta tensão muscular causada por ficar ligada o dia todo.

No entanto, o que realmente deixou Madelaine desanimada e a levou a me procurar foi que uma de suas amigas da vizinhança mencionou que seu apartamento havia perdido recentemente o controle de aluguel. Madelaine percebeu que, se ela também perdesse o controle de aluguel, não teria mais condições de pagar seu apartamento e teria de se mudar. Isso perturbou profundamente sua paz, pois era algo em que nunca havia pensado. Madelaine percebeu que, se tinha motivos para se preocupar com uma questão que *nunca* havia passado por sua cabeça, *poderia haver uma série de ameaças e preocupações à espreita nas sombras*. Ficou cada vez mais apreensiva e preocupada com a incerteza geral e começou a se sentir substancialmente mais ansiosa no dia a dia.

Quando Madelaine veio ao meu consultório, esperava que eu a tranquilizasse dizendo que tudo ficaria bem, que as chances de todas as coisas que ela temia acontecer eram mínimas e que, na realidade, havia muito menos motivos para se preocupar do que ela imaginava. Mas fiquei na minha — porque não podia fazer isso.

"Cada uma de suas preocupações é legítima e pode acontecer", eu disse. "Não só isso, mas você já pensou que pode ficar presa no elevador quando estiver voltando para casa hoje? Se fizer transações bancárias pelo celular ou computador, sua conta pode ser invadida. A realidade é que *tudo pode dar errado a qualquer momento*."

Madelaine me lançou um olhar de exasperação. "Por que você está *piorando* minha ansiedade?"

"Não é minha intenção", expliquei. "Estou tentando salientar que há limites para o conhecimento humano e que, de fato, não sabemos o que vai acontecer nem daqui a uma hora, quanto mais amanhã, no próximo mês ou ano. Estou tentando te ajudar a reconhecer que a incerteza faz parte da condição humana, em vez de lutar contra isso."

No início, Madelaine teve dificuldades com essa ideia, que a deixava mais ansiosa. Em determinado momento de nossa primeira sessão, ela chegou a ficar bastante irritada comigo. Mas, à medida que continuamos a conversar, lentamente começou a reconhecer que, durante os raros momentos de calma em sua vida, a noção de aceitar a incerteza havia passado por sua mente. Ela também não tinha uma réplica forte para meus comentários. Quando foi preciso, Madelaine reconheceu que não podemos saber o futuro porque há limites para o conhecimento humano — e esse é apenas um fato da vida.

Três opções

À primeira vista, há apenas duas opções de como lidar com o fato de que algo inesperado e potencialmente devastador pode acontecer a qualquer momento.

A opção número 1 é ser um avestruz e esconder a cabeça na areia, fingindo que temos certeza. A vantagem dessa abordagem é que não precisamos pensar sempre na incerteza. A desvantagem, entretanto, é que ela não está fundamentada na realidade. Como resultado, é apenas uma questão de tempo até nos sentirmos sobrecarregados com a realidade. Isso leva a picos de ansiedade com os quais não estamos preparados para lidar.

A opção número 2 é viver o dia a dia sabendo que nada é certo. Essa é uma boa abordagem, mas tem um preço alto: viver com a plena consciência de que estamos constantemente em um estado de incerteza parece ser uma maneira infalível de viver em pânico. Os transtornos de ansiedade, aliás, tendem a aumentar proporcionalmente aos níveis reais de incerteza. Quando nada é certo, corremos o risco de nos paralisar, pois a vida fica intensa demais.

Felizmente, há uma terceira opção: *podemos prosperar com a ansiedade*.

A opção número 3 é entender que a preocupação é a maneira de a mente nos lembrar de que a incerteza faz parte da vida. Embora a intolerância à incerteza leve à ansiedade, a incerteza em si não precisa nos deixar ansiosos ou desconfortáveis. É possível fazer com que sua ansiedade trabalhe a seu favor, reconhecendo que somos humanos, que não sabemos tudo e que nem mesmo precisamos disso. Quando reagimos dessa forma à nossa ansiedade, podemos convertê-la em humildade e usá-la para viver uma vida mais significativa, gratificante e, em última análise, mais calma. Outras virtudes valiosas também podem surgir, como a paciência quando acontecem atrasos e a gratidão pelo que temos.

Com o tempo, Madelaine (que estava escolhendo a opção número 2 antes da terapia) aprendeu a se sentir mais confortável com essas ideias, que compartilhei durante nossas sessões, e ela experimentou uma queda vertiginosa na ansiedade. Em muitos aspectos, ela continuou a ser uma clássica nova-iorquina preocupada, mas sua ativação fisiológica caiu da faixa grave para a média, e ela conseguiu voltar a dormir à noite.

Resumindo nossas sessões, Madelaine comentou: "Vim para a psicoterapia com a esperança de obter certeza para poder ficar calma novamente. Agora percebo que não preciso ter certeza, e me sinto menos ansiosa do que nunca".

Ansiedade com a faculdade

Frank estava no último ano do ensino médio e estava ansioso para entrar na faculdade. Antes de nos conhecermos, ele administrava sua ansiedade com a opção número 1. Adotara uma abordagem indiferente, fingindo que não teria problemas para ser aceito na faculdade de sua escolha, independentemente de suas qualificações. Frank ignorava os conselhos não solicitados dos pais e orientadores, que lhe diziam que ele precisava saber o que queria, ter um plano e se esforçar mais nos estudos.

Mas, aí, seus amigos — que se dedicavam aos estudos de forma muito mais consistente — começaram a receber cartas de aceitação, enquanto Frank não era convidado para nenhuma entrevista. Sua ansiedade virou pânico e ele percebeu que a abordagem de avestruz não tinha sido boa para ele.

Quando Frank e eu conversamos sobre os motivos que o levaram a escolher a opção número 1, ele disse que não queria ser um neurótico preocupado como a irmã mais velha, Maribel, que tendia a escolher a opção número 2. Ela tinha conseguido entrar na faculdade de seus sonhos, mas a um alto custo. Ela estava tomando comprimidos para lidar com sua grave ansiedade, e Frank não queria isso, nem se esforçar à exaustão.

Sugeri a opção número 3: ver que a ansiedade é a maneira de a mente nos lembrar de que a vida é incerta. Frank poderia ser realista com relação às incertezas da vida. Ele poderia se esforçar, reconhecendo que não sabemos o que o futuro nos reserva. Não precisava ser como a irmã, mas também não precisava escolher a opção número 1. "Você precisa encontrar algum meio-termo", eu disse.

E foi o que ele fez. Frank viu que precisava se dedicar mais, e começou a desenhar um plano com seu orientador de faculdade, escolhendo algumas universidades em que teria uma chance real de passar e treinando para a entrevista. Quando Frank aceitou que — apesar de todos os seus esforços — a vida continua incerta, conseguiu colocar esforço adicional, já que a pressão estava dentro de uma faixa administrável. Quando ele entrou numa das faculdades, ficou genuinamente feliz, não ansioso com a próxima incerteza que se apresentasse — ao contrário da irmã, que também estava na faculdade, mas nada feliz.

Ansiedade pela gravidez

Depois de cinco anos desafiadores e cheios de ansiedade, incluindo várias rodadas de fertilização *in vitro* e vários abortos espontâneos, Ruby e seu marido, Brian, conceberam um bebê que sobreviveu ao primeiro trimestre.

Compreensivelmente, Ruby estava ansiosa quanto à viabilidade de sua gravidez. Embora estivesse empolgada com a perspectiva de se tornar mãe, isso era ofuscado por suas preocupações diárias e tensão significativa com a saúde do bebê. "Como ele se desenvolverá? Meu corpo terá força para carregá-lo até o fim e passar pelo parto sem complicações?" Ruby também estava preocupada com Brian e com o relacionamento deles. "Será que ter um bebê nos aproximará mais?" Ou, como ela já tinha visto em alguns outros casamentos: "Será que, ao nos tornarmos pais, será mais difícil nos conectarmos emocional e fisicamente quando o estresse diário de cuidar de um recém-nascido se instalar?"

A abordagem de Ruby em relação à ansiedade era a opção número 2: ela estava lidando com a incerteza mantendo uma consciência constante das armadilhas que poderiam ocorrer em sua vida. Tinha desenvolvido uma *responsabilidade inflada*, na qual a pessoa se sente responsável por fazer mais do que de fato pode. Ela queria que nada acontecesse com seu bebê. Especificamente, Ruby estava preocupada com o fato de que, se não se preparasse para todas as possibilidades, certificando-se de que estava 100% ciosa de sua saúde e da saúde do bebê, *ela seria a culpada* se algo acontecesse.

Eu disse a Ruby que nenhum tipo de preocupação ou preparação protegeria seu filho ou seu relacionamento com Brian. Repeti o que falei anteriormente: se você pegar todas as informações do mundo das quais tem certeza e todas as informações das quais *não* tem certeza, o último grupo é maior por uma margem considerável.

Também expliquei a Ruby que havia uma correlação muito baixa entre o conhecimento e os resultados finais. "Sejamos honestos: pesquisar no Google provavelmente não ajudará o seu bebê", eu disse. Inicialmente, Ruby se assustou porque havia acreditado na opção número 2 com muita convicção. Mas, quanto mais conversávamos e quanto mais ela refletia por conta própria, mais se conformava com a opção número 3 e se acalmava. No final, Ruby deu à luz um menino saudável e, no final da gravidez, estava muito mais calma.

"Inicialmente, quando entrei em trabalho de parto, fiquei completamente apavorada!", ela me disse durante uma sessão de acompanhamento. "Mas, quando as contrações começaram a vir com força e rapidez, percebi que todo o processo de nascimento estava completamente fora do meu controle. Lembrei-me das nossas sessões e do que você havia me dito, e me concentrei em aceitar meus limites humanos. Algumas coisas simplesmente não estão sob nosso controle. A partir desse momento, consegui me concentrar no parto em vez de ficar matutando."

A DOENÇA DA DÚVIDA

Se a maior parte da ansiedade decorre de nossa necessidade neurótica de certeza em um mundo altamente incerto, talvez a manifestação mais pura dessa necessidade seja o transtorno obsessivo-compulsivo (TOC). No século XIX, o TOC era conhecido como "a doença da dúvida", nome apropriado, porque as pessoas com TOC estão perpetuamente em dúvida, e as muitas "precauções" que tomam, de forma repetidamente dolorosa, nunca resolvem por completo suas preocupações.

Naturalmente, quando se tem tantas dúvidas como os portadores de TOC tendem a ter, a solução é, de alguma forma, encontrar a certeza perfeita. O problema, como já discutimos, é que isso é impossível de alcançar, já que o mundo é, em essência, incerto. Assim, os portadores de TOC muitas vezes fazem esforços extraordinários para determinar se fizeram algo errado ou se algo ruim vai acontecer com eles.

Meu paciente Jerry se preocupava com germes a ponto de ter medo de encostar em *qualquer coisa* que pudesse ter sido tocada por outra pessoa. Isso foi antes da covid-19, mas seu raciocínio era que ele simplesmente não sabia se algo havia sido contaminado, então, por que correr o risco?

Analisei os dados com ele, mostrando que há traços de urina e matéria fecal em quase todos os lugares. Isso inicialmente deixou Jerry muito mais ansioso e desconfortável, pois ele estava tentando viver com a certeza absoluta de que não ficaria doente. A primeira etapa do tratamento, portanto, foi ajudá-lo a ver que a incerteza é parte intrínseca da vida e que a certeza nunca vai acontecer. "Se você está procurando por certezas, está no lugar errado", falei a ele. Quando Jerry entendeu isso, conseguiu seguir em frente.

O TOC tem dois componentes. O primeiro são os pensamentos perturbadores e "obsessivos". Esses pensamentos são angustiantes e indesejados, mas continuam voltando, não importa o que aconteça. Geralmente, as obsessões estão relacionadas à ansiedade, embora às vezes se concentrem no nojo ou simplesmente no perfeccionismo. Mas, em geral, são caracterizadas pela intolerância à incerteza. Além disso, embora os pensamentos normalmente não façam sentido e a pessoa possa nem mesmo acreditar 100% neles, ela fica obcecada.

O PODER DOS ANSIOSOS   233

Muitas vezes, essas obsessões envolvem o tipo de responsabilidade inflada que Ruby vivenciou durante a gravidez. O sofredor se sente responsável muito mais do que qualquer pessoa deveria se sentir na realidade, e é isso que o deixa ansioso. Sua necessidade de reduzir a incerteza decorre da ideia de que, se não souber o que vai acontecer em seguida, a culpa será dele caso as coisas deem errado.

Outros pacientes podem ficar obcecados por pensamentos de natureza sexual ou violenta e se sentirem hiper-responsáveis por eliminá-los. Curiosamente, a psicologia revelou que é extremamente comum as pessoas terem pensamentos violentos ou sexuais de vez em quando.[7] A maioria de nós os reconhece brevemente e os deixa de lado de imediato, sem pensar muito neles. Mas as pessoas com TOC podem ficar obcecadas com esses pensamentos porque os interpretam como um sinal de perigo. Na maioria das vezes, elas se preocupam com a possibilidade de agir de acordo com eles — e acham que a culpa *seria* delas se não tomassem nenhuma providência. Elas se preocupam obsessivamente com a possibilidade de machucar alguém ou fazer algo imoral, o que seria uma catástrofe.

O segundo componente do TOC são as "compulsões", comportamentos repetitivos destinados a reduzir a ansiedade causada pelas obsessões.[8] Por exemplo, há alguns anos, atendi um paciente chamado Josh, de vinte e poucos anos. Josh tinha um medo obsessivo de que um plugue elétrico pudesse ser inserido incorretamente em uma tomada de sua casa e causasse um incêndio. (Com os plugues e tomadas polarizados de hoje, isso seria quase impossível, mas a natureza das obsessões é que nunca se pode ter certeza.) Para lidar com a ansiedade gerada por essa obsessão, antes de sair de casa, Josh verificava *todos* os plugues para se certificar de que cada um estava bem encaixado na tomada. O fato é que ele já havia verificado as tomadas cinco minutos antes e novamente três minutos antes disso! Mas ele tinha medo de ter deixado uma passar despercebida. Josh sabia muito bem que os plugues estavam no lugar certo e que não havia risco real de incêndio, mas mesmo assim ele voltava e checava várias vezes para ter certeza. Infelizmente, isso muitas vezes fazia com que ele se atrasasse para os compromissos. Também atrapalhava seu sono, pois ele repetia todos esses procedimentos à noite com medo de que a casa pegasse fogo enquanto estava na cama, *e a culpa seria dele por não ter verificado.*

Outras compulsões podem incluir lavar as mãos excessivamente para se livrar de germes, substituir pensamentos angustiantes e perturbadores por imagens não ameaçadoras ou envolver-se em rituais religiosos excessivos com o objetivo de criar uma sensação de certeza. O problema de todas as compulsões é que elas só reduzem as obsessões e a ansiedade em curto prazo. As obsessões e a angústia *sempre* voltam — com força total! E, quanto mais a pessoa obedece às suas compulsões, piores ficam as obsessões e a ansiedade. Isso ocorre porque as compulsões impossibilitam que as pessoas com TOC façam a única coisa que poderia ajudá-las: reconhecer e tolerar o fato de que certas coisas na vida são incertas e não há nada que os seres humanos possam fazer para mudar esse fato.

Nesse sentido, o tratamento do TOC começa ajudando os pacientes a tolerar a incerteza e a aceitar nosso conhecimento limitado. Na realidade, casas de vez em quando pegam fogo por causa de um defeito na fiação elétrica. Os germes são onipresentes e, como sabemos muito bem, podem espalhar doenças que não são fáceis de controlar. De vez em quando, uma pessoa pode realmente agir de acordo com um pensamento ou impulso violento, como mostra o número alarmante de tiroteios em massa nos Estados Unidos. Mas todas essas situações são muito menos comuns do que o TOC.

Além disso, *a ação corretiva excessiva em um contexto de incerteza nunca ajuda.* Pelo contrário, é apenas um caminho para se tornar mais intolerante à incerteza, mais preocupado, mais ansioso e cada vez mais obsessivo.

Atropelamento e fuga

Uma forma surpreendentemente comum de TOC é conhecida como *atropelamento e fuga.* Como o nome sugere, envolve uma preocupação obsessiva de que seu portador tenha atropelado e possivelmente matado um pedestre, uma criança, um ciclista ou um animal — mesmo que não haja nenhuma evidência de que isso tenha acontecido. Em muitos casos, o motorista volta e dirige pelas mesmas ruas várias vezes só para ter certeza, ou verifica os jornais no dia seguinte para ver se houve algum atropelamento e fuga sem prestação de socorro na área em que estava dirigindo. Essas pessoas podem inspecionar o carro várias vezes, procurando amassados ou manchas de sangue que indiquem que atropelaram alguém, mesmo que não tenham sentido ou ouvido nada. Em geral, dirigem mais devagar em ruas populosas, evitam dirigir à noite ou em áreas movimentadas ou param de dirigir por causa de suas obsessões.

Marco veio ao meu consultório com TOC de atropelamento e fuga, e o cerne de seu medo era a *responsabilidade inflada* — se ele atropelasse alguém e deixasse a pessoa morrendo na rua, a culpa seria dele. A crença de Marco era que, como a vida é incerta, você precisa se esforçar mais. "*Não!*", insisti. A vida é incerta, ponto-final. Mas isso não significa que você tenha que se esforçar ainda mais. Significa apenas que você precisa aceitar a incerteza da vida como ela é.

No início, sugeri a terapia de exposição, conforme discutido no capítulo 3, mas Marco se recusou terminantemente a dirigir em áreas com muita gente. Percebi que precisava dar um passo atrás, então, conversei com ele sobre o fato de que nós, seres humanos, nunca podemos ter certeza absoluta de nada. Essa abordagem ajudou Marco a aceitar que, como seres humanos, nunca poderemos saber com certeza um grande número de coisas, portanto, ele precisava ser humilde e reconhecer os limites do conhecimento humano. Depois de entender isso em um nível cognitivo, ele conseguiu fazer a terapia de exposição. *Marco a viu como uma forma de trabalhar sua humildade — um empreendimento espiritual.* Para ele, dirigir se tornou um ato de deixar de lado sua necessidade de ter certeza total e reconhecer que ele era simplesmente um ser humano.

Incrivelmente, apenas uma semana após nossas discussões, Marco estava dirigindo nas ruas movimentadas de Manhattan *durante a hora do rush*, com muito trânsito e pedestres. Ele até aceitou meu desafio de dirigir de manhã quando estava cansado, sem tomar café, e de sair para dar uma volta quando estava se sentindo distraído — tudo isso sem olhar para trás procurando corpos! Marco viu isso como uma forma de reduzir sua hiper-responsabilidade, e acabou prosperando durante o processo.

OS LIMITES DO CONTROLE HUMANO

Até agora, discutimos os limites do conhecimento humano. Identificamos que, embora reconhecer que nosso conhecimento é escasso possa provocar ansiedade no início, também pode ser libertador deixar de assumir a responsabilidade por tudo. No restante deste capítulo, examinaremos algo potencialmente ainda mais aterrorizante: *os limites do nosso controle*.

A boa notícia é que, quando reconhecemos esse aspecto da vida, nossa humildade aumenta exponencialmente, e nossa ansiedade também diminui significativamente porque paramos de nos julgar toda vez que algo dá errado.

David H. Barlow, com quem aprendi muito sobre a terapia de exposição (conforme descrito no capítulo 3), aprendeu algumas lições sobre controle. Em seu livro acadêmico altamente influente *Anxiety and Its Disorders* [Ansiedade e seus transtornos], publicado em 1988 e que continua sendo leitura obrigatória para qualquer clínico-pesquisador que estuda transtornos de ansiedade, Barlow dedicou o texto a seus filhos com a frase: "Que vocês continuem a manter sua ilusão de controle". Imagino que, em algum nível, ele pretendia que fosse engraçado. Mas, em outro nível, Barlow estava compartilhando duas percepções fundamentais sobre a vida: (1) o controle humano é, na verdade, uma ilusão e (2) manter essa ilusão é uma maneira de evitar a luta contra a ansiedade.

O enigma que o último ponto apresenta, entretanto, é que — de forma semelhante aos limites do conhecimento humano — os limites do controle humano ocasionalmente penetram o véu da ilusão. Portanto, é apenas uma questão de tempo até que sejamos obrigados a reconhecer nossa incapacidade inerente de controlar o mundo ao nosso redor. Sem preparação suficiente para lidar com essa verdade, acabaremos sofrendo de ansiedade.

A professora espiritual e autora de best-sellers Pema Chödrön escreveu de forma perspicaz sobre a impossibilidade de controlar as coisas em nossa vida. Ela sugeriu brilhantemente que, quando admitimos nossa inerente falta de controle, nos tornamos guerreiros espirituais — "Não guerreiros que matam e ferem, mas guerreiros da não agressão", que são emocional e espiritualmente resilientes para lidar com as vicissitudes da vida.

> Um guerreiro aceita o fato de que nunca pode saber o que acontecerá com ele em seguida. Podemos tentar controlar o incontrolável buscando segurança e previsibilidade, sempre na esperança de estarmos confortáveis e seguros. Mas a verdade é que nunca podemos evitar [estar sem controle]. Isso [...] faz parte da aventura. É também o que nos dá medo.[9]

Compartilho desses sentimentos paradoxais. Por um lado, reconhecer nossa falta de controle é uma maneira infalível de sentir medo. Por outro lado, quando aceitamos que a segurança, a proteção e a previsibilidade são uma fachada — quando abandonamos de forma voluntária a ilusão antes que a vida a atravesse —, saímos infinitamente mais fortes como seres humanos.

Na contramão da cultura ocidental

As ideias acima estão profundamente em desacordo com o que a cultura ocidental defende e ensina. Há vários anos, dei uma palestra para alunos da Faculdade de Harvard, na qual comecei fazendo uma série de perguntas retóricas, como: "Quem nesta sala escolheu se, onde ou quando nasceria? Como seria a vida de vocês se tivessem nascido em um século diferente? Ou se tivessem acabado estudando na Rússia, no Japão, no Congo ou no Sri Lanka, em vez de nos Estados Unidos? Alguém aqui tinha controle sobre as habilidades intelectuais ou físicas que recebeu ao nascer? E quanto à sua situação financeira? Como seria a vida se você tivesse nascido aqui nos Estados Unidos durante o século XVII?".

Prossegui dizendo: "É verdade que você tem algum grau de livre-arbítrio no mundo e pode ensejar algumas coisas em sua vida. Mas vamos ser intelectualmente honestos e reconhecer que quase todos os fatores mais importantes que moldam sua experiência e sua capacidade de fazer a diferença neste mundo não estão sob seu controle: tempo, geolocalização, cultura, família, amigos, capacidade intelectual, status socioeconômico, saúde. *Todos* esses fatores estão fora do escopo da escolha humana, e qualquer um deles molda de forma indelével praticamente todas as suas experiências de vida".

Ao final de minha apresentação, olhei para um mar de rostos vazios, mergulhados em um silêncio ensurdecedor. Ninguém disse nada nem me fez uma única pergunta! Por um lado, eu estava orgulhoso de ter silenciado um grupo de alunos de Harvard. Ao mesmo tempo, fiquei profundamente preocupado com aqueles estudantes, pois percebi que a maioria deles, se não todos, nunca havia pensado, nem por um momento, nas possibilidades que eu tinha apresentado. Eles estavam a anos-luz de reconhecer sua falta de controle sobre o mundo.

Quando fui para casa naquela noite, após a palestra, refleti sobre a situação precária em que os alunos se encontravam. Minha experiência clínica me ensinou como é *emocionalmente perigoso* não reconhecer nossa falta de controle. É verdade que se tratava de um grupo de indivíduos brilhantes e supercapacitados, habituados a terem muito sucesso em suas realizações. E, no entanto, o que eles fariam — *como se sentiriam* — se e quando se deparassem com uma situação que estivesse além de sua capacidade de influenciar ou controlar?

Minha preocupação era que eles se culpassem por não serem mais fortes, mais bem preparados ou por fracassarem, mesmo que tivessem feito tudo o que podiam. Eu queria que eles pudessem entender que, apesar de nossa capacidade e de nossos mais hercúleos esforços, às vezes as coisas simplesmente não funcionam da maneira que queremos — e isso não é necessariamente culpa nossa.

Uma frase famosa, em geral atribuída a Thomas Edison, diz: "Genialidade é 1% de inspiração e 99% de transpiração".[10] Essa é a filosofia promulgada nas instituições educacionais ocidentais. Em um sentido, essa perspectiva é admirável, pois reconhece o valor do trabalho árduo e da persistência. No entanto, o que Edison *não* disse é que a genialidade — assim como a inovação e o sucesso — muitas vezes ocorre espontaneamente e *apesar* dos nossos esforços, e não por causa deles.

A dedicação não é o bastante para o progresso. Basta considerar a infinidade de fatores externos que poderiam gerar sucesso ou fracasso, independentemente dos esforços humanos. Muitas pessoas se esforçam e lutam por anos, até mesmo décadas, sem atingir seus objetivos, enquanto outras têm privilégios desde o berço ou podem tropeçar neles independentemente de suas ações.

Além disso, uma pessoa pode ser imensamente bem-sucedida em uma área da vida e, ao mesmo tempo, estar repleta de dificuldades e deficiências em outras. O próprio Edison é um exemplo notável. Já aos sete anos, seus constantes questionamentos e egocentrismo levaram seu professor a dizer que ele tinha uma deficiência intelectual.[11] Em outra ocasião, durante a infância, Edison incendiou o celeiro do pai porque estava "fazendo experiências" com fogo e quase morreu![12] Toda a "transpiração" e o trabalho árduo do mundo não teriam importado se Edison tivesse tido mais azar. Em outras palavras, muitos fatores podem dar errado, apesar de nossos melhores esforços. Na realidade, sempre há elementos que não podemos controlar.

Há outra preocupação em atribuir o sucesso e o fracasso somente ao nosso trabalho árduo. Como discutiremos no capítulo 9, para ter uma vida equilibrada e emocionalmente saudável, é necessário garantir que estejamos fundamentados em nossos relacionamentos com nós mesmos e com os outros, além de buscas profissionais e outras que façam aflorar nosso potencial único. Concentrar-se na persistência em detrimento do autocuidado e das conexões interpessoais geralmente não é uma boa estratégia de longo prazo.

Nesse sentido, é notável o fato de que os filhos de Edison — que cresceram em berço de ouro — tenham se tornado irremediavelmente arrogantes e alguns, virado alcoólatras. Um de seus filhos se tornou tão disfuncional que Edison pagou para que ele mudasse seu sobrenome, apenas para evitar constrangimento para a família.[13] Dedicar-nos excessivamente ao trabalho — e achar que nossos esforços são o ingrediente principal do sucesso — pode ter consequências desastrosas.

A maldição do sucesso (e a bênção do fracasso)

Nesta altura de minha carreira, tenho mais pacientes com ansiedade e preocupações relacionadas do que gostaria. Sem exceção, os casos mais desafiadores têm as seguintes características: são brilhantes, ricos, de boa aparência e, muitas vezes, notórios. Mais frequentemente ainda, são filhos de pais brilhantes, ricos, bonitos e famosos. O que há no sucesso que pode ser uma maldição quando se trata de saúde emocional e comportamental?

Nick tinha feito fortuna no ramo de móveis. Ele tinha uma família grande e era talentoso no esporte, tendo vencido o campeonato estadual de tênis amador. Então, aos quarenta e poucos anos, desenvolveu um raro distúrbio autoimune, que o fez engordar bastante e afetou seu desempenho no trabalho, sua saúde e seu preparo físico.

Nick ficou sobrecarregado com a súbita disparidade entre certos aspectos de sua vida — seus negócios bem-sucedidos, que ele achava que podia controlar, e a crise de saúde, que ele reconheceu não poder controlar apesar de toda a sua riqueza e trabalho árduo. Ele ficou ansioso e deprimido. Engordou quase setenta quilos, não conseguia mais jogar tênis e, por fim, mal era capaz de andar ou se locomover. Foi uma surpresa tão desagradável para ele não estar no controle que quis tirar a própria vida.

A única coisa que ajudou Nick a superar essa crise foi sua chegada ao McLean Hospital, onde sua equipe de tratamento começou a trabalhar. Tive o privilégio de estar envolvido em seu tratamento e, aos poucos, Nick passou a reconhecer a verdadeira graça e liberdade de perceber que não podemos de fato controlar a vida.

De início, Nick atribuía seu sucesso à "transpiração" (como diria Thomas Edison), ou seja, ao trabalho árduo e à persistência. No entanto, antes de sua crise de saúde, ele era um cara bastante intenso com quem, como ele mesmo admitiu, *não* era muito divertido conviver. Naquela época, o trabalho e as façanhas esportivas de Nick o consumiam e deixavam pouco tempo para a família. Ele frequentemente ignorava seus três filhos e ficava irritado quando *chegava* a passar algum tempo com eles. Traía a esposa, em grande parte porque seus negócios o faziam viajar para longe dela, e acabava gastando sua energia sexual reprimida com mulheres com as quais não tinha nenhuma ligação emocional. Apesar de todas as suas recompensas financeiras, ele não estava levando uma vida saudável e equilibrada.

Depois de sua crise, Nick teve uma epifania. Percebeu que por mais que trabalhasse, o sucesso não estava garantido, pois uma doença pode surgir a qualquer momento. Chegou à conclusão (correta) de que seu sucesso tinha pouco a ver com suas ideias brilhantes ou seu trabalho árduo e mais com o apoio de sua amada esposa e família, com seu porte atlético e com o fato de ter nascido em um país onde, nas condições certas, os empreendedores podem acumular uma fortuna.

Acima de tudo, reconheceu que uma boa dose de sorte contribuiu para o seu sucesso; muitas vezes ele "teve uma chance" de maneiras que estavam completamente fora de seu controle. Se as estrelas não tivessem se alinhado, ele nunca teria sido tão bem-sucedido. Essa abordagem humilde deu a Nick um novo sopro de vida. Ele passou a reconhecer que muito mais importante do que o sucesso financeiro e alguns troféus na estante era seu relacionamento com a família e seu caráter.

Nick começou a lutar contra sua depressão incapacitante, reconstruindo um relacionamento com a família e voltando a se concentrar em valores de ordem superior. Resumindo nosso trabalho em conjunto, Nick disse: "Vou fazer o melhor que puder. Mas sei que não estou totalmente no controle e vou aceitar isso. Vou aproveitar os relacionamentos que tenho o máximo possível. Não posso ser apenas um cavalo de batalha durante toda a minha vida, porque a vida é mais do que trabalho".

Sem dúvida, a doença autoimune de Nick foi uma bênção disfarçada.

Da torre de marfim para o mundo real

Minha conversa com aqueles alunos de Harvard me fez repensar minha própria experiência de luta para concretizar meu sonho de criar o Centro para Ansiedade. Na torre de marfim da academia, encontrei muito trabalho desafiador para fazer, mas a maior parte dele era bastante gerenciável, previsível e de risco relativamente baixo. Os acadêmicos adoram fazer as pessoas pularem obstáculos: meus professores criam vários critérios para avaliar meu desempenho; meu departamento também me submete a revisões periódicas com várias métricas de desempenho; e o processo de revisão por pares exige a adesão a determinados padrões antes que meus artigos sejam aceitos para publicação. Em geral, porém, os riscos são relativamente baixos, porque os professores não gostam que seus alunos fracassem, os departamentos precisam de membros do corpo docente para ensinar e fazer pesquisas, e os editores precisam preencher as páginas de suas revistas com contribuições acadêmicas. No final, aqueles que não desistem acabam obtendo algum grau de sucesso e, embora eu certamente tenha enfrentado desafios como acadêmico, meu perfil de tolerância a riscos tem sido alto o suficiente para enfrentar as tempestades ao longo do caminho.

Entretanto, quando me propus a criar um centro de tratamento de ansiedade em Nova York enquanto lecionava e fazia pesquisas em Boston, de repente mergulhei em uma situação em que estava no mundo real, e era afundar ou nadar. Pela primeira vez na vida, enfrentei uma situação realmente arriscada e incontrolável com consequências reais. Minha abordagem, como mencionei na introdução, foi avançar estrategicamente. Cuidei mais de mim, conversei com minha esposa e meus mentores, e obtive o apoio de que precisava para aceitar níveis sem precedentes de incerteza em minha vida.

Mas havia outra parte fundamental, que não mencionei. De início, quando vi que as coisas não estavam indo bem, eu me culpava. "Como pude ser idiota a ponto de abrir uma clínica de ansiedade em uma cidade diferente?" Rapidamente, porém, reconheci que o sucesso em Nova York estava muito além dos limites do meu controle. O fato de eu conseguir dar a volta por cima não se devia, em grande parte, aos meus esforços e às minhas decisões.

É claro que eu daria o meu melhor dentro da minha capacidade — sairia da minha zona de conforto e daria tudo de mim. Minha ansiedade diminuiu quando reconheci um fato simples: ou as pessoas iriam ao meu consultório para pedir ajuda, ou não. O mercado é o que o mercado é. O resultado da situação não seria totalmente devido aos meus esforços, para o bem ou para o mal. Esse reconhecimento me ajudou demais.

Sim, foi uma realidade desafiadora, pois pensar na minha falta de controle me deixava palpavelmente mais ansioso. Mas, desde então — depois que compreendi que *os esforços humanos e os resultados não são a mesma coisa* — tenho ficado mais calmo e menos autocrítico a cada dia.

FERRAMENTA 7: DISSOCIANDO ESFORÇOS E RESULTADOS

Como já discutimos, o objetivo principal da preocupação é evitar pensar no fato de que, em última análise, a vida é imprevisível e incontrolável. A preocupação nos dá uma *falsa* sensação de controle. Isso nos deixa vulneráveis à autocrítica que surge na sequência de estressores e contratempos da vida, pois tendemos a nos culpar quando as coisas dão errado.

Portanto, se estiver preocupado com alguma coisa, aproveite a oportunidade para reconhecer que a incerteza e a falta de controle fazem parte da vida. *Não há nada de errado com você ou com qualquer outra pessoa que não é capaz de prever ou controlar o futuro.* Só significa que você é um ser humano — uma criatura cujo conhecimento e capacidade só podem influenciar os eventos deste mundo até certo ponto.

Nessa linha, considere que, embora os esforços humanos sejam importantes (como discutiremos no capítulo 9), eles são, em última análise, insuficientes para controlar a vida. Isso se deve ao seguinte fato: em cada situação, pode ocorrer um sem-número de eventos que aborte o resultado que esperamos.

Nossa ferramenta, portanto, é *dissociar os esforços humanos dos resultados, reconhecendo que o que fazemos no dia a dia pode ou não levar ao resultado que estamos buscando.*

Até mesmo atos básicos, como acender uma luz, podem ser frustrados: o interruptor pode não funcionar, o circuito elétrico pode estar com defeito, o fusível ou a lâmpada podem queimar ou outros contratempos podem ocorrer, nenhum dos quais relacionado de forma alguma à nossa capacidade de acionar o interruptor!

Da mesma forma, levantar-se de uma cadeira pode ser interrompido por fatores além do nosso conhecimento ou controle. A cadeira pode cair espontaneamente, ou nossos músculos e ligamentos podem não funcionar como esperamos, ou pode haver uma mudança repentina na pressão atmosférica ou na gravidade que nos impossibilite de levantar. É verdade que algumas dessas situações são mais rebuscadas do que outras, mas nenhuma delas está fora do reino das possibilidades e todas estão além do escopo do controle humano.

Quando procuramos por isso no dia a dia, é facilmente perceptível. Como diz o grande livro sagrado hindu, o *Bhagavad Gita*, não devemos nos concentrar nos resultados de nossas ações, mas nas próprias ações.[14]

Para isso, uma vez por dia, ao se envolver em uma tarefa mundana, considere brevemente que o esforço que está despendendo pode não dar o resultado esperado.

Por exemplo, antes de abrir a porta da geladeira para pegar leite para o cereal do café da manhã, considere que a porta pode estar fechada, ou que a geladeira pode não estar funcionando, ou que o leite pode ter acabado ou azedado. Considere também que nenhuma dessas possibilidades reflete mal em você como ser humano — às vezes, as coisas estão fora do nosso controle. Problemas acontecem!

Com o tempo, tente essa abordagem quando estiver se sentindo ansioso ou preocupado. Considere que os esforços que você está fazendo para reduzir a incerteza podem não dar certo. Acima de tudo, reconheça que o fato de as coisas saírem ou não do nosso jeito tem muito menos a ver com nossos esforços do que costumamos pensar.

Quando adotamos essa abordagem, podemos prosperar com a ansiedade abraçando nossa humilde condição humana e reconhecendo que nosso conhecimento e força são inerentemente limitados.

8

ACEITANDO NOSSOS LIMITES

A ansiedade pode nos ajudar a aceitar os limites de nosso conhecimento e controle

No capítulo 7, aprendemos que a ansiedade geralmente ocorre quando não temos conhecimento ou controle, uma vez que essas situações se chocam com nossa intolerância à incerteza. Falamos que há duas abordagens típicas para lidar com a incerteza: fingir que temos mais conhecimento ou controle do que temos ou viver com medo. Também discutimos uma terceira abordagem, na qual utilizamos a ansiedade para prosperar: quando nos sentimos ansiosos, podemos aproveitar a oportunidade para reconhecer que encontramos um limite natural para nosso conhecimento e controle. *Isso não é ruim; é um fato da vida.* Um fato que promove a humildade e também pode levar a uma queda na ansiedade, pois nos ajuda a reconhecer que somos humanos e *sempre* nos faltará algum grau de conhecimento e controle. Não há nada de errado conosco ou com o mundo quando as coisas são incertas ou incontroláveis!

Neste capítulo, trabalharemos na internalização desses conceitos — não apenas reconhecendo nossos limites, mas aceitando-os. Isso significa estar preparado para enfrentar situações que não desejamos que ocorram. A conhecida Oração da Serenidade, do AA, pede a ajuda divina para "aceitar as coisas que não podemos mudar, coragem para mudar aquelas que podemos e sabedoria para distinguir uma da outra". Desenvolver uma atitude serena requer aceitar totalmente o que não podemos mudar, mesmo que seja algo que não queremos que se concretize.

Este capítulo não será fácil; pode ser doloroso ir fundo e se preparar para aceitar resultados infelizes. Ao mesmo tempo, passar pelo processo mental de prever e aceitar o infortúnio pode criar um senso de força interior e resiliência, o que pode gerar mais coragem para enfrentar o que quer que a vida traga. Além disso, aceitar nossos limites pode ser um catalisador para nos sentirmos conectados com a transcendência por meio da atividade espiritual mais praticada na Terra: a oração.

A INEVITABILIDADE DA AMEAÇA

Quando Aileen veio ao meu consultório, estava casada havia seis anos e era mãe de dois filhos pequenos. Seu histórico familiar de câncer a levou a desenvolver uma ansiedade significativa em relação à saúde (hipocondria). Ela navegava continuamente na internet em busca de pesquisas médicas e ia de médico em médico querendo garantias de que não tinha câncer. Por fim, com a terapia, Aileen passou a reconhecer que seu conhecimento e controle eram limitados; não importava quantas vezes ela verificasse, não poderia ter certeza de que não tinha câncer. Mesmo assim, ela permaneceu presa a um ponto: "Eu não quero ter câncer!", disse. Ou seja, embora reconhecesse que não havia garantias, Aileen continuava atormentada pela ansiedade, pois nenhum médico podia prometer que ela permaneceria saudável. Por causa disso, Aileen justificou a distração da pesquisa médica, que via como uma forma de evitar que ela mesma aceitasse o fato de que não tinha controle sobre sua situação. Aileen estava tendo dificuldade de aceitar que poderia ficar doente e que, no fim das contas, não havia muito que ela pudesse fazer a respeito disso. Portanto, era compreensível que ela sentisse a necessidade de ocupar a mente com algo para aliviar o estresse.

Na mesma época, também trabalhei com Zelena, uma triatleta olímpica que ligou para o meu consultório em pânico. Do ponto de vista profissional, tudo estava indo bem para Zelena nos últimos anos; seu treinamento ia de vento em polpa, apesar de ser extremamente desgastante, e ela estava recebendo muita atenção da mídia, o que aumentava as oportunidades de ajudar pessoas necessitadas. Zelena adorava dar palestras em escolas do centro da cidade e sentir que estava contribuindo com a comunidade em que ela mesma havia crescido. No entanto, os negócios de sua mãe haviam sofrido um grande golpe recentemente, e Zelena estava tão preocupada que mal conseguia lidar com a situação. Como costuma acontecer com atletas olímpicos no início da carreira, Zelena ainda não estava ganhando muito dinheiro; embora estivesse confiante de que tudo se resolveria com o tempo, estava preocupada com a possibilidade de a mãe ir à falência nesse meio-tempo. Ela se preocupava o dia todo com as finanças da mãe e ficava deprimida, a ponto de todo o resto ficar em segundo plano. O treinamento olímpico de Zelena lhe dera uma boa noção de sua falta de conhecimento e controle! Mas isso a estava levando ao limite, porque ela simplesmente não conseguia suportar a ideia de o negócio da mãe falir.

Todo mundo tem estressores ou nodos sensíveis, que chamo de *pontos de dor*. Esses pontos estão embutidos em nossa psique e, quando são tocados, nos deixam ansiosos porque queremos evitar esses estressores específicos. Os pontos de dor tendem a variar com base em nossas histórias de vida; alguns de nós ficam ansiosos com a saúde, outros com o dinheiro e a carreira, e outros ainda se preocupam com a família ou a religião — porque esses domínios têm um significado maior devido ao contexto de nossa vida. Uma pessoa que cresceu em uma família que valorizava o desempenho acadêmico pode ficar aterrorizada com uma nota ruim, mas não ser tão afetada por problemas de saúde ou pelo mercado financeiro. Por outro lado, alguém que perdeu um dos pais por causa de um câncer quando era jovem pode estar concentrado na segurança e na saúde, mas talvez não se importe quando tira uma nota zero ou sua conta bancária fica com pouco saldo. Quem cresceu com um pai que contava os gastos e questionava o valor de cada compra pode ficar cada vez mais tenso em relação às finanças, mas não se importar muito com a saúde. Todo mundo tem *algo* a que é sensível, algo em que não gosta de pensar. Quando esses pontos de dor são acionados, eles nos fazem sentir extremamente ansiosos.

E vamos encarar os fatos: nossos pontos de dor *serão* acionados. Em algum momento da vida, é inevitável que as fachadas de certeza e controle sejam retiradas e, se não estivermos preparados para esses momentos, ficaremos ansiosos — de repente, olhando para um abismo que nos assusta como nenhum outro. A vida tem um jeito estranho de nos levar a circunstâncias em que somos forçados a confrontar os pontos de dor. Ameaças são inevitáveis! Alguns podem chamar de *escola da vida* ou *universidade das dificuldades*, e quem o faz não está errado, pois muitas vezes aprendemos muito nessas situações — sobre nós mesmos, sobre os outros e sobre o mundo. É quase certo que você ficará muito ansioso com algum resultado temido em algum momento da vida. Em algum ponto do caminho, todos nós precisamos enfrentar desafios.

A ameaça é inevitável?

A ameaça é uma parte inevitável da vida? Sim. Definitivamente. A certeza e o controle são uma fantasia, como já discutimos. Também é uma fantasia fingir que as ameaças aos nossos pontos de dor não acontecerão. De fato, é quase certo que nos sentiremos ameaçados e assustados em algum momento.

Quando nos submetemos a exames médicos, tendemos a estar cientes de que não estamos totalmente no controle e há uma inquietação natural — pode chamar de ansiedade — que borbulha sob a superfície. Mas, quando andamos pela rua, fazemos transações bancárias on-line ou jantamos, não temos o mesmo controle. Talvez não pensemos muito nisso, já que o controle pode não estar no centro de nossa consciência, mas, quando *de fato* contemplamos o assunto, fica claro que, a qualquer momento, uma infinidade de fatores pode se meter na vida diária e transformá-la radicalmente!

Isso vai além do câncer e de contratempos financeiros. Esses dois exemplos comuns são apenas a ponta do iceberg. Que tal um ataque cibernético que leve a uma queda de energia em todo o país por várias semanas, meses ou até mesmo um ano? Ou o colapso de sistemas de satélite, eliminando as comunicações on-line? Há também a possibilidade de uma grande erupção solar ou de um asteroide colidir com a Terra, criando o tipo de inverno que supostamente exterminou os dinossauros há 65 milhões de anos. Devido à globalização das economias e da agricultura mundiais, até mesmo um conflito nuclear limitado em qualquer região da Terra poderia afetar o suprimento alimentício do mundo nas próximas décadas. Já vimos a devastação que um novo vírus — cujo tamanho é de apenas alguns nanômetros — pode causar, mas o que dizer de um que seja muito mais contagioso e mortal?

Vamos encarar a realidade. Todas e cada uma dessas preocupações estão bem dentro do campo das possibilidades, a qualquer momento. Com certeza, muitos dos eventos já aconteceram na história da humanidade, em um grau ou outro. Quando paramos para pensar bem, não é um milagre que não ocorram mais catástrofes? A verdade é que a existência humana é não apenas inerentemente incerta e incontrolável, mas também perigosa. Nossa relativa segurança e proteção podem ser abaladas a qualquer momento por uma série de fatores. A segurança é uma completa cortina de fumaça. Uma das únicas coisas certas sobre o mundo material é que ele *não* é certo nem seguro.

Se você estiver se sentindo ansioso ao ler isto, está no caminho certo! Assim como a ansiedade pode nos ajudar a reconhecer quando nos falta conhecimento e controle, ela pode nos ajudar a identificar nossa falta de segurança e proteção. Abraçar esse fato é aterrorizante no início, mas, se mantivermos o curso e o *aceitarmos*, pode ser extremamente libertador.

Eis um exercício que faço toda vez que entro em um avião. Primeiro, quando chego no limiar da aeronave, toco brevemente a lateral do avião. Em seguida, contemplo brevemente que, em cerca de quarenta minutos, o longo tubo de alumínio em que acabei de entrar estará viajando precariamente, a mais de 35 mil pés acima do chão, a uma velocidade de mais de oitocentos quilômetros por hora. Depois, quando me sento, penso no fato de que, como passageiro, não tenho nenhum controle sobre o avião — desde a decolagem até a aterrissagem e em todos os pontos intermediários. Por fim, quando coloco o cinto de segurança, tento *aceitar* que absolutamente qualquer coisa que possa acontecer comigo durante o voo está simplesmente fora do meu alcance, e gosto da experiência de deixar que outra pessoa se preocupe com a aeronave, já que não é meu trabalho fazer isso.

Quando abandonamos nosso (falso) senso de segurança e proteção e aceitamos que tudo pode acontecer a qualquer momento — que nossos pontos fracos podem ser desencadeados por circunstâncias fora de nosso controle —, podemos ficar mais calmos e menos ansiosos ao lidar com os estressores da vida em geral. Essa abordagem nos ajuda a ficarmos mais preparados para lidar com quase tudo que possa surgir no caminho. E, considerando que a vida humana é inerentemente incerta, cabe a nós aceitar a inevitabilidade de nos depararmos com a ansiedade em algum momento! Paradoxalmente, ficamos *menos* ansiosos, pois chegamos a um ponto de aceitação, reconhecendo que não há problema em viver no limite.

Benefícios espirituais de pensar no pior

Se é contraintuitivo pensar que o pior pode nos deixar mais calmos, é ainda mais contraintuitivo imaginar que isso pode trazer benefícios espirituais. Afinal de contas, o pensamento espiritual é conhecido por suas vibrações edificantes, positivas e até mesmo de Poliana. Entretanto, *aceitar a incerteza pode nos ajudar a cultivar a humildade, a paciência, a gratidão e a resiliência para enfrentar os estressores da vida*. De fato, a *escola da vida* tem uma maneira extraordinária de desenvolver as virtudes humanas, pois as dificuldades podem nos ajudar a esperar menos e tolerar mais. Nesse sentido, preparar-nos mentalmente para aceitar nossa falta de controle pode fazer nossas expectativas em relação à vida cair para novos patamares, e isso é bom. Quando prevemos desafios significativos, é menos provável que tomemos como certo que a vida deve ser ou sempre será segura e protegida. Isso, por sua vez, tende a aumentar nosso senso de gratidão pelo que *temos* e pelo que está funcionando bem.

Além de gerar mais humildade, gratidão e resiliência, contemplar os males que podem nos atingir pode nos ajudar a cultivar a fé em algo transcendente. Isso acontece por alguns motivos. Primeiro, dependemos naturalmente de apoios *materiais* — como dinheiro, o governo e as instituições sociais. Portanto, aceitar que nada é certo tende a abrir a porta para conversas sobre fé em um sentido mais espiritual (por exemplo, sobre um poder superior). Mais importante ainda, a fé transcendente não é apenas ser positivo e fingir que estamos no controle quando não estamos. Em sua essência, a fé transcendente é reconhecer e internalizar que *não* temos o controle — e sentir-nos bem com esse fato. Envolve *o abandono total e a rendição plena ao fato de sermos apenas humanos*. Discutiremos esse assunto mais adiante neste capítulo.

Preparando-se para a ameaça

Se a ameaça é inevitável, o mais sensato é nos prepararmos mentalmente para ela, de modo que não fiquemos desmotivados quando ela ocorrer. Como podemos fazer isso?

No capítulo 3, discuti as contribuições seminais de Tom Borkovec para nossa compreensão da preocupação. Para resumir, a preocupação é um processo cognitivo que, ironica e contraintuitivamente, serve como estratégia para evitar que tenhamos de enfrentar nossos piores medos. Os preocupados repassam os mesmos medos superficiais, o que mantém uma ansiedade perpétua de baixo grau, em vez de abraçar suas preocupações mais catastróficas e desastrosas, o que produziria uma tensão substancialmente maior no momento. Preocupar-se nos condena a uma vida repleta de ansiedade crônica e perpétua — semelhante a um bandeide que fica repuxando nossa pele para sempre.

Por outro lado, considerar mentalmente e, em última análise, aceitar a possibilidade de catástrofe leva a um pico temporário de ansiedade, seguido de mais calma e paz. É como tirar o bandeide para acabar logo com isso! No mundo da terapia cognitivo-comportamental, isso é facilitado pela *exposição à preocupação*. Nessa técnica, os pacientes são incentivados a descrever suas preocupações nos menores detalhes, em um nível de intensidade maior do que jamais pensaram. Isso permite que atinjam a velocidade de escape da ansiedade. Eles estabelecem um período de exposição à preocupação de trinta minutos, que ocorre no mesmo horário e no mesmo local todos os dias, e passam esse tempo tendo preocupações intensas e aterrorizantes. Os pacientes criam um roteiro na primeira pessoa, no tempo presente, e o revisam mentalmente até que estejam literalmente tremendo de ansiedade. O objetivo é se acostumar a pensar o pior e aceitar que — em última análise — seus maiores medos podem se realizar.

No caso de Aileen, que vivia catastrofizando o câncer, convidei-a a pensar todos os dias em ficar doente, apesar de seus esforços para evitar a doença. Pedi que ela lesse histórias sobre pessoas que tiveram vários tipos de câncer e assistisse a vídeos sobre pessoas submetidas a tratamentos dolorosos contra o câncer, alguns dos quais não salvaram a pessoa da morte. Fui com Aileen a uma ala de câncer em um hospital local para visitar doentes. Depois de tudo isso, pedi que imaginasse como seria se *ela* ficasse doente. Pedi que escrevesse um roteiro, descrevendo detalhe por detalhe o que aconteceria à medida que a doença se agravasse e ela tivesse de lidar com os dolorosos tratamentos, incluindo várias sessões de quimioterapia, radiação, imunoterapia e até mesmo tratamentos experimentais. Sua ansiedade e angústia tornaram-se quase intoleráveis: ela disse que era a coisa mais difícil que já havia feito. E, para ela, a pior parte foi reconhecer — em seu íntimo — que não poderia fazer nada para evitar isso. Depois de vários dias angustiantes, Aileen não só reconheceu como também *aceitou* o fato de que não tinha controle sobre sua saúde. A exposição à preocupação foi um processo tão difícil que ela sentiu as entranhas se agitarem. Mas, no final, Aileen se tornou muito mais forte e resiliente, tendo aceitado o que não podia controlar e se sentindo mais humilde, grata e fiel ao longo da vida.

Com Zelena, a atleta olímpica cuja mãe estava sofrendo um grande revés financeiro, conversamos detidamente sobre suas preocupações. Descobrimos que, na superfície, o maior medo de Zelena estava relacionado à saúde da mãe, e não às finanças — a questão financeira simplesmente havia mostrado a vulnerabilidade geral de sua mãe. Então, pedi a Zelena que imaginasse como seria se a mãe tivesse um derrame por causa de todo o estresse financeiro e morresse. No início, Zelena não conseguia lidar nem mesmo com pensar nas dificuldades financeiras da mãe, quanto mais em um derrame, e a morte dela era um assunto completamente fora dos limites. Mas, por fim, Zelena acabou compartilhando seus medos em relação à morte da mãe — e ela perdeu o controle! Sentada, enquanto falava sobre o que vestiria no funeral, onde a mãe seria enterrada, o que diria aos familiares no funeral e depois dele, ela estava chorando. Novamente, o objetivo dessa exposição à preocupação era fazer um exercício mental para ajudar Zelena a aceitar o que ela não podia controlar.

A propósito, foi uma lição de humildade para mim estar frente a frente com uma atleta olímpica, no auge de seu desempenho, enquanto ela caía em prantos, soluçando incontrolavelmente e mostrando sua profunda vulnerabilidade. Saí dessa experiência com imenso respeito por Zelena e com uma percepção palpável de que todos na Terra, independentemente de sua força física, têm pontos de dor. *Todos* nós corremos o risco, a *qualquer* momento, de enfrentar desafios que podem nos levar às lágrimas.

Com o que estamos realmente ansiosos?

É interessante notar que muitas pessoas, quando se sentem ansiosas, não têm certeza do que as preocupa. Elas dizem: "Não quero ficar doente" ou "Não quero perder meu dinheiro", mas isso geralmente é apenas superficial. Quase sempre elas têm medo de algo muito mais profundo, algo que estão inconscientemente escondendo de si mesmas. É uma forma de *evitação cognitiva*, que discutimos no capítulo 3. Em suma, não gostamos de pensar nos nossos pontos problemáticos. Como resultado, em geral não contemplamos totalmente aquilo de que temos medo; ficamos tão envolvidos na tentativa de evitar uma ameaça que não sabemos por completo o que está motivando nosso medo.

Para usar a terapia de exposição de forma eficaz quando nos sentimos ameaçados, no entanto, é preciso nos aprofundar para sabermos exatamente com o que estamos preocupados. Por exemplo, algumas pessoas com ansiedade financeira estão, na verdade, preocupadas em perder seu senso de importância aos olhos dos outros. Em outros casos, as pessoas com ansiedade em relação à saúde estão menos preocupadas com a própria saúde do que com o fato de deixarem seus entes queridos sem alguém para cuidar deles.

Recentemente, atendi um jovem pai que estava consumido pelo medo de sofrer um acidente. Quando discutimos seus medos, ele associou isso à infância: um de seus amigos perdeu a mãe ainda jovem em um acidente de automóvel e passou por poucas e boas na infância. Portanto, meu paciente estava resistindo a deixar seus filhos em tal situação. Antes de começarmos a trabalhar em seus medos específicos, ele nem sequer havia reconhecido a raiz de sua ansiedade, pois estava tão obcecado em reprimir a dor que, superficialmente, só se preocupava com sua saúde. No entanto, depois de conversarmos sobre o assunto, ele reconheceu que, em última análise, *não* tinha como controlar se viveria ou morreria, e o bem-estar de seus filhos fugia de seu controle nesse aspecto. Portanto, nosso trabalho saiu da preocupação com várias doenças e passou a se concentrar em aceitar a possibilidade de que seus filhos ficassem sem pai. Era algo difícil de enfrentar, mas, ironicamente, mais fácil do que tentar evitar 100% pensar nisso.

Em outro caso, a ansiedade financeira provou não ter nada a ver com dinheiro. Quando Alan me procurou, eu o interpretei de forma totalmente errada. Gerente financeiro em Midtown Manhattan, ele apresentou o que parecia ser uma preocupação típica com o mercado financeiro. Mas, quando exploramos mais a fundo, revelou que estava mais preocupado em não estar emocionalmente disponível para a esposa e filhos devido ao estresse do que uma queda do mercado poderia causar. Depois, quando investiguei ainda mais, chegamos ao cerne da questão: ele revelou que, quando era criança, o irmão mais velho tinha abusado sexualmente dele várias vezes durante muitos anos. Além da vergonha intensa e da raiva do irmão, Alan culpou os pais por estarem distraídos demais com suas próprias preocupações financeiras para ver o que estava acontecendo e protegê-lo. Porém, mais do que seus pais, ele culpou o mercado: o abuso ocorreu durante uma crise financeira que deixou os pais preocupados com o trabalho e só deixou o ambiente familiar mais estressante. Esse foi o contexto em que o irmão de Alan abusou dele, e era o ponto crucial do que ele sempre tentava evitar garantindo estabilidade financeira.

É sempre fundamental entender por completo a ansiedade dos indivíduos. Se as pessoas têm pavor de deixar parentes ou de não estarem disponíveis para protegê-los, esses temas precisam ser incluídos em seus roteiros e repetidos em sua mente. Se esses indivíduos simplesmente passarem pelo processo mental de revisar suas preocupações superficiais, não encontrarão a raiz da ansiedade, e o tratamento normalmente não será eficaz, pois a questão permanece sem solução.

Na prática, a melhor estratégia para aceitar nossa falta de controle é *pensar profundamente sobre o que de pior pode acontecer, de acordo com nossos pontos de dor.* Depois de identificarmos o medo central, devemos repassá-lo várias vezes para nos prepararmos mentalmente para que ele de fato aconteça. Por exemplo, se você se sente ansioso quando está sentado em um avião, não fique apenas parado se preocupando superficialmente com acidentes aéreos aleatórios. Em vez disso, prepare-se para alguns momentos de tensão e reconheça o seguinte: uma vez no ar, você não pode nem sequer entrar na cabine de comando, quanto mais ter qualquer influência ou controle sobre o avião. Você está em uma situação vulnerável, viajando em uma lata a centenas de quilômetros por hora, a milhares de pés de altura, e um sem-número de condições pode ocorrer em determinado momento, o que pode ser desastroso para todos a bordo. Em seguida, considere as ramificações reais do que aconteceria se apenas uma coisa crítica desse errado no meio do voo. Considere sua família, seu legado, sua morte prematura, seu funeral e o significado de sua vida. Quando conseguimos abraçar completa e humildemente *esse* nível de incerteza e incontrolabilidade, uma sensação serena de calma se instala, junto com um aumento na resiliência para aceitar quaisquer circunstâncias que estejam além do nosso controle.

DOR *VERSUS* SOFRIMENTO

Ao longo deste livro, falamos sobre incerteza: nossa ansiedade aumenta quando uma situação negativa *pode* ocorrer, e a aceitação da incerteza é a chave para reduzir nossa apreensão. Mas o que acontece quando infortúnios *de fato* se concretizam — quando a ameaça ocorre? Uma coisa é admitir os limites de nosso conhecimento e controle quando estamos em risco, quando a *possibilidade* de algo perturbador se aproxima. Por mais difícil que isso seja, há algo muito pior: aceitar os desafios da vida quando eles se tornam realidade.

Esse nível de aceitação exige mais que terapia de exposição. Nas exposições às preocupações, simplesmente pensamos na *possibilidade* de algo ruim acontecer. Mas e se algo ruim acontecer mesmo? O que devemos fazer nesse caso? Como podemos evitar cair em uma ansiedade paralisante quando, enfim e de fato, perdemos o controle?

"A dor é inevitável. O sofrimento é opcional." Essa pérola de sabedoria foi atribuída ao Dalai Lama, a programas de doze passos e a outras fontes, mas identificar a pessoa que a popularizou é menos importante do que entender a verdade em sua essência. A dor, incluindo situações, emoções e sensações desagradáveis, *é* inevitável. Não importa quão afortunada seja nossa vida, nós *sentiremos* dor. *Existe alguém que não tenha nenhuma dificuldade?* Por outro lado, o sofrimento — lamentar, reclamar e ficar com raiva ou ansioso em reação à dor — baseia-se em *escolhas* que todos nós fazemos. A questão principal é como evitar que a dor se transforme em sofrimento. Como podemos lidar com situações que atingem nossos pontos de dor sem nos arrependermos, reclamarmos ou ficarmos irritados e ansiosos com elas?

A resposta é o tema principal deste capítulo: *aceitação*. Quanto mais aceitarmos e pararmos de lutar contra a dor — quanto mais aprendermos a conviver com a dor e não a mudar, a simplesmente vivenciá-la e reconhecer que, às vezes, nada pode ser feito —, menos sofreremos. É claro que é mais fácil falar do que fazer, mas outra maneira de pensar sobre isso é: precisamos praticar. Consequentemente, temos que nos preparar melhor para aceitar resultados que não desejamos.

Pense assim: se a dor é inevitável, temos apenas duas opções. Ou podemos nos preparar para ela quando as coisas estiverem indo bem, ou podemos ser pegos de surpresa quando ela surgir. A segunda opção é a receita para o sofrimento: quando a dor surge de repente sem que estejamos mentalmente preparados para aceitar, a ela e às suas consequências, somos alvos fáceis. A primeira, por outro lado, nos dá uma chance de lutar para sentir apenas uma dor passageira em vez de um sofrimento crônico.

Em alguns casos, identificar e reconhecer nossos limites pode levar espontaneamente à aceitação da dor. Conforme discutimos no capítulo 7, perceber que não há muito que possamos fazer e que certas coisas estão fora de nosso alcance pode ser um alívio, pois nos sentimos menos responsáveis pela dor. Mas nem sempre é tão simples assim. Quando situações genuinamente desafiadoras se materializam — aquelas que levam a uma dor significativa —, pode ser difícil aceitá-las, mesmo que reconheçamos não estarmos no controle.

O que causa o sofrimento?

Nossa resistência é o que converte a dor em sofrimento. Nem todas as batalhas devem ser travadas e nem todas as guerras devem ser vencidas. Às vezes, a resposta para a vida não é vencer, mas perder graciosamente.

Um ex-paciente meu, na casa dos trinta anos, chamado Marty, sofria de ansiedade social. Era um homem calmo que trabalhava como atuário em uma seguradora, processando números para determinar as probabilidades e os riscos financeiros que informam as apólices de seguro. Embora seu trabalho pudesse parecer mundano, implicava uma enorme responsabilidade, pois um único erro matemático, multiplicado por milhares de cenários, poderia facilmente custar à empresa dezenas de milhões de dólares. Um dia, ocorreu um incidente desse tipo. Vários anos antes, ao realizar mais de uma centena de cálculos em uma única planilha, Marty errou um único ponto decimal. O resultado foi uma perda financeira impressionante no pagamento de seguros. Marty foi instruído a se preparar para uma reunião urgente com seu chefe — e prontamente agendou uma sessão urgente comigo com antecedência para discutir o assunto. Marty ficou tão gelado e suado só de falar sobre sua situação que consegui ver a transpiração encharcando sua camisa. Reconhecer a falta de controle não era o problema, no entanto. Ele estava bem ciente de que a coisa toda estava fora de seu controle!

A principal dificuldade de Marty era que agora ele precisaria enfrentar um interrogatório com os diretores da empresa e ser obrigado a prestar contas por seu erro. Isso não era apenas uma possibilidade; uma audiência já estava marcada para a semana seguinte. Para piorar a situação, a empresa era conhecida por descontar sua raiva em pessoas que cometiam erros semelhantes, usando táticas genuinamente angustiantes, como a humilhação pública por meio de e-mails para departamentos inteiros.

Marty pensou em pedir demissão, mas rapidamente rejeitou essa opção por motivos financeiros. Sua melhor alternativa era aceitar a situação. Ele se preparou para ser gentil enquanto era humilhado em público — um medo profundo, devido à sua ansiedade social. Depois de chegar a um ponto de aceitação, ele decidiu aceitar a situação, reconhecer sua falha e as consequências, oferecer um sincero pedido de desculpas e aceitar quaisquer sanções que os chefes lhe aplicassem. Mas, pelo menos, naquele momento, tudo estaria resolvido. Como se diz no mundo do jornalismo, seria "apenas um ciclo de notícias" e, então, ele poderia voltar à sua vida e seguir em frente.

Marty usou alguns aspectos da exposição a preocupações para lidar com essa situação. Escreveu um roteiro em primeira pessoa sobre ser chamado para uma investigação, o que o CEO e o CFO diriam a ele, como responderia e como eles tentariam humilhá-lo. Seu estômago se revirou tanto que correu para o banheiro durante nossa sessão. Mas ele precisava dar mais um passo: *tinha de parar de lutar contra a dor.* Marty aceitou que era humano e tinha feito besteira. Reconheceu que essa era a natureza da vida e decidiu seguir em frente. Foi doloroso — mas, pelo menos, ele parou de sofrer.

Por que escolhemos o sofrimento em vez da dor?

Descobri que muitos de nós catastrofizamos o fato de que não somos capazes de lidar com a dor. Imaginamos todo tipo de coisas que poderiam acontecer conosco, emocionalmente ou não, se aceitássemos a situação e suas consequências. Achamos que essas consequências podem nos levar à loucura, em parte, talvez porque a magnitude da dor seja desconhecida e, novamente, somos intolerantes à incerteza. Então, em vez disso, resistimos à dor, reprimimos os pensamentos, nos distraímos e contorcemos nossa psique na tentativa de manter um senso de controle, mesmo que isso só piore as coisas.

A verdade é que, *se estamos sofrendo, isso mostra que podemos tolerar a dor, já que o sofrimento é mais difícil de administrar do que a dor.* O sofrimento exige mais energia e esforço e, portanto, é mais desafiador. É como correr com o carro para o acostamento de uma rodovia de várias pistas no meio de uma nevasca quando você está tendo um ataque de pânico, como vimos com John no capítulo 1. Para repetir a história: John estava com medo de bater o carro por

O PODER DOS ANSIOSOS   261

causa do ataque de pânico e *suportou* fazer uma série de manobras ousadas para encostar o carro, o que só o fez entrar em pânico ainda mais. Por meio de nosso trabalho em conjunto, John aprendeu que tolerar a *dor* do pânico simplesmente dirigindo em linha reta até que ela passasse era uma abordagem mais adaptativa e saudável. Seus esforços iniciais para reduzir a dor resultaram em uma escalada da reação de luta ou fuga, o que o fez pensar que não era capaz de lidar com a vida.

Da mesma forma, apesar de acreditarmos que não seremos capazes de lidar com a dor, na realidade sempre conseguiremos lidar melhor com ela se a aceitarmos do que se gastarmos energia procurando maneiras de evitá-la — o que só prolonga e aprofunda nosso sofrimento. A dor dói, mas os seres humanos são surpreendentemente resilientes e podem suportar todos os tipos de situações terríveis — o que se torna mais fácil, não mais difícil, quando aceitamos essas situações.

Com isso, aprendemos que *uma etapa crítica para evitar o sofrimento é reconhecer que a dor é tolerável*. Quanto mais as pessoas sofrem lutando contra a dor, menor é a probabilidade de perceberem que podem tolerá-la. Elas passam a associar a dor ao sofrimento e não percebem que são diferentes um do outro. Se você luta sempre contra a dor, terá mais dificuldade em aceitá-la. Por outro lado, quanto mais praticamos a tolerância à dor, mais fácil ela se torna com o tempo.

Outro motivo pelo qual a maioria das pessoas escolhe o sofrimento em vez da dor é acharem que não têm escolha. Mas a verdade é que sempre temos uma escolha. Algumas delas podem não ser as melhores, mas *sempre* temos escolha. A dor não tira por completo nossa liberdade de escolha. Marty tinha a opção de se demitir, se quisesse. Ele decidiu que não queria, por motivos financeiros, então escolheu enfrentar a dor. O fato de estar consciente de sua decisão — uma escolha deliberada e intencional — transformou sua situação de sofrimento em apenas dor.

Para dar um exemplo mais extremo, se alguém é diagnosticado com uma doença terminal, ainda tem a opção de insistir em morrer em casa, ir para uma clínica de cuidados paliativos para controlar a dor ou para um hospital a fim de colocar uma sonda de alimentação e lutar até o fim. Todas essas opções são desagradáveis, mas *são* escolhas, e fazer uma escolha consciente é um privilégio e uma dignidade humana inabalável.

Criando significado

Em 1940, o psiquiatra vienense Viktor Frankl era um psicoterapeuta em ascensão, com foco em depressão e suicídio, quando foi enviado com sua família para o campo de concentração nazista de Theresienstadt. Frankl passou os três anos seguintes em quatro campos de concentração diferentes, onde testemunhou crueldade e sofrimento indescritíveis — o espectro da morte era onipresente. Durante esses anos difíceis, sua esposa, seu irmão e seus pais foram todos mortos. Em 1945, pouco depois de ser libertado de Auschwitz, Frankl escreveu sobre suas experiências em um livro que, quando traduzido para o inglês em 1959, tornou-se um best-seller influente.

Em busca de sentido, como o livro é agora comumente conhecido, é mais um ensaio extenso do que um livro didático de psicologia. O tema principal de Frankl é: as pessoas que encontraram significado e propósito em meio a circunstâncias intoleráveis se saíram muito melhor do que aquelas que desistiram ou cederam ao que consideravam uma infelicidade sem sentido. E elas se saíram melhor não apenas mentalmente, mas também fisicamente. Frankl observou que aqueles que resistiram à dor indescritível, tendo em mente o significado da vida, e aqueles que não esqueceram de sua capacidade de fazer escolhas conscientes, tinham mais chances de sobreviver aos campos de concentração do que aqueles que transformaram sua dor em sofrimento. Frankl destacou que podemos não ter controle sobre os acontecimentos da vida, mas *sempre* temos nossa capacidade de escolha. No final do livro, Frankl concluiu: "A maneira como um homem aceita seu destino e todo o sofrimento que ele acarreta, a maneira como ele carrega sua cruz, dá a ele uma ampla oportunidade, mesmo nas circunstâncias mais difíceis, de acrescentar um significado mais profundo à sua vida".[1]

Atualmente, esse conceito está bem estabelecido na literatura científica. Quando as pessoas passam por eventos estressantes na vida, o significado que atribuem a essas circunstâncias tem um impacto indelével na reação de enfrentamento e no consequente impacto emocional, e até mesmo físico, que o estresse exerce sobre a saúde do corpo.[2] Entre os indivíduos com dor crônica, aqueles que encontram propósito para seu desconforto — por exemplo, vendo-o como uma oportunidade de aprender ou de se conectar com outras pessoas — experimentam não apenas menos depressão, mas também menos dor física.[3] Da mesma forma, os pacientes com lesão medular que encontram significado em sua perda experimentam não apenas maior resiliência e bem-estar psicológico, mas também melhor funcionamento físico, mesmo quando controlam a gravidade de seus sintomas.[4] Durante a pandemia de covid-19, os indivíduos que se submeteram à psicoterapia tiveram benefícios de curto e longo prazo no ajuste psicológico.[5]

Quais são os mecanismos pelos quais a criação de significado pode melhorar o enfrentamento e fortalecer nossa resposta emocional e física às circunstâncias difíceis da vida? Em termos simples, quando ocorrem lesões, perdas e outras situações desafiadoras, ter um senso de significado permite que as pessoas reformulem suas experiências de forma mais positiva. Isso, por sua vez, transforma o sofrimento em dor. *Quando a dor tem significado, as pessoas param de lutar contra ela e passam a aceitá-la melhor, de modo que o sofrimento diminui e, em alguns casos, se dissipa completamente.* Se você sentir uma dor aparentemente sem motivo na parte superior dos braços, será muito mais angustiante do que se ela viesse na academia enquanto você estivesse fazendo rosca direta com um halter em cada braço. Isso se deve ao fato de a última dor ter significado — é vista como construtiva e parte do ganho de massa muscular.

Carl, um empresário de sessenta e poucos anos, um dia descobriu que um sócio de longa data o estava enganando o tempo todo, desviando dinheiro do negócio durante anos. Quando Carl descobriu, era tarde demais; quase todo o dinheiro havia desaparecido. Trinta anos de trabalho viraram cinzas em termos monetários. Seu sócio ficou irritantemente indiferente quando Carl o confrontou; ele negou tudo e fingiu ser pobre. A coisa ficou feia e eles foram parar no tribunal, onde, para o espanto de Carl, seu sócio ganhou. O cara apareceu com um terno desarrumado e não tinha sequer um advogado, alegando que não tinha dinheiro para pagar um. Nesse meio-tempo, o sócio de Carl havia transferido o dinheiro para uma conta no exterior. Era uma pílula amarga de engolir e que deixou Carl muito deprimido.

Ao falar comigo inicialmente, Carl se esforçou muito para dar sentido ou significado à sua perda. Ele havia trabalhado dia e noite durante décadas e ficado sem nada! Com o tempo, porém, encontrou algumas pepitas de significado que diminuíram seu sofrimento o suficiente para que, às vezes, ele ficasse apenas com a dor. Durante uma sessão cheia de emoção, Carl se abriu para mim sobre as muitas noites que passou correndo atrás de dinheiro em detrimento do tempo que passava com os filhos. Falou sobre como os filhos se ressentiam dele por ser viciado em trabalho e como isso dificultava ainda mais aceitar sua perda financeira: "Pelo que eu me sacrifiquei?", perguntou, retoricamente. Eu validei os sentimentos de Carl e, à medida que falava mais, parecia estar em um lugar de maior paz. Ele comentou que era grato por ter aprendido a valorizar a família, e não o dinheiro, na *escola da vida* no início dos sessenta anos, em vez de perder mais uma década concentrado exclusivamente no trabalho. Carl fez algumas mudanças fundamentais na vida depois de nossas conversas e passou a dedicar muito mais tempo e esforço a criar laços mais fortes com os filhos e netos, usando o pouco dinheiro que tinha.

O processo de criação de significado é altamente individualizado, mas aqui estão algumas maneiras de criar um senso maior de significado quando surgem desafios. Alguns de nós podem ver a dor como uma oportunidade de desenvolver o caráter. Outros podem encará-la como uma oportunidade de voltar a se concentrar na gratidão pelo que está indo bem. Outros ainda podem vê-la como uma chance de aprender a sofrer com dignidade, em vez de se livrar do sofrimento. Outra abordagem é usar os desafios como uma forma de se conectar com os outros. A espiritualidade também pode ser uma forma de dar significado, como é o caso daqueles que desenvolvem sua fé ou contemplam determinado propósito, divino ou não, para a dor que pode ou não se tornar aparente com o tempo. Independentemente de qual desses métodos, ou ainda de outros, possamos usar para criar sentido, Frankl resumiu o aspecto mais importante da seguinte forma:

> Sempre há escolhas a fazer. Todos os dias, todas as horas ofereciam a oportunidade de tomar uma decisão, uma decisão que determinava se você se submeteria ou não aos poderes que ameaçavam roubar seu próprio eu, sua liberdade interior. Que determinava se você se tornaria ou não um fantoche das circunstâncias, renunciando à liberdade e à dignidade para ser moldado na forma de um prisioneiro típico.[6]

Sob essa perspectiva, nossas reações às circunstâncias difíceis da vida não são apenas reações automáticas que ocorrem no contexto de várias condições biológicas, sociais, históricas, políticas e outras. *Os seres humanos têm a dádiva de poder fazer escolhas.* Nesse sentido, a dor pode destacar de forma única a grandeza do que significa ser humano. Podemos escolher manter nossa dignidade, nosso caráter e até mesmo nossa equanimidade, em um grau muito maior do que muitos de nós imaginamos.

O poder da oração

Apesar do aumento do secularismo em todo o mundo, a oração continua sendo parte de muitas culturas. Na Pesquisa sobre o Panorama Religioso de 2014, um relatório científico de 102 países que examinou a prevalência de muitos aspectos da vida espiritual e religiosa, o Pew Research Center descobriu que 55% dos adultos americanos oram diariamente.[7] Da mesma forma, em outros países ricos, cerca de 40% dos adultos oram todo dia e, em todo o mundo, esse número ultrapassa 60%.[8] Por que a oração é tão difundida? O que ela tem a oferecer à humanidade que a torna uma prática tão comum?

Muitas pessoas não religiosas pensam na oração como uma forma de manipular os céus para obter bênçãos — uma forma de tentar conseguir cura física, prosperidade ou sucesso para si e seus entes queridos. Isso pode ser verdade. Há muitas histórias de pessoas que alegam: "Veja só! Eu orei e essa cura milagrosa aconteceu! A oração não é maravilhosa?". Não estou falando que essas coisas não acontecem. No entanto, como psicólogo, acredito pessoalmente que o efeito mais poderoso que a oração pode ter em nossa vida não está no âmbito de moldar nossa sorte, mas sim em como ela influencia nossa perspectiva. *A oração tem um poder inconcebível de nos tornar mais receptivos, humildes, gratos e resilientes e, portanto, muito menos ansiosos.*

Há vários anos, a filha em idade escolar de um grande amigo que morava no Meio-Oeste Americano foi diagnosticada com leucemia. A família tentou de tudo, inclusive vários transplantes de células-tronco, que inicialmente ajudaram. Mas, após cada rodada de tratamento, o câncer voltava a aparecer. Eles deram a ela todos os cuidados médicos que puderam. Espiritualmente, criaram grupos de oração de milhares, se não dezenas de milhares, de pessoas em todo o mundo. Foi feito um esforço coordenado para recitar capítulos dos Salmos literalmente 24 horas por dia, com a esperança de pedir a Deus que curasse e poupasse a vida de sua linda filha. Eles fizeram suas escolhas de forma valente, heroica e com muito amor, cuidado e imensa fé. Mesmo assim, a menina morreu antes de completar onze anos.

No funeral, aconteceu algo que eu nunca tinha visto, em nenhum momento de minha vida. Todas as orações do mundo não salvaram a menina, mas tiveram um efeito claro e profundo. Os pais da garota e todos os presentes pareciam elevados pela tragédia. É claro que houve muitas lágrimas. O lamento, o choro e a tristeza eram intensos, e a dor era difícil de ser compreendida. Uma linda e inocente menina havia partido deste mundo, e não havia nada que alguém pudesse fazer para mudar esse fato triste e trágico. Havia o luto de uma perda inominável. Entretanto, ao mesmo tempo, havia aceitação e paz.

Durante todo esse tempo, alguém que estivesse olhando de fora poderia ter dito que o propósito da oração era ajudar a menina.

Mas essa é apenas uma parte do todo. Mais fundamentalmente, os valentes esforços espirituais dos pais, ao longo de muitos anos, haviam instilado neles a perspectiva de que os seres humanos não estão no controle. Isso permitiu que reconhecessem claramente que tinham feito tudo o que estava ao seu alcance — espiritual, emocional e fisicamente —, mas o resultado era uma questão que estava além do conhecimento, da compreensão e da capacidade humana. A oração possibilitou que a família superasse a tragédia com enorme dignidade e força. A escolha dos pais de que aquela linda criança sobrevivesse foi tirada deles, mas isso não tirou a escolha deles de serem dignos. A oração lhes deu força, permitindo que aceitassem que não estavam no controle. Todas as orações que foram feitas ao redor do mundo permitiram que escolhessem lidar com a tragédia com significado. Houve uma experiência aguda de dor intensa, mas sem sofrimento.

O aspecto mais poderoso da oração é que ela pode nos ajudar a internalizar o fato de que nosso poder é limitado, nosso conhecimento é ainda mais limitado e, às vezes, precisamos apenas reconhecer que não somos nós que pilotamos o avião. Os programas de doze passos falam sobre entregar nossa força a um poder superior. Seja qual for a sua concepção desse poder superior, e quer você ore ou não com alguma regularidade, a oração é uma ferramenta poderosa para aceitar em nosso coração e alma que não estamos no controle.

FERRAMENTA 8: ACEITANDO NOSSOS LIMITES

A preocupação tende a ser um processo superficial. Raramente nos permite chegar à verdadeira profundidade do que está gerando ansiedade. Portanto, dificulta o acesso aos nossos limites humanos naturais.

Então, essa ferramenta começa com um processo de autoinvestigação que adaptei da terapia cognitiva, projetada para nos ajudar a ter acesso às nossas crenças fundamentais, das quais muitas vezes não temos consciência. A técnica envolve perguntar continuamente a nós mesmos: "Se sim, o que aconteceria?", a fim de sondar até o fundo aquilo de que temos medo sincero e absoluto.

Por exemplo, se você tem medo de ficar doente, pergunte a si mesmo: "Se eu ficasse doente, o que aconteceria?".

A resposta pode ser: "Bem, aí terei de tirar uma licença do trabalho".

A partir daí, pergunte a si mesmo novamente: "Se eu tivesse que sair de licença, o que aconteceria?". Talvez a resposta seja: "Eu me sentiria envergonhado diante de meus colegas de trabalho quando voltasse".

Nesse ponto, pergunte a si mesmo: "Se eu sentisse vergonha ao voltar, o que aconteceria?".

O processo deve continuar até que você se sinta visceralmente desconfortável. Se estiver se imaginando envergonhado, deprimido, perdendo suas amizades e acabando completamente sozinho, provavelmente está fazendo isso do jeito certo. O objetivo dessa parte do exercício é reconhecer aquilo de que você tem medo, e deve ser muito desconfortável pensar nisso.

Quando você estiver bem e ansioso, é hora de se soltar por completo e aceitar. Mergulhe na realidade de que tudo o que você teme possa de fato acontecer. Considere que provavelmente não é tão difícil que uma combinação de fatores produza os resultados temidos. Abrace a sua vulnerabilidade e abandone a fachada de conhecimento, controle e segurança. Reconheça que, no longo prazo, somos impotentes para controlar a maioria dos principais fatores que moldam nossa sorte, portanto, abrir mão é a única opção sensata.

Nesse momento, você deve estar ainda mais ansioso. Lembre-se de que deve realmente aceitar que resultados terríveis podem acontecer a qualquer momento.

Agora, reconheça que, independentemente do que aconteça — independentemente das circunstâncias —, *você sempre terá a capacidade de fazer escolhas*. Considere quais são suas opções (mesmo que nenhuma delas seja boa) e o que você pode escolher caso seus medos se manifestem.

Se a oração é algo com que você se sente confortável ou que deseja tentar, nesse momento você pode orar em qualquer idioma que lhe pareça confortável para evitar o resultado que teme. Entretanto, não dependa da assistência divina. Em vez disso, use a oração para aprofundar sua aceitação de que, em última análise, seu controle tem limites.

9

TRANSCENDENDO NOSSOS LIMITES

A ansiedade pode nos ajudar a conquistar nossos objetivos e sonhos

Os capítulos 7 e 8 discutiram como a ansiedade pode nos ajudar a reconhecer e aceitar os limites do conhecimento e controle humanos. Vimos como isso pode nos permitir *prosperar*, mantendo-nos humildes e gerando mais resiliência quando enfrentamos as vicissitudes da vida, principalmente em momentos de incerteza, ameaça e adversidade. Ironicamente, quando aceitamos os limites de nossa humanidade, saímos emocional e espiritualmente mais fortes, com mais serenidade, paciência, gratidão, bondade e compaixão. Neste capítulo final, veremos que o poder da ansiedade para nos ajudar a prosperar é muito mais profundo: *a ansiedade pode nos ajudar a identificar, buscar e realizar nosso potencial humano único. Podemos aproveitar a ansiedade como uma ferramenta para identificar e cumprir nossos propósitos finais na vida.* Como? As coisas específicas que nos deixam ansiosos geralmente são as mesmas nas quais temos imenso potencial para prosperar e ter sucesso — a ansiedade tende a se ligar às nossas áreas de maior força. Além disso, a realização do potencial humano — sonhar com o que temos a oferecer ao mundo e heroicamente perseguir esses sonhos — invoca inerentemente a ansiedade, pois todos os grandes planos têm um risco significativo de dar errado, e ultrapassar nossos limites exige inerentemente enfrentar a adversidade. Portanto, sentir ansiedade no contexto da autorrealização é uma indicação de que estamos no caminho certo. Este capítulo mostrará como usar a ansiedade para identificar o que você mais valoriza, transcender seus limites percebidos e atingir seu potencial espiritual de uma forma que você nunca imaginou possível.

NOSSO POTENCIAL DE GRANDEZA

A cultura ocidental não tem feito um trabalho especialmente notável ao ensinar os alunos — crianças ou adultos — a reconhecer seu potencial único ou visualizar sua grandeza. Em nosso sistema educacional, ainda somos ensinados principalmente de forma mecânica. Premiamos os estudantes que memorizam mais, e não há ênfase suficiente em aprender a pensar de forma crítica e criativa.[1] Além disso, os alunos geralmente são avaliados em um número muito limitado de domínios. Os exames de admissão às faculdades e outros testes padronizados têm um viés conhecido: eles valorizam o sucesso acadêmico em linguagem e matemática mais do que a inteligência social, criativa ou emocional — sem mencionar as habilidades práticas de resolução de problemas que chamamos de *conhecimento das ruas*.[2] Ainda mais problemático, nossa sociedade tende a ter visões binárias de sucesso e fracasso; em vez de reconhecer o crescimento humano a partir do ponto em que estamos atualmente — tentando ser o nosso melhor —, vemos as pessoas como bem-sucedidas ou não. Portanto, não é de surpreender que tenhamos uma cultura decadente inclinada a valorizar a gratificação imediata em detrimento do desenvolvimento do caráter. Damos prioridade a resultados *quantitativos* em vez de *qualitativos* (por exemplo, ter muito dinheiro em vez de causar um impacto significativo na vida de outras pessoas).

Esses valores culturais nos tornam ferozmente competitivos. A metáfora da "corrida dos ratos", popularizada na década de 1950, baseou-se na imagem de ratos de laboratório sendo manipulados e recompensados com comida por percorrerem uma série de labirintos sem sentido. O termo foi aplicado ao estado de competição desenfreada no mundo corporativo, em que os trabalhadores seguiam cegamente seus superiores como criaturas sem nenhum significado ou propósito específico além de se alimentar o máximo possível. Nos últimos anos, houve algumas mudanças positivas nesse contexto que oferecem um pequeno vislumbre de esperança de que novos valores estejam surgindo, mas a corrida dos ratos continua a ser uma descrição adequada da vida profissional para bastante gente.

Por causa de todas essas tendências, muitas pessoas hoje em dia nem consideram que têm uma capacidade única de grandeza. Nem mesmo sabemos qual é o nosso potencial individual, pois sempre nos comparamos com os outros. Quando pergunto aos meus pacientes o que eles realmente gostariam de realizar na vida, quase sempre começam descrevendo ambições genéricas de acumular riqueza, conforto, bens materiais, notoriedade, fama ou até mesmo um grande número de seguidores nas redes sociais. No entanto, quando insisto no assunto, eles em geral reconhecem que nada disso os faz felizes de fato e que, na verdade, não têm uma noção real de como expressar sua individualidade neste mundo. A maioria nem sequer se conhece bem o suficiente para ver como pode agregar valor à vida dos outros com sua constelação interna e exclusiva de pontos fortes sociais, emocionais, práticos e intelectuais.

Quase perdemos a perspectiva de que temos um potencial interno de grandeza a ser descoberto e desenvolvido! Nem sequer pensamos em como podemos tornar o mundo um lugar melhor. Acredito que esse seja um dos principais motivos pelos quais a sociedade atual é tão atormentada pela ansiedade. Quase todos os meus pacientes com idade entre dezoito e 35 anos sentem uma ansiedade significativa quando se fazem perguntas como: "Por que estou aqui? Qual é o objetivo da minha vida? Sou mesmo especial? Tenho algo a contribuir para este mundo?". Sua tensão existencial aumenta ao contemplar essas questões porque poucos têm respostas convincentes, devido à forma como foram criados. Aliás, nossa sociedade se afasta por completo dessas perguntas, que em geral não são sequer feitas.

No entanto, a ansiedade natural que sentimos ao contemplar essas questões pode ser um ponto de partida para a *autorrealização* — o processo que o renomado psicólogo humanista Abraham Maslow descreveu como "tudo o que você é capaz de se tornar".[3] Sentir-se ansioso em relação à nossa identidade ou à natureza de nosso valor interno para o mundo é a última palavra em aprender a prosperar com a ansiedade. O ponto principal do desconforto natural que sentimos ao contemplar nossa singularidade é nos motivar a seguir em frente e começar a nos autorrealizar. Nossa angústia latente é superútil — literalmente uma ferramenta para prosperar —, já que podemos usá-la para descobrir e aprender a compartilhar com o mundo os dons exclusivos que temos. Nesse sentido, podemos utilizar a ansiedade para prosperar com significado e propósito.

É importante observar que nossa missão única na vida pode ser algo para o qual somos pagos ou algo para o qual dedicamos muito tempo, mas que *não faz parte* de nosso sustento. Um dos meus amigos é um advogado bem-sucedido que acha que seu verdadeiro propósito na Terra é administrar um sopão nos fins de semana. Seu trabalho jurídico ajuda a pagar a casa em que mora, mas o que realmente o *motiva* é colocar comida na frente de pessoas com sérias necessidades. Outro amigo meu é pai e dono de casa. Ele prospera cuidando dos filhos e da família e criando um ambiente acolhedor e amoroso para apoiá-los de todas as formas possíveis. Para ele, sua principal missão e propósito é ser um pai dedicado, mesmo que isso não lhe traga lucro nenhum. Resumindo: se há algo que amamos fazer, para o que temos capacidade e de que o mundo precisa, essa é a nossa chance de vislumbrar e realizar nossa grandeza única, independentemente de quanto nos pague.

Conforme discutido nos capítulos 7 e 8, nada é certo e nosso controle é extremamente limitado. Mas isso não significa que não possamos realizar nada. Temos um imenso potencial divino dentro de nós, que somos livres para desvendar durante a vida. A escolha de fazer isso depende de nós; essa é a principal oportunidade da vida e também o risco (principalmente se optarmos por *não* fazer isso). Tendo atendido milhares de pacientes, posso atestar que é quase como se estivéssemos programados para identificar e realizar nosso potencial neste mundo. Há algo de estranho na maneira como os objetivos, sonhos e capacidades altamente individualizados de cada um conseguem se alinhar muito bem com o que as pessoas ao seu redor precisam. Por outro lado, nunca vi ninguém prosperar plenamente sem sentir que está cumprindo sua visão única de grandeza. Nessas situações, as pessoas ligadas a esses indivíduos — família, amigos, comunidade, local de trabalho — também tendem a ter dificuldades, pois *todos* perdem, de alguma forma, a satisfação de suas necessidades.

Preciso salientar o seguinte: em toda a minha educação secular — desde o jardim de infância até a faculdade, dois cursos de pós-graduação e dois anos de residência —, não me lembro de meus professores exaltarem essas virtudes. Aprendi esses conceitos em minha educação *espiritual*. Para citar meu mentor espiritual, o rabino Lawrence Kelemen: "Você é um milhão de vezes mais único do que suas impressões digitais; nunca houve ninguém como você no planeta Terra e nunca mais haverá alguém como você no futuro".[4] Portanto, nossa ansiedade pode nos ajudar a identificar nossa singularidade e a lutar corajosamente pelas enormes oportunidades que temos diante de nossos olhos.

A *ansiedade é uma bússola*

Em meu primeiro ano como bolsista clínico no McLean Hospital, fiz um estágio no Instituto de Transtornos Obsessivos-Compulsivos (OCDI, na sigla em inglês), um dos poucos programas residenciais de tratamento de TOC em todo o mundo. Como terapeuta de TOC incipiente, aproveitei a oportunidade para aprender tudo o que podia sobre esse transtorno fascinante. Eu estava acompanhando Bob — um clínico veterano que trabalhava no OCDI havia quase vinte anos — e aprendi que o TOC pode se manifestar em muitos domínios da vida, como contaminação, saúde, organização, danos ou violência, sexualidade e até mesmo religião. Em uma de minhas primeiras visitas ao OCDI, perguntei a Bob por que alguns pacientes sofrem de TOC por causa de germes e outros por causa de violência ou religião. Sem pestanejar, Bob respondeu: "O TOC se liga àquilo que a pessoa mais valoriza na vida". Ele continuou explicando que, quando os pacientes têm obsessões e compulsões de contaminação, valorizam profundamente seu bem-estar físico e sua saúde; quando o TOC se manifesta no campo da religião, eles têm valores espirituais que estão no centro de sua identidade.

Desde aquele breve, mas importante, encontro de treinamento, tenho visto essa tendência em praticamente todos os pacientes que já conheci: as pessoas tendem a ficar ansiosas com aquilo com que realmente se importam. Nos anos seguintes, passei a perceber outra faceta dessa verdade da psicologia humana. Como tende a se referir àquilo que mais valorizamos na vida, *a ansiedade pode servir como uma bússola, mostrando em que áreas devemos focar para atingir nosso potencial.*

Marcia, uma jovem solteira de vinte e poucos anos, era atormentada por uma grande ansiedade em relação à saúde. Passava horas na internet pesquisando sobre vários sintomas que achava ter e visitava vários médicos todo mês para fazer exames que, invariavelmente, davam negativo. Ela não conseguia funcionar durante o dia a menos que tomasse todas as vitaminas e minerais e mantivesse uma dieta perfeitamente equilibrada para minimizar as chances de ficar doente. Essas atividades eram debilitantes para Marcia em muitos níveis; ela foi demitida do emprego porque passava horas no WebMD enquanto trabalhava e, a partir daí, sua qualidade de vida piorou rapidamente. Marcia passava todo o seu tempo recém-livre examinando o corpo em busca de sinais de câncer e fazendo ainda mais pesquisas médicas on-line. Ela ficou obcecada com sua saúde a ponto de não conseguir sair com os amigos ou namorar porque até se vestir era estressante demais. Quando ligou para o meu consultório, sua hipocondria a havia deixado praticamente presa em casa.

Marcia e eu analisamos as abordagens para ansiedade da parte 1 deste livro, ajudando-a a melhorar seu autocuidado, a ter mais autocompaixão e a aceitar e enfrentar suas emoções. Ela fez terapia de exposição para pensar intencional e longamente sobre sua saúde sem se envolver em nenhum comportamento compulsivo compensatório. Também implementamos estratégias da parte 2, incluindo a conexão com outras pessoas. Sugeri que Marcia priorizasse seus relacionamentos e contasse aos amigos sua ansiedade em relação à saúde, o que foi um grande passo na direção certa. A ansiedade em relação à saúde de Marcia diminuiu consideravelmente com essas abordagens, mas ela ainda não parecia feliz — estava menos angustiada, mas não prosperando.

Após cerca de dez meses de terapia, perguntei a Marcia o que ela desejava fazer da vida, e ela disse que adoraria se tornar uma defensora e consultora de saúde; queria usar seu conhecimento médico para orientar e apoiar outras pessoas que lutavam contra doenças graves. A princípio, fiquei preocupado que Marcia estivesse recuando, pois parecia ser uma nova maneira de expressar sua ansiedade em relação à saúde. Mas logo percebi que a ansiedade de Marcia havia se manifestado no campo da saúde física por um motivo: ela tinha um dom único para identificar sintomas e indicar tratamentos médicos. Se ela pudesse utilizar seus dons para tornar o mundo um lugar melhor, poderia expressar sua capacidade única de grandeza.

Ajudei Marcia a transformar seu sonho em realidade. Embora estivesse empolgada no início, ela logo percebeu que se tornar uma defensora da saúde dá bastante trabalho. Além de ficar apavorada com a possibilidade de, inadvertidamente, fazer mais mal do que bem, Marcia estava preocupada com o fato de não conseguir clientes suficientes para ter uma carreira de sucesso. Mesmo assim, incentivei-a a seguir seu sonho. Ela criou um site, imprimiu cartões de visita, fez alguns cursos on-line sobre gestão de pequenas empresas e começou a oferecer seus serviços para quem precisava de orientação sobre diagnósticos, opções de tratamento e até mesmo sobre como navegar no sistema de seguros. Tudo isso exigiu *muita* coragem, porque Marcia estava enfrentando adversidades, se expondo e assumindo riscos ao investir tempo e dinheiro que ela não sabia se dariam retorno. Em apenas três meses, porém, a consultoria em saúde de Marcia estava funcionando. As pessoas estavam entusiasmadas com seu trabalho, e ela, mais feliz do que nunca. Enquanto isso, a ansiedade de Marcia em relação à própria saúde caiu completamente no esquecimento porque ela estava usando-a para prosperar em vez de permitir que a ansiedade governasse sua vida.

Casos como o de Marcia estão em toda parte. Quando construímos um relacionamento mais conectado com nós mesmos e com os outros usando as estratégias discutidas nas partes 1 e 2 deste livro, podemos voltar às nossas ansiedades e utilizá-las para realizar o bem no mundo. Como já expliquei, isso se deve ao fato de que a ansiedade geralmente se liga a áreas de significado central em nossa vida — áreas em que temos um potencial único para prosperar. Depois de usarmos nossa ansiedade para fortalecer nossos relacionamentos conosco e com os outros, podemos usá-la para construir uma visão de nossa grandeza.

Etapas para construir uma visão

Em termos práticos, como podemos construir uma visão de grandeza para nós mesmos? Mesmo que nos libertemos da correnteza da sociedade e acreditemos em nossa capacidade de grandeza de uma forma única, muitas pessoas não conseguem se autorrealizar porque simplesmente não sabem o que fazer.

Criar uma visão de nossa grandeza envolve duas etapas:

PASSO 1: BRAINSTORMING

Pense em algo em que você é naturalmente talentoso até certo ponto e no qual, com uma quantidade razoável de dedicação e trabalho árduo, poderia ser ainda melhor. Pode ser um emprego, um hobby ou uma paixão ainda não realizada.

Pergunte a si mesmo:

- "O que eu gosto de fazer?"
- "Qual é o trabalho, hobby ou atividade que mais me satisfaz?"
- "Há algum aspecto da minha vida que eu gostaria de praticar mais?"
- "Quais são meus pontos fortes como pessoa?"

Observe que é comum que o que gostamos de fazer seja também uma área de força. Isso acontece por alguns motivos. Primeiro, todo mundo quer ser bem-sucedido e, por isso, muitas vezes somos levados a fazer coisas em que somos naturalmente bons. Segundo, e mais importante, muitas das tradições espirituais do mundo ensinam que os seres humanos são pré-programados para a excelência em um ou mais domínios. Quando somos autênticos com nós mesmos e buscamos o que realmente amamos, estamos destinados a ser bem-sucedidos. Nesse sentido, se os estímulos anteriores não o ajudarem a ter ideias, pergunte a si mesmo: "Qual é a minha maior realização até hoje?" Do que mais me orgulho na vida? Às vezes, pensar em nossos sucessos passados pode nos ajudar a gerar visões de grandeza para o futuro.

Você também pode se perguntar: "Que ação ou busca faz com que eu me sinta mais feliz?" Observe que "felicidade" não é o mesmo que conforto; normalmente, o que nos faz sentir felizes e realizados é, na verdade, *desconfortável*, como discutiremos mais adiante. Pense em algo que você conquistou e lhe deu a mais pura sensação de realização e propósito. Pode ser uma conquista única, como vencer uma partida de tênis, tirar uma bela fotografia ou aprender sobre pássaros que admira. Ou um projeto de longo prazo no qual você trabalhou e ficou realizado quando foi concluído.

O brainstorming não deve se limitar a respostas simples a qualquer uma dessas perguntas. Quando tiver algo em mente, pergunte a si mesmo o seguinte:

- "Que sonhos, esperanças e visões eu poderia realizar se desenvolvesse mais esses pontos fortes em minha vida?"
- "Como eu poderia usar essa visão de mim mesmo para melhorar o mundo de alguma forma?"
- "Como minha vida seria diferente se eu levasse a sério esse domínio de excelência e me concentrasse mais nele?"
- "O que mudou em mim, ou para os outros, quando conquistei algo nessa área?"
- "Qual foi o impacto de minha realização no mundo?"

Todas essas perguntas, que dizem respeito à primeira parte da criação de uma visão de grandeza — brainstorming —, podem ou não provocar ansiedade. Algumas pessoas *se sentem* ansiosas ao pensar no que gostariam de fazer, enquanto outras simplesmente se sentem animadas e revigoradas ao pensar em seus pontos fortes, interesses e capacidade de grandeza.

Por outro lado, a próxima etapa sempre requer uma dose saudável de ansiedade.

PASSO 2: PENSE DE FORMA PRÁTICA EM COMO REALIZAR SUA VISÃO

Pergunte a si mesmo:

- "Quais são as coisas específicas e tangíveis que posso fazer para desenvolver ainda mais meus pontos fortes?"
- "Que mudanças preciso fazer no meu dia a dia para tornar minha visão realidade?"

- "Como as pessoas ao meu redor reagirão quando eu lhes contar o que estou fazendo?"

- "Como essas mudanças afetarão minha agenda, minha vida social, minhas finanças e outros aspectos da minha vida atual?"

Considere a disparidade entre o que você é hoje e a visão que começou a considerar. Pense no que seria necessário, com o máximo de detalhes possível, para chegar aonde você gostaria de estar.

Observe que isso (ainda) *não* envolve agir; não é necessária nenhuma mudança de comportamento. No entanto, considerar seriamente os passos práticos para transformar nosso potencial em realidade deve ser estressante e até mesmo induzir ao medo.

Se você não sentir nenhum estresse ou medo ao pensar em sua visão na prática, isso é um indício de que está faltando algo crítico nela. Pode ser que você não se importe verdadeiramente com o que está imaginando. Também pode ser que esteja se vendendo por pouco e deixando de vislumbrar a verdadeira grandeza. Outra possibilidade é que você ainda não tenha se dado conta de todo o trabalho árduo que isso implicará. Independentemente do motivo, se não estiver sentindo uma ansiedade significativa ao concluir este exercício, volte e faça-o de novo! Por outro lado, se você se sentir ansioso, considere isso um indicador de que está no caminho certo.

HERÓIS DO COTIDIANO

A realização de nossas metas e sonhos de vida começa com a construção de uma visão de nossa grandeza — brainstorming e identificação de planos concretos para atingir nosso potencial. Mas, em algum momento, também precisamos ir da teoria para a prática, o que envolve a busca de nossas metas de forma *comportamental*, agindo, e não apenas planejando coisas em nossa mente. Quando passamos do mundo interno de nossos pensamentos para a interface com o mundo externo por meio de nossos comportamentos, não estamos mais simplesmente *visualizando* nossa grandeza. Em vez disso, estamos nos esforçando para transformar nossos sonhos em realidade.

Na cultura atual, a palavra *herói* é usada de várias maneiras, portanto, eu gostaria de tirar um momento para definir do que estou falando. A coragem física dos socorristas ou do pessoal militar, a ousadia moral de combater a corrupção no trabalho ou no governo e a coragem de enfrentar ameaças à nossa saúde exigem heroísmo. Mas para a maioria de nós, que não está frente a frente com uma ameaça física, política ou social avassaladora, ousar realizar nosso potencial interno por meio do desenvolvimento de nossa força e disciplina internas é o tipo de heroísmo que estou afirmando aqui. Estou me referindo aos *heróis do cotidiano* que podem ou não ser reconhecidos pelos outros e podem ou não ser bem-sucedidos em suas atividades. *É heroico superar o estresse, o medo e o desconforto que vêm junto com a realização de nossos sonhos.* O que une todos os heróis é o fato de eles fazerem um esforço significativo para expressar seu potencial único no mundo; estão envolvidos no processo de autorrealização.

As pessoas mais felizes que conheço são todas heroínas. Elas têm visões para si mesmas e para o mundo e, todos os dias, enfrentam o estresse e o medo associados a essas visões. Sonham com os olhos bem abertos. Entretanto, todos os heróis que conheço também enfrentam estresse e medo significativos, porque todas as buscas humanas importantes envolvem enfrentar adversidades. Isso não acontece por acaso. Quando nos esforçamos para atingir alguma meta, também assumimos riscos, o que aumenta nossa ansiedade e, ao mesmo tempo, envolve nossa capacidade de realizar nosso potencial e experimentar a verdadeira felicidade. Não é possível ter um sem o outro; a ansiedade é um aspecto necessário para prosperar. Como já falei várias vezes ao longo deste livro, a ansiedade em si não é uma coisa ruim e pode nos ajudar a prosperar. Eu chegaria a dizer que a busca heroica de nossos objetivos na vida exige o enfrentamento do estresse, da adversidade e do medo — *a ansiedade é um aspecto fundamental da felicidade humana.*

Em outras palavras, se você não está ansioso com o que está fazendo, provavelmente não liga muito para isso e, de modo geral, suas emoções serão "medianas". Ou nos sentimos entusiasmados *e* ansiosos com os resultados, ou não nos importamos e não nos sentimos nem entusiasmados, nem ansiosos — não há meio-termo.

É claro que não há nada de errado em avançar em direção a uma meta desafiadora e fazer uma pausa de vez em quando para nos acalmarmos e voltarmos ao equilíbrio. Não devemos nos esforçar para ter emoções superintensas o tempo todo (como veremos mais adiante). Mas, se evitarmos *toda* intensidade emocional ao perseguirmos nossos sonhos, estaremos sempre diminuindo nosso heroísmo e nossa capacidade de prosperar.

Seres humanos precisam de adversidade

Os maratonistas usam bastante esta frase: "Correr é minha terapia". Os motociclistas dizem o mesmo: "Andar de moto é minha terapia". Quando se pensa bem nisso, essas frases são estranhas. Correr é fisicamente estressante, e andar de moto pode ser tão perigoso a ponto de provocar uma reação de medo genuíno. Como é possível que atividades estressantes e que induzem ao medo sejam vistas como *benéficas* para a saúde mental? Por que alguém pensaria que essas atividades são uma forma de terapia? Como elas *ajudam* a combater a ansiedade?

No capítulo 3, falamos sobre a amígdala e como o sangue flui para essa área do cérebro quando sentimos emoções angustiantes, como o medo. Um número crescente de pesquisas sugere que a amígdala *também* é acionada por excitação, alegria e outras emoções *positivas* intensas.[5] Com base nessas descobertas, muitos teóricos agora acreditam que a amígdala não só controla nossa reação de luta ou fuga, mas a *intensidade* de nossa experiência emocional em geral.[6] Emoções poderosas — tanto positivas quanto negativas — são mediadas pela amígdala. Em outras palavras, *a mesma região do cérebro que controla a ansiedade também controla nossa capacidade de prosperar e ser feliz.*

Talvez você se lembre da história que mencionei no capítulo 1 sobre o extraordinário goleiro da Liga Nacional de Hóquei, Glenn Hall. Além de ser considerado o melhor goleiro que já jogou pelo Chicago Blackhawks, Hall era famoso no mundo do hóquei por vomitar antes de cada jogo devido ao seu alto nível de tensão e estresse. Glenn Hall era ansioso? Sim! E ele foi um herói que atingiu seu potencial único no mundo? Sem dúvida. Esses fatos não são coincidência. Hall se fortaleceu interiormente para encarar discos de hóquei disparados diretamente contra ele a uma velocidade de 160 quilômetros por hora ou mais, sob enorme pressão dos colegas de equipe, tudo isso enquanto enfrentava o escrutínio público até mesmo pelos menores movimentos no gelo. Novamente, porém, para ser um herói não é necessário ser rico ou famoso. Não precisamos jogar em grandes eventos esportivos ou ser músicos em um show assistido por milhares de pessoas. Tornar realidade qualquer visão que tenhamos — superando o estresse e o medo para nos autorrealizarmos — é heroico.

Portanto, não é de surpreender que, quando *não* perseguimos nossas metas e sonhos mais profundos, a ansiedade existencial se infiltre e se manifeste na forma de várias preocupações, ansiedade social, pânico, fobias ou TOC. Como alternativa, e de preferência, podemos optar por ficar genuína e adequadamente nervosos, sonhando alto e fazendo esforços heroicos para atingir nosso potencial único. No primeiro caso, a ansiedade é em grande parte sem sentido e parece uma doença porque piora a vida. No segundo caso, entretanto, ela não é um problema ou mesmo uma doença. Pelo contrário, é uma indicação de que estamos no caminho certo porque estamos enfrentando os medos associados à autorrealização. Em essência, *sentiremos* ansiedade de qualquer maneira, portanto, é melhor escolhermos controlar e enfrentar nossa ansiedade por meio do processo de autorrealização do que vivenciá-la como um distúrbio.

Jadyn cresceu no Meio-Oeste americano e sempre sentiu algum grau de ansiedade, mas, depois que se mudou para a Costa Leste, aos trinta e poucos anos, sentia-se desconectado e sem rumo, e estava sofrendo muito. Quando veio para uma sessão comigo, ele não apenas se preocupava todos os dias com o mesmo de sempre — saúde, finanças, família, política, mudanças climáticas — mas também estava cronicamente deprimido. Jadyn sentia que toda a sua vida não tinha sentido. Ele era infeliz por ter de ir de Long Island a Manhattan todos os dias para trabalhar, mas isso lhe rendia tanto dinheiro que ele achava que era a "coisa certa e responsável a fazer" por si mesmo e sua família.

Quando perguntei a Jadyn o que ele *realmente* queria fazer, ele desdenhou no início, como se dissesse que não havia sentido em discutir o assunto porque estava preso ao emprego. Mas continuamos a nos encontrar toda semana e, de vez em quando, eu voltava a fazer a pergunta: "Jadyn, o que você realmente quer fazer da vida? Você tem uma visão de sua grandeza única? Tem um talento que pode beneficiar o mundo?".

Depois de várias tentativas, ele enfim respondeu, embora em voz baixa e com um nó na garganta: "Quero ser escritor". Perguntei a Jadyn sobre o que ele queria escrever e, com uma risada incômoda, ele respondeu: "Filosofia".

Fiquei absolutamente surpreso. Jadyn era um cara perspicaz e afiado; era a primeira e única pessoa que eu conhecia que trabalhava em um respeitado fundo de hedge de Manhattan e secretamente fantasiava escrever textos filosóficos. Perguntei se ele havia escrito alguma coisa, e ele respondeu: "Faz muito tempo que não". Quando insisti em obter mais informações, Jadyn esclareceu que não tentava escrever havia mais de cinco anos. Refleti comigo mesmo como era trágico o fato de que, ao fazer o que Jadyn achava "certo e responsável", ele não tivesse conseguido fazer o que amava por meia década!

Em uma tentativa de ajudar meu paciente, sugeri que ele procurasse em seus antigos arquivos do computador algo que se sentisse bem de ter escrito, e que trouxesse para nossa próxima sessão. Na semana seguinte, Jadyn me apresentou um ensaio de vinte páginas que ele tinha escrito havia quase oito anos. Ao folhear as páginas, pude sentir a tensão e o medo de Jadyn aumentando — era a primeira vez em quase uma década que Jadyn estava compartilhando um texto seu com outra pessoa.

A redação de Jadyn era espetacular — convincente, coerente, linear, porém abrangente e bastante espirituosa —, de modo que não precisei exagerar quando comentei: "Você é um escritor incrivelmente talentoso!". O rosto de Jadyn se iluminou. Eu *nunca* o tinha visto tão feliz antes. Incentivei Jadyn a escrever em paralelo ao seu trabalho financeiro. Novamente, ele desdenhou, mas dessa vez foi mais discreto, então percebi que estava considerando minha ideia.

Em poucos meses, depois de compartilhar seu ensaio com um amigo que, por acaso, trabalhava em uma editora independente, Jadyn foi convidado a escrever um capítulo para uma antologia sobre filosofia moderna. Foi nesse momento que os desafios aumentaram significativamente. Assim que Jadyn recebeu uma tarefa real, sua angústia disparou. Ele expressou dúvidas sobre si mesmo, ceticismo em relação ao projeto e preocupação de que fosse uma ideia idiota escrever filosofia quando ele tinha um emprego que "de fato pagava alguma coisa". Sob a superfície, no entanto, havia estresse, ansiedade e medo puros.

Jadyn estava consumido por preocupações sobre o texto que tinha de escrever, o que a editora, seu amigo e os leitores pensariam sobre ele. Ficou obcecado com a possibilidade de fazer um trabalho ruim e não parava de pensar que nunca conseguiria conciliar a escrita com seu trabalho oficial. Acima de tudo, estava apavorado com a possibilidade de seus colegas da área financeira lerem o livro um dia e perceberem que ele tinha outros interesses, o que afetaria sua influência e posição na corretora de fundos de hedge. Como você deve ter adivinhado, incentivei Jadyn a encarar esses medos de frente e a perseverar neles — escrever o capítulo, enfrentar a incerteza e a adversidade e ir em frente com tudo.

Enquanto Jadyn continuava a escrever, seu medo e estresse não paravam de aumentar. Na verdade, estava enfrentando um risco *real* — era um território novo para Jadyn, em uma área que tinha muito significado pessoal, e era totalmente possível que ele fracassasse. Mesmo assim, encorajei-o a insistir, e ele trabalhou heroicamente em seu capítulo todos os dias.

Após cerca de dois meses, Jadyn havia concluído um rascunho. Ele o entregou pontualmente ao seu editor, que o leu com grande entusiasmo e comentou que era o melhor capítulo de todo o livro. Jadyn havia feito um trabalho fabuloso e, pela primeira vez em muitos anos, se sentiu genuinamente feliz e orgulhoso. Além disso, a ansiedade e a preocupação de Jadyn com a saúde, as finanças, a família, a política e as mudanças climáticas haviam caído drasticamente. Quando lhe perguntei sobre isso, ele comentou: "Quando estava escrevendo o capítulo, senti mais medo e estresse do que nunca, mas não estava ansioso com *essas* coisas!". A princípio, achei que Jadyn estivesse simplesmente sobrecarregado enquanto trabalhava em seu projeto e não tivesse tempo para se preocupar. Mas, depois de conversarmos um pouco, nós dois percebemos algo mais profundo: Jadyn havia usado a ansiedade como terapia. Em vez de ser passivo e deixar que a ansiedade controlasse sua vida, Jadyn tinha aproveitado sua ansiedade para prosperar, assumindo o desconforto e a angústia para realizar algo de valor pessoal. Ao fazer isso, ele venceu seus medos. Suas inúmeras preocupações foram vencidas, pois Jadyn transformou sua ansiedade em uma força positiva.

Os seres humanos prosperam mais quando experimentam a ansiedade no processo de autorrealização. Qualquer realização da qual possamos nos orgulhar — qualquer coisa que gere um senso de realização e felicidade — *envolverá* um grau de desconforto e angústia. *Por sua própria natureza, planejar como queremos contribuir para o mundo e, posteriormente, explorar nosso reservatório interno de pontos fortes e habilidades para transformar esse sonho em realidade, é desafiador.* No entanto, é aí que reside a oportunidade de transformar nossa ansiedade em um ponto forte. O desconforto é necessário para perseguir os sonhos da vida real; se não estivermos ansiosos, o que estamos perseguindo provavelmente não é tão importante. Por outro lado, quando aceitamos voluntariamente a ansiedade, o estresse e até mesmo o medo na busca de nossas metas de vida mais importantes, nos envolvemos na autorrealização e começamos a *prosperar com a ansiedade*.

Vamos nos aprofundar nos detalhes do que normalmente impede os indivíduos de se tornarem heróis e usarem sua ansiedade para prosperar. Do meu ponto de vista, há dois grandes impedimentos (além dos descritos anteriormente neste capítulo): (1) o medo do fracasso e (2) a necessidade de alcançar o equilíbrio. Abraçar nossa ansiedade, em vez de evitá-la, pode nos ajudar a superar esses dois obstáculos, e isso pode ser um catalisador para o crescimento espiritual.

Medo do fracasso

Naturalmente, temos medo do fracasso. Ninguém gosta de se lançar em um caminho apenas para voltar no meio, incapaz de concluir sua jornada. Assim, quando nos aventuramos além de nossa zona de conforto, nossas emoções nos protegem aumentando nosso nível de ansiedade. Os sentimentos aversivos da ansiedade são a maneira de nosso corpo dizer que o risco está aumentando. Entretanto, como já discutimos, sem risco não podemos prosperar — quem não arrisca não petisca! Por esse motivo, é comum experimentarmos uma cacofonia de dúvidas internas quando estamos buscando o heroísmo. Isso ocorre principalmente nos estágios iniciais, quando a pessoa apenas começou a se esforçar para alcançar sua visão.

O medo do fracasso é multifacetado. Na maioria das vezes, ele assume a forma de dúvidas com relação ao mundo externo. Quando começamos a perseguir nossas metas, outros impedimentos se tornam visíveis — aqueles que não esperávamos ou não imaginávamos — e isso naturalmente gera estresse e medo. "Quê? Eu não sabia que isso exigiria tanto esforço!", dizemos. "Há desafios inesperados aqui que eu preciso superar", dizemos a nós mesmos. Essas preocupações são assustadoras, mas nem de longe tão perniciosas quanto as que dizem respeito ao nosso mundo interno. Essas últimas envolvem perguntas e preocupações com relação à nossa capacidade de conseguir. "Em que eu me meti?", podemos nos perguntar, questionando a própria decisão de ir atrás de nossos objetivos. "Isso está além da minha capacidade!", podemos pensar, quando nosso estresse e medo ficam mais intensos. À medida que os ruídos da dúvida reverberam, pode parecer que não temos reservatórios internos suficientemente profundos para superar a luta.

Na maioria das vezes, se continuarmos percorrendo o caminho e perseguindo nossas metas, as vozes e os impedimentos desaparecerão e alcançaremos o que nos propusemos a realizar. Às vezes, porém, a pressão externa ou interna é, de fato, demais para nós, e as coisas não funcionam da maneira que esperávamos ou planejávamos. Nesses casos, precisamos enfrentar nosso medo do fracasso. Uma perspectiva espiritual que pode nos ajudar quando essas situações se materializam é reconhecer que o fracasso nem sempre é ruim. Em primeiro lugar, o fracasso pode nos manter humildes, ajudando-nos a reconhecer que, como seres humanos, somos inerentemente desprovidos de conhecimento e poder.

Mais importante ainda, o fracasso é parte de se tornar um herói. Às vezes, as pessoas heroicas começam a trilhar um caminho e a realidade da vida as faz parar; as coisas são assim. Se você se esforçar, sem dúvida fracassará em alguns momentos ao longo do caminho, mas isso não é ruim. Só significa que você está ultrapassando seus limites e atingiu uma barreira, o que traz uma oportunidade de aprendizado que o tornará mais forte e mais resistente para enfrentar o próximo desafio.

Por fim, às vezes o fracasso é uma bênção disfarçada. Quando estamos nos autorrealizando, ultrapassando nossos limites e fazendo esforços heroicos para transformar nossos sonhos em realidade, os contratempos e desafios representam uma oportunidade de crescimento e de redirecionamento de nosso esforço. Aceitar o fracasso quando ele ocorre — bem como a ansiedade que vem junto com ele — pode ser um catalisador para o sucesso.

Lembra de Carl, do capítulo 8? Sua vida mudou quando ele descobriu que seu sócio de longa data estava desviando dinheiro da empresa e escondendo em uma conta no exterior. Depois de se recuperar emocionalmente do enorme choque e da desilusão, Carl percebeu que ainda estava na casa dos sessenta anos e tinha tempo para fazer algumas mudanças importantes na vida. Carl decidiu passar muito mais tempo fortalecendo seus laços com os filhos e netos, e desenvolveu um novo negócio com base no que havia aprendido com suas perdas. Ele abriu uma empresa de consultoria focada em ajudar empresários a lidar com sociedades desafiadoras. Uma das principais características de seu novo serviço era ensinar os empresários a reconhecer os sinais de alerta de parceiros e funcionários que os estavam enganando. Não é preciso dizer que isso exigiu esforços heroicos da parte de Carl; talvez o mais desafiador deles tenha sido confessar suas próprias falhas e ingenuidade. No entanto, paradoxalmente, isso se tornou um atrativo cartão de visitas, pois os empreendedores tinham confiança em saber que Carl havia passado pelas trincheiras da sociedade e que ele tinha experiência em primeira mão do que estava falando. O *fracasso* anterior de Carl acabou se tornando uma experiência inestimável que lhe permitiu prosperar em um novo caminho na vida.

Outra perspectiva espiritual que pode ser útil é a de que fazer esforços heroicos tem valor em si mesmo, independentemente dos resultados. Quando os seres humanos trazem seu potencial para o mundo — quando tentamos e tentamos novamente, enfrentando o estresse, o medo e os impedimentos —, estão se autorrealizando, independentemente de alcançarem ou não suas metas e seus sonhos. Sim, isso vai contra a cultura ocidental, para quem a definição de realização e sucesso é bem restrita. No entanto, pergunte a si mesmo: "Qual dessas perspectivas é mais adaptativa do ponto de vista psicológico? Qual delas tem maior probabilidade de gerar seres humanos resilientes que prosperam em longo prazo?". É melhor valorizar a busca de nossas visões internas apesar dos resultados? Ou devemos (continuar a) favorecer o sucesso material, mesmo que ele não envolva nenhuma autorrealização ou heroísmo?

Conquistar o equilíbrio

Outro impedimento comum ao heroísmo vem do fato óbvio de que os seres humanos não são máquinas. *Todos nós precisamos alcançar o equilíbrio.* Em alguns aspectos, é mais fácil nunca desistir até atingirmos nossa meta do que construir uma ampla base de saúde emocional, comportamental e social sobre a qual exercer esforços heroicos. Insistir continuamente de forma a interromper, perturbar ou destruir nosso relacionamento com nós mesmos e com os outros não é apenas um mau conselho, mas também contraproducente e, às vezes, até perigoso. Muitas vezes, as pessoas que trabalham excepcionalmente duro fazem isso à custa dos outros. Elas exigem demais daqueles ao seu redor, ficam irritadas, perdem a paciência e se tornam narcisistas. Também podem abusar de si mesmas, não atendendo às suas próprias necessidades de sono, dieta balanceada, tempo livre e vida social. A arte de ser herói é fazer isso respeitando a nós mesmos e aos outros em nossa vida. Por esse motivo, *todas as estratégias apresentadas neste capítulo precisam ser combinadas com as informações e ferramentas práticas oferecidas em todos os oito capítulos anteriores.*

Quando tinha vinte e poucos anos, Cassandra me disse que achava que "todo mundo era mais bonito, mais magro, mais inteligente e tinha mais amigos" do que ela. Isso a levou a desenvolver padrões autodestrutivos com os rapazes. Ela ansiava por atenção e não era suficientemente seletiva com seus parceiros. Infelizmente, e de forma previsível, muitos deles dormiam com ela e depois nem ligavam no dia seguinte — ou nunca mais —, fazendo com que ela se sentisse descartável e ainda pior consigo mesma. Ela foi levada a procurar terapia depois de um período particularmente intenso de depressão e ansiedade. Cassandra trabalhou duro para aumentar sua autoconsciência, autocuidado e autocompaixão, e também para aceitar sua ansiedade em relação à sua imagem corporal e posição social sem recorrer a padrões antigos que não estavam funcionando para ela. Também construiu relacionamentos mais próximos e emocionalmente mais íntimos com amigos, tanto homens quanto mulheres. Isso permitiu que ela utilizasse suas tendências depressivas e ansiosas para entender e dar apoio a outras pessoas, além de reconhecer e expressar suas necessidades relacionais. Depois de vários meses de trabalho, Cassandra começou a pensar sobre o propósito de sua vida e a se esforçar para se tornar atriz. Foi aí que as coisas pioraram vertiginosamente.

Cassandra começou a sentir um estresse e um medo intensos, o que era justificável, considerando seus esforços para se autorrealizar. No entanto, Cassandra foi longe demais e suas rodas começaram a se soltar. Seu autocuidado foi por água abaixo, pois ela ultrapassou os limites razoáveis — ficava acordada até tarde, levantava muito cedo e pulava refeições. Suas amizades se deterioraram, pois ela estava ocupada demais trabalhando para se conectar com outras pessoas no mundo das artes cênicas e, quando eventualmente se encontrava com amigos, parecia distraída e até mesmo egocêntrica com seus projetos e não conseguia se envolver totalmente com eles. Todos esses fatores levaram Cassandra a outro período sombrio, repleto de autocrítica, comparações negativas com outras pessoas — especialmente no que dizia respeito à imagem corporal — e ansiedade significativa. Felizmente, ela não sucumbiu ao padrão anterior com os homens, mas sua ansiedade acabou tornando impossível manter seus esforços heroicos no campo das artes cênicas, e ela teve de parar de perseguir seu sonho.

Infelizmente, o caso de Cassandra é muito comum. Inúmeros pacientes meus buscaram seus valores e visões de ordem superior à custa de seu bem-estar, mas acabaram precisando recuar e se reconstruir. Em casos extremos, já vi pacientes sofrerem episódios maníacos — envolvendo mudanças extremas de humor durante dias — quando tentavam atingir seu potencial. Uma paciente ficou tão obcecada com a construção de sua carreira musical que começou a ter explosões de raiva contra estranhos e ataques perigosos de fúria na estrada!

Aperfeiçoar e buscar uma visão de grandeza é como uma faca de dois gumes. Por um lado, manejar essa poderosa ferramenta no contexto de uma vida equilibrada — apoiada em amor-próprio e ricas conexões com os outros — é a chave para a prosperidade humana. Mas, ao mesmo tempo, seguir em frente com nosso plano de ser herói à custa de outras áreas de conexão é a receita para o fracasso. Como já foi mencionado, perseguir nossos sonhos sem considerar nossos relacionamentos com nós mesmos ou com os outros pode ser perigoso. No caso de Cassandra, depois de algumas semanas tumultuadas, ela felizmente decidiu aceitar que havia esbarrado em um limite seu. Decidiu desacelerar e dar um tempo na sua carreira de atriz enquanto restabelecia seu equilíbrio interno e interpessoal.

Uma importante perspectiva espiritual pode nos ajudar a manter o equilíbrio enquanto perseguimos nossos sonhos com esforços heroicos. Nos capítulos 7 e 8, identificamos que somos inerentemente limitados em nosso conhecimento, controle e escopo de influência, o que nos deixa à mercê de inúmeros fatores que podem fazer nossos planos não darem certo. No entanto, aqui no capítulo 9, exaltei as virtudes de ter uma visão e exercer esforços significativos para transformar nossos sonhos em realidade. Na superfície, parecem conceitos contraditórios: por que nos colocaríamos em ação para melhorar o mundo sendo que, na verdade, nossos esforços não vão dar em muita coisa a não ser que as estrelas todas se alinhem?

Uma possível resposta é: espiritualmente falando, um dos efeitos mais poderosos de exercer esforços heroicos é que isso pode aumentar nossa consciência de quão *pouco* está em nossas mãos. O estresse e o medo aumentam à medida que avançamos para realizar nossos sonhos, devido à percepção *real* de que podemos levar uma rasteira a qualquer momento e que é fácil ficarmos sem nada para mostrar. Ironicamente, quanto mais nos esforçamos para realizar nossos sonhos, mais somos capazes de reconhecer os limites de nosso controle, pois fica claro que não somos invencíveis ou imunes a riscos e fracassos. Visto dessa forma, exercer esforços heroicos não é simplesmente um pré-requisito material para a realização de nossas metas. Em vez disso, tem o potencial de ser um processo espiritualmente carregado de exercer nossa liberdade de escolha no mundo, ao mesmo tempo que nos rendemos ao fato de que os resultados estão além de nosso controle. Quando vemos nossos esforços dessa forma, eles podem se tornar um catalisador para aumentar nossa resiliência e fé. Essas perspectivas são essenciais para alcançar o equilíbrio e a harmonia ao ir atrás de nossos sonhos. Se pudermos internalizar nossos limites e, ao mesmo tempo, reconhecer o valor espiritual de perseguir nossos sonhos, teremos muito mais chances de fazer pausas quando necessário, praticar a autocompaixão e reservar o tempo necessário para nos conectarmos com outras pessoas.

Após uma pausa de três meses em qualquer trabalho relacionado à atuação, Cassandra se sentiu mais estável e pronta para tentar novamente. Mas, dessa vez, ela teve o cuidado de fazer e seguir um cronograma diário de autocuidado com alimentação saudável, exercícios regulares, limitação do uso de aparelhos eletrônicos à noite e sono suficiente e relaxante. Quando o estresse aumentou por causa da carreira, Cassandra *aumentou* o autocuidado para garantir o equilíbrio. Ela também se reconectou com os amigos e tomou para si a responsabilidade de nunca passar mais de 48 horas sem um contato social significativo. Mais uma vez, seus esforços heroicos diminuíram por causa dessas escolhas. E, sim, pareceu um incômodo para Cassandra priorizar o autocuidado e as conexões interpessoais em alguns momentos, devido à sua agenda. Mas ela percebeu que, para prosperar com a ansiedade, é preciso ter uma base sólida. Mais importante ainda, Cassandra redirecionou suas intenções de modo que seus esforços heroicos não fossem apenas um meio para mudar o mundo. Em vez disso, passou a vê-los como um fim em si mesmos, com o objetivo de mudar apenas uma coisa: ela mesma.

FERRAMENTA 9: TRANSCENDENDO NOSSOS LIMITES

A ansiedade pode nos ajudar a identificar, buscar e realizar nosso potencial humano exclusivo. Quando prosperamos com a ansiedade dessa forma, ela nos ajuda a cumprir nosso objetivo na vida. Esta ferramenta o ensinará a usar a ansiedade para prosperar, transcendendo seus limites.

Primeiro, *reconheça que a ansiedade é inerente e necessária no caminho da autorrealização*. Quando imaginamos o que temos a oferecer ao mundo e começamos a concretizar planos para transformar nossos sonhos em realidade, estaremos enfrentando riscos e, portanto, *sentiremos* alguma ansiedade.

Para esses fins:

- Veja como pensar em um de seus sonhos — um novo emprego, uma nova carreira, um novo relacionamento, até mesmo uma viagem de férias que você está sempre adiando — desperta ansiedade.

- Pergunte a si mesmo: "Estou hesitando ou adiando minhas aspirações porque me sinto ansioso?".

- Se for o caso, *enfrente seus medos e pense em transcender seus limites*!

Em segundo lugar, a ansiedade tende a se ligar a áreas de grande força humana. Isso pode exigir um pouco de criatividade e reflexão, mas considere as seguintes perguntas:

- Quais são os domínios de sua vida que o deixam *mais* ansioso e preocupado no momento (por exemplo, relacionamentos, finanças, saúde, mudanças climáticas)?

- Agora, considere seu potencial exclusivo nesses domínios. Se estiver preocupado com relacionamentos, por exemplo, será que você tem talentos e pontos fortes quando se trata de família e amigos? Se estiver preocupado com dinheiro, será que você é particularmente bom em administrar as finanças? Se a saúde é uma área de preocupação, como você poderia usar isso para beneficiar a vida de outras pessoas?

Por fim, *transcenda seus limites para atingir seu potencial*. Isso exigirá esforços heroicos, superando o estresse, o medo e o desconforto para transformar seus sonhos em realidade.

Pergunte a si mesmo:

- "Será que minha 'ansiedade' é apenas uma reação natural ao estresse ou ao medo por estar perseguindo grandes sonhos?"
- Estou me sentindo ansioso simplesmente porque estou investindo em algo importante?
- Tenho medo de fracassar porque estou assumindo riscos reais?
- Se for o caso, meu desconforto pode ser uma coisa boa? Será que estou perseverando nos desafios da vida e prosperando com a ansiedade?

AGRADECIMENTOS

Ironicamente, escrever um livro sobre ansiedade pode causar bastante inquietação. Felizmente, consegui *prosperar* com meus sentimentos, com a ajuda de muitas pessoas ao longo do caminho.

Peter Occhiogrosso foi minha mão direita (eu sou destro), que moldou com maestria meus esboços estruturados ao acaso que mandei por e-mail, juntamente com minhas longas diatribes durante nossas reuniões semanais por telefone, em um rascunho inicial de cada capítulo, para que eu pudesse expandi-los. Sua persistência e, o que é mais importante, sua paciência e seu bom humor mantiveram o projeto no rumo certo, ao mesmo tempo em que me permitiram fazer malabarismos com inúmeras responsabilidades clínicas, administrativas e de pesquisa durante toda a escrita. A experiência de Peter é evidente em cada página, e eu não poderia ter escrito este livro sem ele.

Minhas editoras na Harper Horizon, Meaghan Porter e Amanda Bauch, conduziram este projeto com entusiasmo e diligência ao longo de seus vários estágios, ao mesmo tempo em que sutil e delicadamente suavizaram minha prosa acadêmica para uma linguagem mais acessível (ou seja, inteligível) para um público maior. Também sou grato a Andrea Fleck-Nisbet e Matt Baugher, da Horizon, por terem me dado essa oportunidade.

Leslie Meredith, minha agente, tem sido um apoio maravilhoso desde que nos conectamos por causa de um artigo do *New York Times* sobre ansiedade escrito nos primeiros dias da pandemia, que, por acaso, me citava. Desde o primeiro dia, foi Leslie quem acreditou que o mundo precisava de um livro sobre os aspectos *positivos* da ansiedade.

Minha maravilhosa equipe no Centro para Ansiedade ajuda centenas de pacientes a *prosperar com a ansiedade* todas as semanas. Eu me sinto honrado com sua dedicação à nossa missão e aos nossos valores. Em especial, minha equipe de liderança executiva, David Braid, Marcia Kimeldorf e Estee Ferris, fez nosso programa crescer além do que eu poderia esperar, garantindo que nossa equipe ofereça um atendimento de alta qualidade. Também sou imensamente grato à minha equipe de liderança clínica, Christy Clark, Staci Berkowitz, Lisa Chimes e Stephen Scherer, bem como a Noah Hercky e Thanos Nioplias, por guiarem nossos clínicos no apoio aos nossos pacientes todos os dias.

Meu confiável, detalhista e muitíssimo ágil assistente, Moses Appel, também tem sido um apoio incrível desde que começamos a trabalhar juntos, há seis anos. Além de sua diligência na formatação de mais de 150 referências para este livro, ele ajudou com mais detalhes administrativos do que posso contar ou mesmo lembrar. Também gostaria de agradecer a Alex Campos por sua ajuda com o gerenciamento do meu número de casos clínicos pessoais e a Nicole Drago por me apresentar ao maravilhoso mundo das mídias sociais.

É um imenso privilégio trabalhar no McLean Hospital e na Escola de Medicina de Harvard com mentores que são, literalmente, luminares da psiquiatria moderna. Meu principal mentor, Brent Forester, é extremamente detalhista, nunca se intimida, sempre exala cordialidade e faz as pessoas chorarem de rir. Só posso esperar ser um líder igual a ele e ter suas qualidades pessoais. Igualmente difíceis de seguir são Scott Rauch, Kerry Ressler, Dost Öngür, Phil

Levendusky, Thröstur Björgvinsson e Diego Pizzagalli. Sou grato a cada um deles por apoiar descaradamente meu novo trabalho sobre espiritualidade e saúde mental e por colaborar comigo em várias pesquisas.

Meus colegas do Programa de Espiritualidade e Saúde Mental do McLean Hospital — Angelika Zollfrank, Alissa Oleson, Caroline Kaufman e meus assistentes de pesquisa Mia Drury, Sean Minns, Poorvi Mandayam, Alana Johnston e Eleanor Schuttenberg —, vocês são simplesmente maravilhosos! Também devo agradecer a Adriana Bobinchok e ao departamento de assuntos de mídia pelo apoio e orientação ao longo dos anos.

O trabalho acadêmico só é possível com financiamento e, quando se estuda espiritualidade, isso significa contar com a filantropia. Sou imensamente grato a Lori Etringer, Sue Demarco, Jeff Smith, Jennifer Meyers e ao restante do departamento de desenvolvimento do McLean Hospital por sua administração e dedicação na captação de recursos para o meu trabalho. Nossos incríveis doadores, incluindo Barbara Nielsen, Ann O'Keefe, Joe e Dawn Colwin, David e Susan Fowler e inúmeros outros, forneceram um generoso apoio financeiro, mas também conselhos sábios e a sabedoria da experiência pessoal, que moldaram indelevelmente meu pensamento e minha abordagem à pesquisa e ao trabalho clínico.

A transição da escrita acadêmica para a popular é um desafio que não teria sido possível sem o apoio de Dave Nussbaum, Joseph Fridman, Jamie Ryerson e toda a equipe do workshop Beyond the Ivory Tower [Além da torre de marfim]. Sou profundamente grato a cada um de vocês, bem como à Fundação John Templeton por apoiar o workshop.

É impossível descrever como meu mentor espiritual, o rabino Lawrence Kelemen, de Jerusalém, moldou *O poder dos ansiosos* e todos os meus outros trabalhos. Vou simplesmente dizer que sua influência transcende as esferas espiritual, emocional e física em minha vida.

Para minha maravilhosa esposa, Miri, eu não conseguiria fazer nada sem você! Você inspirou este livro e tudo o mais que conquistei, tanto profissional quanto pessoalmente. Talvez ainda mais importante, você ajuda a amansar minha ansiedade e me mostra como prosperar com ela.

APÊNDICE

Ferramentas de ansiedade

A psicoterapia engloba/envolve dois componentes principais: mudança cognitiva, que inclui a inculcação de valores e perspectivas úteis, e mudança comportamental, que inclui o desenvolvimento de hábitos e comportamentos psicologicamente adaptáveis. Ao longo deste livro, usei os dois elementos. A base de cada capítulo procura fornecer uma rica estrutura conceitual de como prosperar com a ansiedade, e o elemento final de cada capítulo — as ferramentas de ansiedade — é composto de abordagens comportamentais para fazer da ansiedade um catalisador para viver uma vida mais conectada.

Este apêndice inclui todas as ferramentas de ansiedade do texto. Elas são reunidas aqui para os leitores consultarem em momentos de estresse e ansiedade específicos.

FERRAMENTA 1: É ESTRESSE OU ANSIEDADE (OU OS DOIS)?

Se reconhecermos nossa ansiedade e aprendermos a trabalhar com ela em vez de negá-la ou combatê-la, ela acabará nos ajudando. Mas, primeiro, precisamos aprender a distinguir a ansiedade do estresse. Para isso, é necessário dedicar algum tempo a nos concentrar no que está acontecendo dentro de nós.

PASSO 1

Para usar essa ferramenta, primeiro, escolha um momento em que você esteja livre de distrações por pelo menos cinco a dez minutos, de preferência sozinho. Sente-se em uma cadeira confortável ou em uma escrivaninha. E desligue o celular!

PASSO 2

Agora, relembre os momentos mais recentes em que se sentiu "superansioso" (estresse, medo ou ansiedade) — se estiver se sentindo assim agora, concentre-se no momento presente — e pergunte a si mesmo se está passando por um estresse significativo. Por exemplo:

- Você sente que não tem tempo durante o dia para fazer as coisas que precisa fazer?
- Você se sente sobrecarregado pelo trabalho, pelos estudos ou por outras responsabilidades?
- Você tem pouco tempo, dinheiro ou outros recursos preciosos?
- Você ou alguém que você ama está enfrentando um problema de saúde que está pesando emocionalmente?
- Sua ansiedade se torna mais intensa quando suas demandas excedem seus recursos?

Se respondeu sim a uma ou mais dessas perguntas, você está sentindo pelo menos algum grau de estresse significativo.

Lembre-se de que é possível sentir estresse e ansiedade ao mesmo tempo, portanto, o fato de estar estressado não exclui automaticamente a possibilidade de também estar com ansiedade. Mas é importante reconhecer cada sentimento para não confundir estresse básico com ansiedade.

PASSO 3

Se estiver sofrendo de estresse, há *apenas* duas soluções: (1) aumentar seus recursos ou (2) diminuir suas demandas (ou as duas coisas). Aumente seus recursos com o seguinte:

- Melhore a qualidade de seu sono. Tente dormir pelo menos de sete a nove horas por noite nas próximas duas semanas.

- Mexa-se! O exercício físico é fundamental para manter a força. Tente fazer trinta minutos de exercícios cardiovasculares vigorosos pelo menos cinco vezes por semana durante as próximas duas semanas.

- Fale sobre seus sentimentos com um amigo (ou um terapeuta) regularmente nas próximas duas semanas.

Diminua suas demandas com estas estratégias:

- Dê um tempo de aparelhos eletrônicos: todos os dias por trinta minutos, mais uma pausa mais longa a cada semana, além de não olhar para nenhuma tela meia hora antes de dormir todas as noites. Só isso já mudará sua vida!

- Diga não aos outros quando estiver estressado demais.

- Aceite suas limitações, reconhecendo que você é humano e que não há problema nisso.

PASSO 4

Agora, relembre os momentos em que se sentiu "ansioso" (estresse, medo ou ansiedade) e pergunte a si mesmo se está sentindo uma ansiedade significativa. Lembre-se de que a ansiedade envolve uma reação de medo quando não há nada realmente perigoso por perto. Por exemplo:

- Você se preocupa com a possibilidade de morrer repentinamente quando tem sensações de pânico, mesmo sem sintomas médicos?
- Você se preocupa excessivamente com o que os outros pensam de você, mesmo que não tenham dito nada crítico?
- Você se preocupa mais do que o necessário com acontecimentos cotidianos, como o bem-estar, a saúde e as finanças da sua família?
- Você se preocupa mais do que deveria com a possibilidade de ficar doente?
- Sente medo de entrar em contato com aranhas, cães, cobras ou outros animais comuns?

Se você respondeu sim a uma ou mais dessas perguntas, parabéns, você tem ansiedade! Novamente, saiba que é possível sentir estresse e ansiedade ao mesmo tempo.

PASSO 5

Este livro está repleto de estratégias para lidar com a ansiedade, mas, nesta primeira ferramenta, estamos nos concentrando em apenas uma: reconhecer o medo e a ansiedade como bênçãos. Reserve alguns minutos para refletir e reconhecer que, só porque você está ansioso, não significa que haja algo errado com você! Pelo contrário, a ansiedade é um indício de que sua reação de medo — que é fundamental para a sobrevivência humana — está intacta. Sim, talvez você precise aprender a se acalmar e diminuir um pouco o nível de ansiedade, mas é melhor ter muita ansiedade do que pouca.

Pense em como sua ansiedade:

- ajuda você a enxergar quando as coisas podem dar errado;
- ajuda você a executar e realizar coisas; e
- prepara você para funções de liderança.

FERRAMENTA 2: A ESPIRAL POSITIVA

A ansiedade fica fora de controle quando entramos na espiral negativa da ansiedade e a experiência inicial de um surto de adrenalina leva a pensamentos catastróficos, autojulgamento e piora do estado ansioso. Por outro lado, podemos utilizar a oportunidade da resposta inicial de luta ou fuga (seja ela desencadeada por uma ameaça real ou percebida) para entrar em uma espiral positiva, que gera aceitação de nossa ansiedade e autocompaixão. Quando adotamos essa abordagem, aproveitamos o poder da ansiedade para aumentar nossa autoaceitação, transformando-a em um ponto forte capaz de nos ajudar a prosperar. Aqui estão algumas etapas concretas a serem seguidas quando você começar a se sentir ansioso, a fim de entrar na espiral positiva.

PASSO 1

Lembre-se de que sua reação de *luta ou fuga* (sistema nervoso simpático) tem uma reação igual e oposta chamada de reação de *descanso e digestão* (sistema nervoso parassimpático). Com o tempo, sua ansiedade diminui à medida que a adrenalina diminui e a acetilcolina percorre o sistema nervoso.

PASSO 2

Não lute contra sua ansiedade! Não a suprima, não a reduza nem tente diminuí-la de forma alguma. Simplesmente aceite-a e *deixe-a passar*. Deixe a ansiedade tomar conta de você. Permita-se sentir a ansiedade sem resistência. Simplesmente observe os sentimentos, mesmo que sejam desconfortáveis, e espere que eles passem. (Sim, eles acabarão passando.) Transforme a ansiedade em uma força aceitando o desconforto em sua vida.

PASSO 3

Aceite a si mesmo. Não se julgue por se sentir ansioso. A ansiedade é uma reação normal que todos nós temos. Além disso, todas as pessoas que sofrem de ansiedade têm um motivo para estarem ansiosas — que pode ser algo do passado, um fator de estresse atual ou outra coisa. Não se julgue com severidade nem se autocritique. Para prosperar com a ansiedade, aprenda a aceitar melhor quem você é.

PASSO 4

Pratique a autocompaixão. Fazer isso não significa que você se tornará complacente ou preguiçoso. Pelo contrário, quando estiver com dificuldades, ofereça a si mesmo uma pausa e uma ajuda — como faria com um amigo passando por um momento difícil. Lembre-se de que praticar a autocompaixão significa ser gentil consigo mesmo, especialmente quando você acha que não merece! Aproveite a oportunidade para se tornar uma pessoa mais compassiva.

FERRAMENTA 3: ENFRENTANDO A ANSIEDADE

A ansiedade é assustadora, mas — desde que a enfrentemos e não deixemos que domine nossa vida — não é mais poderosa do que nós. Enfrentar a ansiedade requer a ativação da força e da coragem que temos dentro de nós. Além disso, quando encaramos a ansiedade, nós a usamos para o bem, mostrando a nossa mente que temos profundos reservatórios internos de força. O passo mais concreto que podemos dar para isso é simples: *começar a enfrentar as ansiedades!*

Considere apenas uma ansiedade que você poderia começar a enfrentar neste momento de sua vida. Pergunte a si mesmo: "O que estou evitando por causa da ansiedade? Há alguma situação da qual eu me afastei (evitação comportamental)?" "Eu me impeço de pensar em certas coisas (evitação cognitiva)?" Aqui estão alguns medos comuns e várias formas de evitação que as pessoas tendem a adotar.

Ansiedade	Evitação
Aranhas	Ir acampar
Avião	Aviões, aeroportos, vídeos de voos
Timidez	Falar na aula, conhecer pessoas novas, festas
Pânico (por exemplo, palpitações cardíacas)	Fazer exercícios, fazer sexo
Transtorno de estresse pós-traumático (por exemplo, acidentes)	Dirigir, reportagens ou vídeos sobre acidentes, filmes de guerra
toc (por exemplo, medo de contaminação)	Banheiros públicos, apertar mãos
Agorafobia	Sair de casa, situações em que você possa entrar em pânico
Médica ou dentária	Consultas com médicos ou dentistas
Falar em público	Reuniões no escritório, congressos, seminários
Financeira	Fazer orçamento, olhar o extrato do cartão de crédito

- Escolha uma ansiedade da lista (ou outra, se for mais relevante) e identifique como você a evita.

- Agora, visualize-se cara a cara com sua ansiedade eliminando, ou diminuindo, a evitação. Tire um momento para ver como seria transcender sua ansiedade, em certo grau.

- Aí, quando estiver pronto, dê um passo à frente. Enfrente seu medo. Permita-se sentir ansioso! E curta o processo difícil, mas maravilhoso, de reinicializar seu pensamento e transcender sua ansiedade.

FERRAMENTA 4: USANDO NOSSAS EMOÇÕES PARA ENTENDER OS OUTROS

Podemos prosperar com a ansiedade aproveitando nosso sofrimento emocional para entender e reagir à dor dos outros. Isso aprofundará nossa conexão com outras pessoas e ajudará a apagar o fogo de nossa própria ansiedade, colhendo assim os benefícios físicos e mentais de ter conexões mais ricas com os outros. Se você já se sentiu ansioso antes, pode usar sua ansiedade para aumentar a profundidade de sua compreensão das outras pessoas, o que ajudará você (e elas) no longo prazo.

Reserve alguns minutos para fazer um inventário mental de alguém em sua vida. Pode ser um colega de trabalho, um amigo, um membro da família, um parceiro íntimo ou até mesmo um completo estranho (neste caso, talvez seja necessário alguma licença poética para concluir o exercício).

Forneça pelo menos um exemplo de cada um dos itens a seguir que a pessoa possa estar vivenciando no momento. Se tiver dificuldade para pensar em algo de uma categoria (como uma sensação), simplesmente acalme-se, concentre-se e tente outra vez. Mas se você ficar realmente preso e não conseguir pensar em nada após alguns minutos de concentração, passe para a próxima categoria.

1. **Metas**: Quais são algumas das ambições ou dos objetivos atuais da pessoa? O que ela está se esforçando para realizar?

2. **Necessidades:** O que ela quer ou do que precisa na vida neste momento? O que tornaria sua vida mais fácil, mais feliz ou até mesmo mais conveniente de alguma forma?

3. **Sensações:** Ela sente dor, prazer, calor, frio? Sente cheiro ou gosto de alguma coisa? Ou tem outra sensação física?

4. **Pensamentos:** Que coisas estão em sua mente? Tente escolher pensamentos que sejam relevantes para a forma como você acha que ela pode estar se sentindo.

5. **Comportamentos:** Quais comportamentos, sutis ou evidentes, ela tem mostrado ultimamente? Tente identificar tendências de ação que estejam instrumentalmente associadas a seu estado emocional.

6. **Sentimentos:** Quais emoções ela tem sentido ultimamente? Quais sentimentos estão por trás de suas sensações físicas, pensamentos e comportamentos? São emoções primárias (reações diretas a situações) ou secundárias (reações emocionais a seus sentimentos)?

São emoções simples? Elas "fazem sentido" ou parecem conflitantes ou complexas?

FERRAMENTA 5: A ESPIRAL DE CONEXÃO

Com relação a amigos e entes queridos, diz o ditado: "Ruim com eles, pior sem eles". Mas, na realidade, apenas a última parte é verdadeira: *viver é pior sem eles*. Portanto, precisamos aprender a ultrapassar os obstáculos das conexões interpessoais. É claro que há alguns limites para isso. Se nos encontrarmos em relacionamentos genuinamente abusivos com indivíduos que não demonstram remorso ou preocupação com o bem-estar alheio, precisamos nos proteger. Entretanto, na ausência de intenção maliciosa, geralmente nos beneficiamos ao aprender a conviver com pessoas diferentes de nós. Podemos aprender perspectivas diferentes, nos tornar pessoas mais fortes e, acima de tudo, a ser mais receptivos e compassivos conosco e com os outros. Portanto, quando se sentir irritado com as idiossincrasias alheias ou tiver dificuldades com o que as outras pessoas estão fazendo, entre na espiral de conexão seguindo estes passos.

PASSO 1

Reconheça que simplesmente não é verdade que os relacionamentos devam ser perfeitos. Lembre que as diferenças em geral são um grande catalisador para a conexão e o crescimento interior. *A vida é um caos!* Portanto, é impossível ter relacionamentos ricos com os outros a menos que aprendamos a aceitar suas idiossincrasias com amor e paciência.

PASSO 2

Perceba que está catastrofizando antes que as coisas aumentem. Reconheça e aceite os problemas locais sem torná-los globais. Ruídos de comunicação e equívocos acontecem o tempo todo, especialmente quando duas pessoas são próximas. Interpretar as ações de alguém como nefastas (sendo que talvez não sejam) torna impossível reagir com equanimidade. Quando surgirem problemas, faça uma pausa e permaneça no presente.

PASSO 3

Aceite que todos nós somos seres humanos falíveis e que não serve para nada culpar os outros (ou a si mesmo) quando as pessoas tomam decisões ruins. Como os atletas profissionais gostam de dizer, *você só pode controlar o que pode controlar* — por exemplo, se estiver fazendo um bom jogo e um de seus companheiros cometer um erro grave, a culpa não é sua. Nesse sentido, tenha muita compaixão de si mesmo e dos outros. Fazer isso não vai piorar a situação! Todos nós temos bagagem para carregar e problemas para enfrentar, e todos precisam de *mais* — e não menos — compaixão e amor.

PASSO 4

Pratique continuamente a aceitação e a compaixão para com os outros, assim como faria consigo mesmo em relação à sua ansiedade. Use as diferenças interpessoais para fortalecer os vínculos com as pessoas e amá-las como são.

FERRAMENTA 6: RECONHECER E EXPRESSAR NOSSA VULNERABILIDADE

Se estiver se sentindo ansioso em um relacionamento de qualquer tipo (por exemplo, social, profissional, familiar ou romântico), considere isso um bom sinal! Quando nos conectamos com outras pessoas, nos tornamos vulneráveis, pois suas decisões e atividades nos afetam. Por isso, é natural sentir-se tenso, estressado, ansioso ou ter medo. De certa forma, a ansiedade em um relacionamento é um sinal de que a conexão é sólida: se você não sente nenhuma ansiedade, é provável que não se importe muito com o relacionamento.

Portanto, a ansiedade representa uma oportunidade de tornar nossos relacionamentos mais íntimos. Podemos optar por compartilhar nossas preocupações com outras pessoas e dar a elas a oportunidade de entender como nos sentimos, nos confortar e nos ajudar. Como já comentei, na maioria das situações, compartilhar nossa vulnerabilidade é um catalisador para que os outros se envolvam mais plenamente em nosso relacionamento com eles e forneçam o que precisamos. Entretanto, em alguns casos, eles podem não nos ajudar, e é difícil aceitar e lidar com isso. Mesmo nesses casos, é melhor saber em que pé estamos e ficar satisfeitos que fizemos nossa parte para manter a conexão.

Isso nos leva à nossa ferramenta. Você pode prosperar com a ansiedade reconhecendo e expressando sua vulnerabilidade para outra pessoa, com o objetivo de enriquecer a conexão. Pode fazer isso com um colega de trabalho, chefe, amigo, familiar ou parceiro romântico.

PASSO 1: CRIAR CONSCIÊNCIA

Comece se tornando mais consciente de sua ansiedade. Esteja 100% ciente de seus desejos e suas necessidades no relacionamento e como eles podem ser atendidos pelo outro. Pense em como sua vida seria diferente se a pessoa não ajudar você ou se tivesse algum comportamento que o tirasse do sério. Se você se sentir desconfortável pensando nisso, está no caminho certo!

PASSO 2: SE PROTEGER CONTRA RAIVA E EVITAÇÃO

Depois, tome o cuidado de se proteger contra a raiva e a evitação. Se você tende a ficar raivoso em geral, esteja superatento à sua ansiedade e mantenha a consciência dessa emoção primária. Com isso em mente, tire um tempo para contar mentalmente até dez caso se sinta agitado e acalme-se antes de seguir para o Passo 3. Se você tende a evitar e se retrair para sua concha (por exemplo, mudando de assunto quando aparecem questões espinhosas, não expressando seus sentimentos verdadeiros ou fazendo *ghosting*), use a abordagem oposta: reconheça que os perigos de se fechar incluem perder a proximidade com os outros e que há um custo de não dizer o que pensa.

PASSO 3: *EXPRESSAR SUAS NECESSIDADES*

Finalmente, vá fundo e expresse o que você precisa dos outros, a partir de um lugar de aceitação de que você necessita da ajuda deles. Utilize sua ansiedade para transmitir que precisa que a outra pessoa o ajude ou pare de fazer o que está causando sofrimento. Lembre que o objetivo não é controlar o outro; é informar seu estado emocional para ele poder tomar uma decisão informada que reconheça como as ações dele afetaram você. Tire um tempo para comunicar suas necessidades, mesmo que seja assustador, para poder fazer sua parte em criar um nível mais alto de conexão.

FERRAMENTA 7: DISSOCIANDO ESFORÇOS E RESULTADOS

Como já discutimos, o objetivo principal da preocupação é evitar pensar no fato de que, em última análise, a vida é imprevisível e incontrolável. A preocupação nos dá uma *falsa* sensação de controle. Isso nos deixa vulneráveis à autocrítica que surge na sequência de estressores e contratempos da vida, pois tendemos a nos culpar quando as coisas dão errado.

Portanto, se estiver preocupado com alguma coisa, aproveite a oportunidade para reconhecer que a incerteza e a falta de controle fazem parte da vida. *Não há nada de errado com você ou com qualquer outra pessoa que não é capaz de prever ou controlar o futuro.* Só significa que você é um ser humano — uma criatura cujo conhecimento e capacidade só podem influenciar os eventos deste mundo até certo ponto.

Nessa linha, considere que, embora os esforços humanos sejam importantes (como discutiremos no capítulo 9), eles são, em última análise, insuficientes para controlar a vida. Isso se deve ao seguinte fato: em cada situação, pode ocorrer um sem-número de eventos que aborte o resultado que esperamos.

Nossa ferramenta, portanto, é *dissociar os esforços humanos dos resultados, reconhecendo que o que fazemos no dia a dia pode ou não levar ao resultado que estamos buscando.*

Até mesmo atos básicos, como acender uma luz, podem ser frustrados: o interruptor pode não funcionar, o circuito elétrico pode estar com defeito, o fusível ou a lâmpada podem queimar ou outros contratempos podem ocorrer, nenhum dos quais relacionado de forma alguma à nossa capacidade de acionar o interruptor!

Da mesma forma, levantar-se de uma cadeira pode ser interrompido por fatores além do nosso conhecimento ou controle. A cadeira pode cair espontaneamente, ou nossos músculos e ligamentos podem não funcionar como esperamos, ou pode haver uma mudança repentina na pressão atmosférica ou na gravidade que nos impossibilite de levantar. É verdade que algumas dessas situações são mais rebuscadas do que outras, mas nenhuma delas está fora do reino das possibilidades e todas estão além do escopo do controle humano.

Quando procuramos por isso no dia a dia, é facilmente perceptível. Como diz o grande livro sagrado hindu, o *Bhagavad Gita*, não devemos nos concentrar nos resultados de nossas ações, mas nas próprias ações.[1]

Para isso, uma vez por dia, ao se envolver em uma tarefa mundana, considere brevemente que o esforço que está despendendo pode não dar o resultado esperado.

Por exemplo, antes de abrir a porta da geladeira para pegar leite para o cereal do café da manhã, considere que a porta pode estar fechada, ou que a geladeira pode não estar funcionando, ou que o leite pode ter acabado ou azedado. Considere também que nenhuma dessas possibilidades reflete mal em você como ser humano — às vezes, as coisas estão fora do nosso controle. Problemas acontecem!

Com o tempo, tente essa abordagem quando estiver se sentindo ansioso ou preocupado. Considere que os esforços que você está fazendo para reduzir a incerteza podem não dar certo. Acima de tudo, reconheça que o fato de as coisas saírem ou não do nosso jeito tem muito menos a ver com nossos esforços do que costumamos pensar.

Quando adotamos essa abordagem, podemos prosperar com a ansiedade abraçando nossa humilde condição humana e reconhecendo que nosso conhecimento e força são inerentemente limitados.

FERRAMENTA 8: ACEITANDO NOSSOS LIMITES

A preocupação tende a ser um processo superficial. Raramente nos permite chegar à verdadeira profundidade do que está gerando ansiedade. Portanto, dificulta o acesso aos nossos limites humanos naturais.

Então, essa ferramenta começa com um processo de autoinvestigação que adaptei da terapia cognitiva, projetada para nos ajudar a ter acesso às nossas crenças fundamentais, das quais muitas vezes não temos consciência. A técnica envolve perguntar continuamente a nós mesmos: "Se sim, o que aconteceria?", a fim de sondar até o fundo aquilo de que temos medo sincero e absoluto.

Por exemplo, se você tem medo de ficar doente, pergunte a si mesmo: "Se eu ficasse doente, o que aconteceria?".

A resposta pode ser: "Bem, aí terei de tirar uma licença do trabalho".

A partir daí, pergunte a si mesmo novamente: "Se eu tivesse que sair de licença, o que aconteceria?". Talvez a resposta seja: "Eu me sentiria envergonhado diante de meus colegas de trabalho quando voltasse".

Nesse ponto, pergunte a si mesmo: "Se eu sentisse vergonha ao voltar, o que aconteceria?".

O processo deve continuar até que você se sinta visceralmente desconfortável. Se estiver se imaginando envergonhado, deprimido, perdendo suas amizades e acabando completamente sozinho, provavelmente está fazendo isso do jeito certo. O objetivo dessa parte do exercício é reconhecer aquilo de que você tem medo, e deve ser muito desconfortável pensar nisso.

Quando você estiver bem e ansioso, é hora de se soltar por completo e aceitar. Mergulhe na realidade de que tudo o que você teme possa de fato acontecer. Considere que provavelmente não é tão difícil que uma combinação de fatores produza os resultados temidos. Abrace a sua vulnerabilidade e abandone a fachada de conhecimento, controle e segurança. Reconheça que, no longo prazo, somos impotentes para controlar a maioria dos principais fatores que moldam nossa sorte, portanto, abrir mão é a única opção sensata.

Nesse momento, você deve estar ainda mais ansioso. Lembre-se de que deve realmente aceitar que resultados terríveis podem acontecer a qualquer momento.

Agora, reconheça que, independentemente do que aconteça — independentemente das circunstâncias —, *você sempre terá a capacidade de fazer escolhas*. Considere quais são suas opções (mesmo que nenhuma delas seja boa) e o que você pode escolher caso seus medos se manifestem.

Se a oração é algo com que você se sente confortável ou que deseja tentar, nesse momento você pode orar em qualquer idioma que lhe pareça confortável para evitar o resultado que teme. Entretanto, não dependa da assistência divina. Em vez disso, use a oração para aprofundar sua aceitação de que, em última análise, seu controle tem limites.

FERRAMENTA 9: TRANSCENDENDO NOSSOS LIMITES

A ansiedade pode nos ajudar a identificar, buscar e realizar nosso potencial humano exclusivo. Quando prosperamos com a ansiedade dessa forma, ela nos ajuda a cumprir nosso objetivo final na vida. Esta ferramenta o ensinará a usar a ansiedade para prosperar, transcendendo seus limites.

Primeiro, *reconheça que a ansiedade é inerente e necessária no caminho da autorrealização*. Quando imaginamos o que temos a oferecer ao mundo e começamos a concretizar planos para transformar nossos sonhos em realidade, estaremos enfrentando riscos e, portanto, *sentiremos* alguma ansiedade.

Para esses fins:

- Veja como pensar em um de seus sonhos — um novo emprego, uma nova carreira, um novo relacionamento, até mesmo uma viagem de férias que você está sempre adiando — desperta ansiedade.

- Pergunte a si mesmo: "Estou hesitando ou adiando minhas aspirações porque me sinto ansioso?".

- Se for o caso, *enfrente seus medos e pense em transcender seus limites!*

Em segundo lugar, a ansiedade tende a se ligar a áreas de grande força humana. Isso pode exigir um pouco de criatividade e reflexão, mas considere as seguintes perguntas:

- Quais são os domínios de sua vida que o deixam *mais* ansioso e preocupado no momento (por exemplo, relacionamentos, finanças, saúde, mudanças climáticas)?

- Agora, considere seu potencial exclusivo nesses domínios. Se estiver preocupado com relacionamentos, por exemplo, será que você tem talentos e pontos fortes quando se trata de família e amigos? Se estiver preocupado com dinheiro, será que você é particularmente bom em administrar as finanças? Se a saúde é uma área de preocupação, como você poderia usar isso para beneficiar a vida de outras pessoas?

Por fim, *transcenda seus limites para atingir seu potencial*. Isso exigirá esforços heroicos, superando o estresse, o medo e o desconforto para transformar seus sonhos em realidade.

Pergunte a si mesmo:

- "Será que minha "ansiedade" é apenas uma reação natural ao estresse ou ao medo por estar perseguindo grandes sonhos?"

- Estou me sentindo ansioso simplesmente porque estou investindo em algo importante?

- Tenho medo de fracassar porque estou assumindo riscos reais?

- Se for o caso, meu desconforto pode ser uma coisa boa? Será que estou perseverando nos desafios da vida e prosperando com a ansiedade?

Notas

Prefácio

1. GRANT, Adam. "There's a Name for the Blah You're Feeling: It's Called Languishing." *The New York Times*, 19 abr. 2021. Disponível em: <https://www.nytimes.com/2021/04/19/well/mind/covid-mental-health-languishing.html>.

Introdução

1. US DEPARTMENT OF HEALTH AND HUMAN SERVICES. "Any Anxiety Disorder." National Institute of Mental Health. Disponível em: <https://www.nimh.nih.gov/health/statistics/any-anxiety-disorder>. Acesso em: 30 set. 2022.

2. GRANT, Bridget F. *et al*. "Prevalence, Correlates, Co- Morbidity, and Comparative Disability of DSM-IV Generalized Anxiety Disorder in the USA: Results from the National Epidemiologic Survey on Alcohol and Related Conditions." *Psychological Medicine*, v. 35, nº 12, 2005, pp. 1747-59. Disponível em: <https://pubmed.ncbi.nlm.nih.gov/16202187/>.

3. HOOLEY, Jill M.; FOX, Kathryn R. & BOCCAGNO, Chelsea. "Nonsuicidal Self-Injury: Diagnostic Challenges and Current Perspectives." *Neuropsychiatric Disease and Treatment*, v. 16, jan. 2020, pp. 101-12. Disponível em: <https://doi.org/10.2147/NDT.S198806>.

4. INSTITUTO NORTE-AMERICANO DE SAÚDE MENTAL, *Suicídio*, última atualização jun. 2022. Disponível em: <https://www.nimh.nih.gov/health/statistics/suicide>.

5. ORGANIZAÇÃO MUNDIAL DA SAÚDE, "Covid-19 Pandemic Triggers 25% Increase in Prevalence of Anxiety and Depression". 2 mar. 2022. Disponível em: <https://www.who.int/news/item/02-03-2022-covid-19-pandemic-triggers-25-increase- in- prevalence-of-anxiety-and-depression-worldwide>.

6. AUDEN, W. H. *The Age of Anxiety*. Princeton: Princeton University Press, 2011.

7. PORTER, Tom. "Anxiety, Stress and Depression at All-Time High Among Americans: Study." *Newsweek*, 18 abr. 2017. Disponível em: <https://www.newsweek.com/recession-mental-health-depression-anxiety-585695>.

8. TWENGE, Jean M. "Studies Show Normal Children Today Report More Anxiety than Child Psychiatric Patients in the 1950s." American Psychological Association, 2000. Disponível em: <https://www.apa.org/news/press/releases/2000/12/anxiety>.

9. FINGERMAN, Karen L. *et al*. "Helicopter Parents and Landing Pad Kids: Intense Parental Support of Grown Children." *Journal of Marriage and Family*, v. 74, nº 4, ago. 2012, pp. 880-96. Disponível em: <https://doi.org/10.111 1/j.1741-3737.2012.00987.x>.

10. HIGUERA, Valencia. "All About Lawnmower Parenting." *Healthline*, 30 out. 2019. Disponível em: <https://www.healthline.com/health/parenting/lawnmower-parents>.

11. "Number of Lifetime Prevalent Cases of Anxiety Disorders among Adults in Select Countries Worldwide in 2018, by Gender (in Millions)". Statista, abr. 2019. Gráfico. Disponível em: <https://www.statista.com/statistics/1115900/adults-with-anxiety-disorders-in-countries-worldwide-by-gender/>.

12. BAXTER, A. J. *et al.* "Global Prevalence of Anxiety Disorders: a Systematic Review and Meta-Regression." *Psychological Medicine*, v. 43, nº 5, maio 2013, pp. 897-910. Disponível em: <https://doi.org/10.1017/S003329171200147X>.

13. RUSCIO, Ayelet Meron *et al.* "Cross-Sectional Comparison of the Epidemiology of DSM-5 Generalized Anxiety Disorder Across the Globe." *Jama Psychiatry*, v. 74, nº 5, 2017, pp. 465-75. Disponível em: <https://doi.org/10.1001/jamapsychiatry.2017.0056>.

14. RETTNER, Rachael. "Anxiety Linked to High IQ." *Live Science*, 30 maio 2013. Disponível em: <https://www.livescience.com/36259-anxiety-linked-high-iq.html>.

15. MACMILLAN, Amanda. "Why People with Anxiety May Have Better Memories." *Time*, 27 fev. 2018. Disponível em: <https://time.com/5176445/anxiety-improves-memory/>.

16. KALUEFF, A. & NUTT, D. J. "Role of gaba in Anxiety and Memory." *Depression and Anxiety*, v. 4, nº 3, pp. 100-10. Disponível em: <https://doi.org/10.1002/(SICI)1520-6394(1996)4:3<100::AID-DA2>3.0.CO;2-K>.

17. "Mark Twain — Famous Bipolar Author ". *Famous Bipolar People*. Disponível em: <http://www.famousbipolarpeople.com/mark-twain.html>. Acesso em: 24 jan. 2023.

18. *Larry King Live*. "Panel Discusses Depression." CNN, 12 jun. 2005. Disponível em: <https://transcripts.cnn.com/show/lkl/date/2005-06-12/segment/01>.

19. GOALCAST. "Jim Carrey—Be Yourself", video de Facebook, 30 maio 2017. Disponível em: <https://www.facebook.com/goalcast/videos/1414580435285809/>.

20. BLANTON, Kayla. "Howie Mandel Says Struggling with OCD and Anxiety Is Like 'Living in a Nightmare'." *Prevention*, 9 jun. 2021. Disponível em: <https://www.prevention.com/health/mental-health/a36673654/howie-mandel-ocd-anxiety/>.

21. HUGHES, Locke. "Selena Gomez Opens up about How Therapy Changed Her Life." WebMD. Disponível em: <https://www.webmd.com/mental-health/features/selena-gomez-opens-up-about-therapy>. Acesso em: 27 fev. 2023.

22. SMITH, Jake. "Adele Reveals She Experienced the 'Most Terrifying Anxiety Attacks' Amid Her Divorce." *Prevention*, 15 nov. 2021. Disponível em: <https://www.prevention.com/health/mental-health/a38254699/adele-reveals-anxiety-attacks-due-to-divorce/>.

23. MALLENBAUM, Carly. "Lady Gaga Shares Mental Health Struggle, Thoughts of Suicide: 'My Inner Voice Shut Down'." *USA Today*, 9 nov. 2018. Disponível em: <https://www.usatoday.com/story/life/people/2018/11/09/lady-gaga-mental-health-patron-awards-sag/1940329002/>.

24. STOLWORTHY, Jacob. "Bruce Springsteen 'Knows He's Not Completely Well' As He Opens up About His Mental Health." *The Independent*, 30 nov. 2018. Disponível em: <https://www.independent.co.uk/arts-entertainment/music/news/bruce-springsteen-mental-health-depression-broadway-netflix-tour-a8660336.html>.

25. BARLOW, David H. *Anxiety and Its Disorders: The Nature and Treatment of Anxiety and Panic*. Nova York: Guilford Press, 1988, p. 12.

26. PARGAMENT, Kenneth I. *The Psychology of Religion and Coping: Theory, Research, Practice*. Nova York: Guilford Press, 1997, p. 39.

I. CONHECENDO A NÓS MESMOS

1. NATIONAL CENTER FOR HEALTH STATISTICS. "Leading Causes of Death." Centers for Disease Control and Prevention, última revisão 18 jan. 2023. Disponível em: <https://www.cdc.gov/nchs/fastats/leading-causes-of-death.htm>.

2. MIURA, Katsuyuki *et al.* "Pulse Pressure Compared with Other Blood Pressure Indexes in the Prediction of 25-Year Cardiovascular and All-Cause Mortality Rates: The Chicago Heart Association Detection Project in Industry Study." *Hypertension*, v. 38, nº 2, ago. 2001, pp. 232-37. Disponível em: <https://doi.org/10.1161/01.HYP.38.2.232>.

3. SMITH, Robert A.; Cokkinides, Vilma & EYRE, Harmon J. "American Cancer Society Guidelines for the Early Detection of Cancer, 2003." *CA: A Cancer Journal for Clinicians*, v. 53, nº 1, 2003, pp. 27-43. Disponível em: <https://doi.org/10.3322/canjclin.53.1.27>.

4. DAR, Tawseef *et al.* "Psychosocial Stress and Cardiovascular Disease." *Current Treatment Options in Cardiovascular Medicine*, v. 21, nº 5, 2019. Disponível em: https://doi.org/10.1007/s11936-019-0724-5.

5. MUNAKATA, Masanori. "Clinical Significance of Stress-Related Increase in Blood Pressure: Current Evidence in Office and Out-of-Office Settings." *Hypertension Research*, v. 41, nº 8, 2018, pp. 553-69. Disponível em: <https://doi.org/10.1038/s41440-018-0053-1>.

6. HAYES, John D.; DINKOVA-KOSTOVA, Albena T. & TEW, Kenneth D. "Oxidative Stress in Cancer." *Cancer Cell*, v. 38, nº 2, 2020, pp. 167-97. Disponível em: <https://doi.org/10.1016/j.ccell.2020.06.001>.

7. SONG, Huan *et al.* "Association of Stress-Related Disorders with Subsequent Autoimmune Disease." *Jama*, v. 319, nº 23, 2018, pp. 2388-400. Disponível em: https://doi.org/10.1001/jama.2018.7028.

8 MASLOV, Leonid N. *et al.* "Is Oxidative Stress of Adipocytes a Cause or a Consequence of the Metabolic Syndrome?" *Journal of Clinical and Translational Endocrinology*, v. 15, 2019, pp. 1-5. Disponível em: <https://doi.org/10.1016/j.jcte.2018.11.001>.

9. SHYNALL, Myrick C. *et al.* "Association of Preoperative Patient Frailty and Operative Stress with Postoperative Mortality." *Jama Surgery*, v. 155, nº 1, 2020. Disponível em: <https://doi.org/10.1001/jamasurg.2019.4620>.

10. PLANA-RIPOLL, Oleguer *et al.* "Nature and Prevalence of Combinations of Mental Disorders and Their Association with Excess Mortality in a Population-Based Cohort Study." *World Psychiatry*, v. 19, nº 3, 2020, pp. 339-49. Disponível em: <https://doi.org/10.1002/wps.20802>.

11. DEMENT, William C. & VAUGHAN, Christopher C. *The Promise of Sleep: A Pioneer in Sleep Medicine Explores the Vital Connection between Health, Happiness, and a Good Night's Sleep.* Nova York: Dell, 2000.

12. CHELLAPPA, Sarah L. & AESCHBACH, Daniel. "Sleep and Anxiety: From Mechanisms to Interventions." *Sleep Medicine Reviews*, v. 61, fev. 2022, 101583. Disponível em: <https://doi.org/10.1016/j.smrv.2021.101583>.

13. WOODS, Heather Cleland & SCOTT, Holly. "#Sleepyteens: Social Media Use in Adolescence Is Associated with Poor Sleep Quality, Anxiety, Depression and Low Self-Esteem." *Journal of Adolescence*, v. 51, 2016, pp. 41-9. Disponível em: <https://doi.org/10.1016/j.adolescence.2016.05.008>.

14. NATIONAL CENTER FOR CHRONIC DISEASE PREVENTION AND HEALTH PROMOTION. "How Much Sleep Do I Need?" Centers for Disease Control and Prevention, última revisão 14 set. 2022. Disponível em: <https://www.cdc.gov/sleep/about_sleep/how_much_sleep.html>.

15. ASSOCIAÇÃO NORTE-AMERICANA DO CORAÇÃO. *American Heart Association Recommendations for Physical Activity in Adults and Kids* última revisão 18 abr. 2018. Disponível em: <https://www.heart.org/en/healthy-living/fitness/fitness-basics/aha-recs-for-physical-activity-in-adults>.

16. ESCOBAR-ROLDAN, Ivan D.; Babyak, Michael A. & Blumenthal, James A. "Exercise Prescription Practices to Improve Mental Health." *Journal of Psychiatric Practice*, v. 27, nº 4, 2021, pp. 273-82. Disponível em: <https://doi.org/10.1097/PRA.0000000000000554>.

17. CHEKROUD, Sammi R. *et al.* "Association Between Physical Exercise and Mental Health in 1-2 Million Individuals in the USA Between 2011 and 2015: A Cross-sectional Study." *The Lancet Psychiatry*, v. 5, nº 9, 2018, pp. 739-46. Disponível em: <https://doi.org/10.1016/S2215-0366(18)30227-X>.

18. "Americans Check Their Phones 96 Times a Day". *Asurion*, 21 nov. 2019. Disponível em: <https://www.asurion.com/press-releases/americans-check-their-phones-96-times-a-day/>.

19. YOKED, Tzach. "Arianna Huffington Tells Haaretz: Everyone Should Put Down Their Phones and Keep Shabbat", 14 mar. 2018. Disponível em: <https://www.haaretz.com/us-news/.premium.MAGAZINE-arianna-huffington-everyone-should-keep-shabbat-1.5908269>.

20. ROSEN, Larry *et al.* "Sleeping with Technology: Cognitive, Affective, and Technology Usage Predictors of Sleep Problems Among College Students." *Sleep Health*, v. 2, nº 1, 2016, pp. 49-56. Disponível em: <https://doi.org/10.1016/j.sleh.2015.11.003>.

21. OCCIHOGROSSO, Peter. Comunicação pessoal, set. 2022.

22. BARAN, Michelle "Why U.S. Workers Need to Step up Their Vacation Game." *Afar*, 18 out. 2018. Disponível em: <https://www.afar.com/magazine/why-us-workers-need-to-step-up-their-vacation-game>.

23. ACHOR, Shawn & GIELAN, Michelle. "The Data-Driven Case for Vacation." *Harvard Business Review*, 13 jul. 2016. Disponível em: <https://hbr.org/2016/07/the-data-driven-case-for-vacation>.

24. GIURGE, Laura & Woolley, Kaitlin. "Don't Work on Vacation. Seriously." *Harvard Business Review*, 22 jul. 2020. Disponível em: <https://hbr.org/2020/07/dont-work-on-vacation-seriously>.

25. ACHOR & GIELAN. "The Data-Driven Case for Vacation."

26. "The danger of "Silent" Heart Attacks". *Harvard Health*, 3 nov. 2020. Disponível em: <https://www.health.harvard.edu/heart-health/the-danger-of-silent-heart-attacks>.

27. CONSOLE JR., Richard P. "The Most Common Causes of Collision." *The National Law Review*, 13 out. 2020. Disponível em: <https://www.natlawreview.com/article/most-common-causes-collision>.

28. HAUGH, David. "Today's nhl Makes 'Mr. Goalie' Sick." *Chicago Tribune*, 21 maio 2009. Disponível em: <https://www.chicagotribune.com/news/ct-xpm-2009-05-21-0905200907-story.html>.

2. ACEITANDO A NÓS MESMOS

1. BECK, Aaron T. *et al. Cognitive Therapy of Depression*. Nova York: Guilford Press, 1987. [Ed. bras.: *Terapia cognitiva da depressão*. São Paulo: Artmed, 2012.]

2. VANPATTEN, Sonya & AL-ABED, Yousef. "The Challenges of Modulating the 'Rest and Digest' System: Acetylcholine Receptors As Drug Targets." *Drug Discovery Today*, v. 22, nº 1, jan. 2017, pp. 97-104. Disponível em: <https://doi.org/10.1016/j.drudis.2016.09.011>.

3. BURN, J. H. "The Relation of Adrenaline to Acetylcholine in the Nervous System." *Physiological Reviews*, v. 25, nº 3, 1945, pp. 377-94. Disponível em: <https://doi.org/10.1152/physrev.1945.25.3.377>; GÓRNY, D. *et al*. "The Effect of Adrenaline on Acetylcholine Synthesis, Choline Acetylase and Cholinesterase Activity." *Acta Physiologica Polonica*, v. 26, nº 1, 1975, pp. 45-54.

4. CAMPBELL-SILLS, Laura *et al*. "Effects of Suppression and Acceptance on Emotional Responses of Individuals with Anxiety and Mood Disorders." *Behaviour Research and Therapy*, v. 44, nº 9, set. 2006, pp. 1251-63. Disponível em: <https://doi.org/10.1016/j.brat.2005.10.001>.

5. HAYES, Steven C.; STROSAHL, Kirk D. & WILSON, Kelly G. *Acceptance and Commitment Therapy: The Process and Practice of Mindful Change*, 2a ed. Nova York: Guilford Publications, 2012.

6. NEFF, Kristin D. & MCGEHEE, Pittman. "Self-Compassion and Psychological Resilience Among Adolescents and Young Adults." *Self and Identity*, v. 9, nº 3, 2010, pp. 225-40. Disponível em: <https://doi.org/10.1080/15298860902979307>; BLUTH, Karen & NEFF, Kristin D. "New Frontiers in Understanding the Benefits of Self-Compassion." *Self and Identity*, v. 17, nº 6, 2018, pp. 605-8. Disponível em: <https://doi.org/1 0.1080/15298868.2018.1508494>.

7. SIROIS, Fuschia M.; KITNER, Ryan & HIRSCH, Jameson K. "Self-Compassion, Affect, and Health-Promoting Behaviors." *Health Psychology*, v. 34, nº 6, jun. 2015, pp. 661-9. Disponível em: <https://doi.org/10.1037/hea0000158>; PHILLIPS, Wendy J. & HINE, Donald W. "Self-Compassion, Physical Health, and Health Behaviour: A Meta-Analysis." *Health Psychology Review*, v. 15, nº 1, mar. 2021, pp. 113-39. Disponível em: <https://doi.org/10.1080/174 37199.2019.1705872>.

8. RAES, Filip *et al*. "Construction and Factorial Validation of a Short Form of the Self-Compassion Scale." *Clinical Psychology & Psychotherapy*, v. 18, nº 3, maio/jun. 2011, pp. 250-5. Disponível em: <https://doi.org/10.1002/cpp.702>.

3. TRANSCENDENDO A NÓS MESMOS

1. ANTONY, Martin M. & Swinson, Richard P. *The Shyness and Social Anxiety Workbook (A New Harbinger Self-Help Workbook)*. Oakland: New Harbinger, 2018, pp. 153-4.

2. STEWART, Rebecca E. & CHAMBLESS, Dianne L. "Cognitive-Behavioral Therapy for Adult Anxiety Disorders in Clinical Practice: A Meta-Analysis of Effectiveness Studies." *Journal of Consulting and Clinical Psychology*, v. 77, nº 4, ago. 2009, pp. 595-606. Disponível em: <https://doi.org/10.1037/a0016032>.

3. SLATER, Lauren. "The Cruelest Cure." *The New York Times*, 2 nov. 2003. Disponível em: <https://www.nytimes.com/2003/11/02/magazine/the-cruelest-cure.html>.

4. AMERICAN PSYCHOLOGICAL ASSOCIATION. "What Is Exposure Therapy?" *Clinical Practice Guideline for the Treatment of Posttraumatic Stress Disorder*, jul. 2017. Disponível em: <https://www.apa.org/ptsd-guideline/patients-and-families/exposure-therapy>.

5. SCHMIDT, Norman B. *et al*. "Dismantling Cognitive-Behavioral Treatment for Panic Disorder: Questioning the Utility of Breathing Retraining." *Journal of Consulting and Clinical Psychology*, v. 68, nº 3, 2000, pp. 417-24. Disponível em: <https://doi.org/10.1037//0022-006x.68.3.417>.

6. POMPOLI, Alessandro *et al*. "Dismantling Cognitive-Behaviour Therapy for Panic Disorder: A Systematic Review and Component Network Meta-Analysis." *Psychological Medicine*, v. 48, nº 12, 2018, pp. 1945-53. Disponível em: <https://doi.org/10.1017/S0033291717003919>.

7. FRANCIS, Beryl. "Before and After 'Jaws': Changing Representations of Shark Attacks." *Great Circle: Journal of the Australian Association for Maritime History*, v. 34, nº 2, 2012, pp. 44-64. Disponível em: <http://www.jstor.org/stable/23622226>.

8. ROMEO, Jess. "Sharks Before and After Jaws." *JStor Daily*, 14 ago. 2020. Disponível em: <https://daily.jstor.org/sharks-before-and-after-jaws/>.

9. "Half (51%) of Americans are Absolutely Terrified of Them and Many (38%) Scared to Swim in the Ocean Because of Them..." *Ipsos*, 7 jul. 2015. Disponível em: <https://www.ipsos.com/en-us/

sharks-half-51-americans-are-absolutely-terrified-them-and-many-38-scared-swim-ocean-because-them>.

10. FOA, Edna B. "Prolonged Exposure Therapy: Past, Present, and Future." *Depression and Anxiety*, v. 28, nº 12, dez. 2011, pp. 1043-7. Disponível em: <http://doi.org/10.1002/da.20907>.

11. ANTONY & SWINSON. *The Shyness and Social Anxiety Workbook*, pp. 160-1.

12. STRACK, Fritz; MARTIN, Leonard L. & STEPPER, Sabine. "Inhibiting and Facilitating Conditions of the Human Smile: a Nonobtrusive Test of the Facial Feedback Hypothesis." *Journal of Personality and Social Psychology*, v. 54, nº 5, 1988, pp. 768-77. Disponível em: <https://doi.org/10.1037/0022-3514.54.5.768>.

13. ROPEIK, David. "How Risky Is Flying?" *PBS: Nova*, 16 out. 2006. Disponível em: <https://www.pbs.org/wgbh/nova/article/how-risky-is-flying/>.

14. BORKOVEC, T. D. "The Nature, Functions, and Origins of Worry." In: DAVEY, Graham C. & TALLIS, Frank. *Worrying: Perspectives on Theory, Assessment and Treatment*. Oxford: Wiley, 1994, pp. 5-33.

15. NATIONAL INSTITUTES OF HEALTH: OFFICE OF EXTRAMURAL RESEARCH. "Notice of Special Interest (Nosi): Limited Competition Administrative Supplement to the us Deprescribing Research Network to Support Feasibility Clinical Trials of Complementary and Integrative Approaches for Deprescribing Benzodiazepines." Notice Number: NOT-AT-22-012, 17 fev. 2022. Disponível em: <https://grants.nih.gov/grants/guide/notice-files/NOT-AT-22-012.html>.

16. MIKULIC, Matej. "Number of Alprazolam Prescriptions in the U.S. 2004-2020." *Statista*, 17 out. 2022. Disponível em: <https://www.statista.com/statistics/781816/alprazolam-sodium-prescriptions-number-in-the-us/>.

17. WHITAKER, Robert. *Anatomy of an Epidemic: Magic Bullets, Psychiatric Drugs, and the Astonishing Rise of Mental Illness in America*. Nova York: Crown, 2011, ver especialmente capítulos 7 e 14. [Ed. bras.: *Anatomia de uma epidemia: pílulas mágicas, drogas psiquiátricas e o aumento assombroso da doença mental*. Rio de Janeiro: Editora Fiocruz, 2017.]

4 Conhecendo os outros

1. SIMON-THOMAS, Emiliana R. "Do Your Struggles Expand Your Compassion for Others?" *Greater Good*, 18 nov. 2019. Disponível em: <https://greatergood.berkeley.edu/article/item/do_your_struggles_expand_your_compassion_for_others>.

2. LIM, Daniel & Desteno, David. "Past Adversity Protects Against the Numeracy Bias in Compassion." *Emotion*, v. 20, nº 8, dez. 2020, pp. 1344-56. Disponível em: <https://doi.org/10.1037/emo0000655>.

3. "Marsha Linchman Biography", Universidade de Washington. Disponível em: <https://blogs.uw.edu/linehan/biography/>. Acesso em: 24 nov. 2022.

4. CAREY, Benedict. "Expert on Mental Illness Reveals Her Own Fight." *The New York Times*, 23 jun. 2011. Disponível em: <https://www.nytimes.com/2011/06/23/health/23lives.html>.

5. WINTON, Emma C.; Clark, David M. & Edelmann, Robert J. "Social Anxiety, Fear of Negative Evaluation and the Detection of Negative Emotion in Others." *Behaviour Research and Therapy*, v. 33, nº 2, fev. 1995, pp. 193-6. Disponível em: <https://doi.org/10.1016/0005-7967(94)e0019-f>.

6. FRYBURG, David A. "Kindness as a Stress Reduction-Health Promotion Intervention: A Review of the Psychobiology of Caring." *American Journal of Lifestyle Medicine*, v. 16, nº 1, 2022, pp. 89-100. Disponível em: <https://doi.org/10.1177/1559827620988268>.

7. BOWLBY, John. *Attachment and Loss*. Nova York: Basic Books, 1969. [Ed. bras.: *Apego: a natureza do vínculo*, trad. Álvaro Cabral. São Paulo: Martins Fontes, 2004.]

8. ORGANIZAÇÃO MUNDIAL DA SAÚDE. "Maternal Care and Mental Health", *Master Work Series*, vol. 2. Northvale, nj: Jason Aronson, 1995 [1951], pp. 355-533.

9. HARLOW, Harry F.; DODSWORTH, Robert O. & HARLOW, Margaret K. "Total Social Isolation in Monkeys." *Proceedings of the National Academy of Sciences*, v. 54, nº 1, 1965, pp. 90-7. Disponível em: <https://doi.org/10.1073/pnas.54.1.90>.

10. HARLOW, Harry F. "The Nature of Love." *American Psychologist*, v. 13, nº 12, 1958, pp. 673-85. Disponível em: <https://doi.org/10.1037/h0047884>.

11. RADETZKI, Phillip. "Harlow's Famous Monkey Study: The Historical and Contemporary Significance of the Nature of Love." *Canadian Journal of Family and Youth/ Le Journal Canadien de Famille et de la Jeunesse*, v. 10, nº 1, 2018, pp. 205-34. Disponível em: <https://doi.org/10.29173/cjfy29349>.

12. MIKULINCER, Mario; Shaver, Phillip R. & Pereg, Dana. "Attachment Theory and Affect Regulation: The Dynamics, Development, and Cognitive Consequences of Attachment-Related Strategies." *Motivation and Emotion*, v. 27, nº 2, 2003, pp. 77-102. Disponível em: <https://doi.org/10.1023/A:1024515519160>.

13. INSEL, Thomas & YOUNG, Larry J. "The Neurobiology of Attachment." *Nature Reviews Neuroscience*, v. 2, nº 2, 2001, pp. 129-36. Disponível em: <https://doi.org/10.1038/35053579>.

14. EHRLICH, Katherine B. & CASSIDY, Jude. "Attachment and Physical Health: Introduction to the Special Issue." *Attachment & Human Development*, v. 21, nº 1, 2019, pp. 1-4. Disponível em: <https://doi.org/10.1080/1461673 4.2018.1541512>.

15. SCHMIDT, Silke *et al.* "Attachment and Coping with Chronic Disease." *Journal of Psychosomatic Research*, v. 53, nº 3, 2002, pp. 763-73. Disponível em: <https://doi.org/10.1016/s0022-3999(02)00335-5>.

16. BATEMAN, Anthony & Fonagy, Peter. *Mentalization Based Treatment for Borderline Personality Disorders: A Practical Guide*. Oxford: Oxford University Press, 2016.

17. Ibid."Mentalization Based Treatment for Borderline Personality Disorder." *World Psychiatry*, v. 9, nº 1, fev. 2010, pp. 11-15. Disponível em: <https://doi.org/10.1002/j.2051-5545.2010.tb00255.x>.

18. COVEY, Stephen. "The 90/10 Principle." YouTube, 2010. Disponível em: <https://www.youtube.com/watch?v=cMipyQ5cgyg>. Acesso em: 24 nov. 2022.

19. LANE, Richard & SMITH, Ryan. "Levels of Emotional Awareness: Theory and Measurement of a Socio-emotional Skill." *Journal of Intelligence*, v. 9, nº 3, 2021, p. 42. Disponível em: <https://doi.org/10.3390/jintelligence9030042>.

20. THOMPSON, Jeff. "Is Nonverbal Communication a Numbers Game?" *Psychology Today*, 30 set. 2011. Disponível em: <https://www.psychologytoday.com/us/blog/beyond-words/201109/is-nonverbal-communication-numbers-game>.

21. As principais emoções primárias são alegria, tristeza, medo, nojo e surpresa.

22. Embora a raiva seja frequentemente considerada uma emoção primária, pode às vezes atuar também como emoção secundária. Exploraremos mais isso no capítulo 6.

23. GILES, Lionel. *The Sayings of Confucius: A New Translation of the Greater Part of the Confucian Analects*. Nova York: E. P. Dutton and Co., 1910. Disponível em: <https://www.gutenberg.org/files/46389/46389-h/46389-h.htm>.

24. GOTTMAN, John M. *The Science of Trust: Emotional Attunement for Couples*. Nova York: W. W. Norton & Co., 2011.

25. *Merriam-Webster*. "Attunement (n.)." Disponível em: <https://www.merriam--webster.com/dictionary/attunement>. Acesso em: 28 fev. 2023.

26. CANEVELLO, Amy & CROCKER, Jennifer. "Creating Good Relationships: Responsiveness, Relationship Quality, and Interpersonal Goals." *Journal of Personality and Social Psychology*, v. 99, nº 1, 2010, pp. 78-106. Disponível em: <https://doi.org/10.1037/a0018186>.

27. RUECKERT, Linda & NAYBAR, Nicolette. "Gender Differences in Empathy: The Role of the Right Hemisphere." *Brain and Cognition*, v. 67, nº 2, jul. 2008, pp. 162-7. Disponível em: <https://doi.org/10.1016/j.bandc.2008.01.002>.

5. ACEITANDO OS OUTROS

1. RICHARD NIXON FOUNDATION. "JOHN WAYNE: I'M A NIXON MAN." 26 maio 2015. Disponível em: <https://www.nixonfoundation.org/2015/05/john-wayne-im-nixon-man/>.

2. *"Gênesis"* 1,27.

3. WALLERSTEIN, Judith S. "The Long-term Effects of Divorce on Children: A Review." *Journal of the American Academy of Child & Adolescent Psychiatry*, v. 30, nº 3, maio 1991, pp. 349-60. Disponível em: <https://doi.org/10.1097/00004583-199105000-00001>.

4. KHAZAN, Olga. "The High Cost of Divorce." *The Atlantic*, 23 jun. 2021. Disponível em: <https://www.theatlantic.com/politics/archive/2021/06/why-divorce-so-expensive/619041/>.

5. FRY, Richard & PARKER, Kim. "Rising Share of us Adults Are Living Without a Spouse or Partner." Pew Research Center, 5 out. 2021. Disponível em: <https://www.pewresearch.org/social-trends/2021/10/05/rising-share-of-u-s-adults-are-living-without-a-spouse-or-partner/>.

6. BLOW, Charles M. "The Married Will Soon Be the Minority." *The New York Times*, 20 out. 2021. Disponível em: <https://www.nytimes.com/2021/10/20/opinion/marriage-decline-america.html>.

7. LUHBY, Tami. "Millennials Say No to Marriage." CNN *Business*, 20 jul. 2014. Disponível em: <https://money.cnn.com/2014/07/20/news/economy/millennials-marriage/index.html>.

8. BONOS, Lisa & GUSKIN, Emily. "It's Not Just You: New Data Shows More Than Half of Young People in America Don't Have a Romantic Partner", 21 mar. 2019. Disponível em: <https://www.washingtonpost.com/lifestyle/2019/03/21/its-not-just-you-new-data-shows-more-than-half-young-people-america-dont-have-romantic-partner/>.

9. MINEO, Liz. "Good Genes Are Nice, but Joy Is Better." *The Harvard Gazette*, 11 abr. 2017. Disponível em: <https://news.harvard.edu/gazette/story/2017/04/over-nearly-80-years-harvard-study-has-been-showing-how-to-live-a-healthy-and-happy-life/>.

10. Geração X, nascida entre 1965 e 1980 (65 milhões de pessoas nos Estados Unidos); geração Y, ou millennials, nascida entre 1981 e 1996 (72 milhões); e geração Z, nascida entre 1997 e 2012 (68 milhões). Ver "Boomers, Gen X, Gen Y, Gen Z, and Gen A Explained". *Kasasa*, 6 jul. 2021. Disponível em: <https://www.kasasa.com/exchange/articles/generations/gen-x-gen-y-gen-z>.

11. RICHARDS, Keith & *JAGGER*, Mick. "You Can't Always Get What You Want", canção do álbum dos Rolling Stones *Let It Bleed* (Londres: London Records, 1969, LP, faixa 9).

12. WOLBE, S. *Kaas O' Savlanus, Vaad Rishon*, Alei Shur. Bais Hamussar: Jerusalém, Israel, 1985.

13. LEONHARDT, Nathan D. *et al.* "'We Want to Be Married on Our Own Terms': Non-University Emerging Adults' Marital Beliefs and Differences Between Men and Women." *Journal of Family Studies*, v. 28, nº 2, 2022, pp. 629-51. Disponível em: <https://doi.org/10.1080/13229400.2020.1747520>.

14. *Merriam-Webster*. "Psychopath (n.)." Disponível em: <https://www.merriam--webster.com/dictionary/psychopath>. Acesso em: 29 set. 2022.

6. TRANSCENDENDO COM OS RELACIONAMENTOS

1. GALLO, Amy. "Giving Thanks at Work: An hbr Guide." *Harvard Business Review*, 24 nov. 2021. Disponível em: <https://hbr.org/2021/11/giving-thanks-at-work-an-hbr-guide>.

2. "Mental Health Statistics 2023". *SingleCare*, atualizado em 3 fev. 2023. Disponível em: <https://www.singlecare.com/blog/news/mental-health-statistics/>; *National Institute of Mental Health*, atualizado em jan. 2022. Disponível em: <https://www.nimh.nih.gov/health/statistics/mental-illness>.

3. "Road Rage: What Makes Some People More Prone to Anger Behind the Wheel". *American Psychological Association*, 2014. Disponível em: <https://www.apa.org/topics/anger/road-rage>.

4. "Princess Diana's 15 Most Powerful and Inspirational Quotes". *The Telegraph*, 29 jun. 2018. Disponível em: <https://www.telegraph.co.uk/women/life/princess-dianas-15-powerful-inspirational-quotes/>.

5. Ver, por exemplo, KARMAPA, Ogyen Trinley Dorje. *Interconnected: Embracing Life in Our Global Society*. Somerville, MA: Wisdom Publications, 2017.

6. MOSCOVITCH, David A. *et al.* "Anger Experience and Expression Across the Anxiety Disorders." *Depression and Anxiety*, v. 25, nº 2, fev. 2008, pp. 107-13. Disponível em: <https://doi.org/10.1002/da.20280>.

7. JOHNSON, Sue. *Hold Me Tight: Your Guide to the Most Successful Approach to Building Loving Relationships*. Londres: Piatkus Books, 2011.

8. BEASLEY, Candice C. & AGER, Richard. "Emotionally Focused Couples Therapy: A Systematic Review of Its Effectiveness over the Past 19 Years." *Journal of Evidence-Based Social Work*, v. 16, nº 2, 2019, pp. 144-59. Disponível em: <https://doi.org/10.1080/23761407.2018.1563013>.

9. FEHR, Ernst & FISCHBACHER, Urs. "The Nature of Human Altruism." *Nature*, v. 425, nº 6960, 2003, pp. 785-91. Disponível em: <https://doi.org/10.1038/nature02043>.

10. KELTNER, Dacher. "The Compassionate Instinct." *Greater Good*, 1º mar. 2004. Disponível em: <https://greatergood.berkeley.edu/article/item/the_compassionate_instinct>.

7. CONHECENDO NOSSOS LIMITES

1. PARGAMENT, Kenneth I. *The Psychology of Religion and Coping: Theory, Research, Practice*. Nova York: Guilford Press, 1997.

2. HALOUPEK, Nicole. "12 Common Things Science Still Hasn't Figured Out." *Mental Floss*, 7 jan. 2019. Disponível em: <https://www.mentalfloss.com/article/567856/common-things-science-hasnt-figured-out>.

3. AGÊNCIA ESPACIAL EUROPEIA. "How Many Stars Are There in the Universe?" Disponível em: <https://www.esa.int/Science_Exploration/Space_Science/Herschel/How_many_stars_are_there_in_the_Universe>. Acesso em: 29 set. 2022.

4. "Intolerance of Uncertainty". *Anxiety Canada*. Disponível em: <https://www.anxietycanada.com/articles/intolerance-of-uncertainty/>. Acesso em: 29 set. 2022.

5. SILKWORTH, William D. "Alcoholism As a Manifestation of Allergy." *Medical Journal*, v. 145, mar. 1937, p. 249. Disponível em: <https://www.chestnut.org/Resources/8b7ff2b0-522c-4496-8f0a-ede79be1ddc5/1937-Silkworth-Alcoholism-as-Allergy.pdf>.

6. "Intolerance of Uncertainty". *Anxiety Canada*.

7. MCCARTHY-JONES, Simon. "The Autonomous Mind: The Right to Freedom of Thought in the Twenty-First Century." *Frontiers in Artificial Intelligence*, v. 2, 2019, p. 19. Disponível em: <https://doi.org/10.3389/frai.2019.00019>; RACHMAN, STANLEY & DA SILVA, Padmal. "Abnormal and Normal Obsessions." *Behaviour Research and Therapy*, v. 16, nº 4, 1978, pp. 233-48. Disponível em: <https://doi.org/10.1016/0005-7967(78)90022-0>.

8. GRAYSON, Jonathan. *Freedom from Obsessive-Compulsive Disorder: A Personalized Recovery Program for Living with Uncertainty*. Nova York: Penguin, 2014.

9. CHÖDRÖN, Pema. *The Places That Scare You: A Guide to Fearlessness in Difficult Times*. Boston: Shambhala, 2002, capítulo 1. [Ed. bras.: *Os lugares que nos assustam: um guia para despertar nossa coragem em tempos difíceis*, trad. José Carlos G. Ribeiro. Rio de Janeiro: Sextante, 2021.]

10. "Thomas Edison". *Wikiquote*. Disponível em: <https://en.wikiquote.org/wiki/Thomas_Edison>. Acesso em: 29 set. 2022.

11. BEALS, Gerald. "The Biography of Thomas Edison." *ThomasEdison.com*, 1997. Disponível em: <http://www.thomasedison.com/biography.html>.

12. CARLSON, Laurie. *Thomas Edison for Kids: His Life and Ideas: 21 Activities*. Chicago: Chicago Review, 2006, p. 3.

13. ROSSEN, Jake. "How Thomas Edison Jr. Shamed the Family Name." *Mental Floss*, 21 abr. 2017. Disponível em: <https://www.mentalfloss.com/article/93390/how-thomas-edison-jr-shamed-family-name>.

14. "A indiferença é o grande *desideratum* [aquilo que é desejado ou necessário]." *The Bhagavad Gita*, trad. Franklin Edgerton. Nova York: Harper & Row, 1946, p. 159.

8. ACEITANDO NOSSOS LIMITES

1. FRANKL, Viktor E. *Man's Search for Meaning*. Nova York: Pocket Books, 1984 [1959], p. 87. [Ed. bras.: *Em busca de sentido: um psicólogo no campo de concentração*, trad. Carlos Cardoso Aveline. São Paulo: Sinodal/Vozes, 1991.]

2. PARK, Crystal L. & Folkman, Susan. "Meaning in the Context of Stress and Coping." *Review of General Psychology*, v. 1, nº 2, 1997, pp. 115-44. Disponível em: <https://doi.org/10.1037/1089-2680.1.2.115>.

3. GRAHAM, Jennifer E. *et al*. "Effects of Written Anger Expression in Chronic Pain Patients: Making Meaning from Pain." *Journal of Behavioral Medicine*, v. 31, nº 3, 2008, pp. 201-12. Disponível em: <https://doi.org/10.1007/s10865-008-9149-4>.

4. DEROON-CASSINI, Terri A. *et al*. "Psychological Well-Being after Spinal Cord Injury: Perception of Loss and Meaning Making." *Rehabilitation Psychology*, v. 54, nº 3, 2009, pp. 306-14. Disponível em: <https://doi.org/10.1037/a0016545>.

5. ZIYAN Yang *et al*. "Meaning Making Helps Cope with covid-19: A Longitudinal Study." *Personality and Individual Differences*, v. 174, maio 2021, 110670. Disponível em: <https://doi.org/10.1016/j.paid.2021.110670>.

6 FRANKL. *Man's Search for Meaning*, p. 86.

7 FREQUENCY OF PRAYER . *Pew Research Center*. Disponível em: <https://www.pewresearch.org/religion/religious-landscape-study/frequency-of-prayer/>. Acesso em: 25 nov. 2022.

8 DIAMANT, Jeff. "With High Levels of Prayer, U.S. Is an Outlier among Wealthy Nations." 1º maio 2019. Disponível em: <https://www.pewresearch.org/fact-tank/2019/05/01/with--high-levels-of-prayer-u-s-is-an-outlier-among-wealthy-nations/>.

9. TRANSCENDENDO NOSSOS LIMITES

1. HALPERN, Diane F. "The Nature and Nurture of Critical Thinking." In: sternberg, Robert J.; ROEDIGER III, Henry L. & HALPERN, Diane F. *Critical Thinking in Psychology*. Cambridge: Cambridge University Press: 2007. Disponível em: <https://doi.org/10.1017/CBO9780511804632.002>.

2. STERNBERG, Robert J. & The Rainbow Project collaborators. "The Rainbow Project: Enhancing the sat Through Assessments of Analytical, Practical, and Creative Skills." *Intelligence*, v. 34, nº 4, jul./ago. 2006, pp. 321-50. Disponível em: <https://doi.org/10.1016/j.intell.2006.01.002>.

3. MASLOW, Abraham Harold. *Self-Actualization*. Tiburon, CA: Big Sur Recordings, 1987, p. 64.

4. KELEMEN, Lawrence. Correspondência pessoal com o autor, set. 2020.

5. BONNET, Louise *et al*. "The Role of the Amygdala in the Perception of Positive Emotions: An 'Intensity Detector'." *Frontiers in Behavioral Neuroscience*, v. 9, 2015, artigo 178. Disponível em: <https://doi.org/10.3389/fnbeh.2015.00178>.

6. GALLAGHER, Michela & Chiba, Andrea A. "The Amygdala and Emotion." *Current Opinion in Neurobiology*, v. 6, nº 2, abr. 1996, pp. 221-7. Disponível em: <https://doi.org/10.1016/s0959-4388(96)80076-6>.

APÊNDICE

1. A indiferença é o grande *desideratum* [aquilo que é desejado ou necessário]." *The Bhagavad Gita*, trad. Franklin Edgerton. Nova York: Harper & Row, 1946, p. 159.

Este livro, composto na fonte Fairfield,
foi impresso em papel Lux Cream 60g/m² na Lis Gráfica.
São Paulo, julho de 2024.